JN089063

人新世の経済思想史

生・自然・環境をめぐるポリティカル・エコノミー

THE HISTORY OF
THOUGHT ON ECONOMY
AND ECOLOGY

桑田学

MANABU KUWATA

青土社

人新世の経済思想史

目次

凡例

- 引用文中〔 〕内の補註は引用者のものである。
- 引用・参照した文献は、巻末に付した参考文献と対応させて、註に著者名、刊行年、頁数の順番で表記した。
- 洋語文献に関しては、翻訳書のあるものは参照したが、引用の際には文脈に応じて訳文を変更している。
- 索引は、註とあとがきを対象から除外している。

人新世の経済思想史

生・自然・環境をめぐるポリティカル・エコノミー

はじめに

わたしには自己紹介に苦手意識がある。学生に向かって自己紹介をするとき、あるいは研究会や学会に参加するとき、自分の専攻や専門について説明する場面に出くわす。ただ、多くの場合、専門について説明に割くことのできる時間は短い。その短い時間で相手に伝わるように自分の問題意識について話をするのがどうにも上手くないのである。

かりに思想史の研究者であれば、研究対象としている著名な思想家、あるいは時代、国や地域などを紹介するのが一般的ではないかと思う。しかし、自分の場合には、そのような説明の形式にうまくはまらない。対象とする思想家や人物がいても、あまり知られていなかったり、かならずしもその人物の専門家を名乗れるわけでもない。たいてい「専門は経済思想です」と説明したうえで、「環境思想やその歴史にも関心があります」と急いでつけ加える。あるいは聞き手が近い専門の研究者だけである場合には、「経済思想における自然や環境をめぐる問題ついて研究しています」ということもある。いずれも間違ってはいないのだろうけれど、こちらの問題意識まで相手に十分に伝わるかといえばかなり心許ない。

ただ根本的には、「経済について考えること」と「自然や環境について考えること」とを別物として切り分けてしまうことに、どうしても違和感が拭えないのである。研究を進めていけばいくほどに、この違和感はますます大きくなっている。そのためだろうか、たとえわかりやすい説明のためであるとはいえ、「環境」経済学とか「エコロジー」経済学と呼称するのも、しっくりこない。それでは既存の経済学の応用分野だというニュアンスがどうしても残ってしまうように感じられるからだ。「経済」というものが、ほかの生き物を食べたり、水を飲んだり、ものをつくり分け合ったり、あるいは排泄物やゴミを外部に捨てたりしながら身体を再生産する人間の基本的な暮らしの実質にかかわるのだとすれば、「自然」や「環境」と無関係に成立する経済など、じっさいありえない。だから、「経済」と「環境」をあくまで統一的に、前者に後者の問題をはじめから十分に織り込んで考えたいのである。あるいはなぜ、「経済」と「環境」が別個の学問的対象としてあつかわれてきたのか、そのような認識の成立そのものにも、わたし自身の関心があるからである。

＊

経済、すなわちエコノミーの語源は、ギリシャ語のオイコノミア（オイコス＋ノモス）であり、つまり家の切り盛りを指すことばである。都市国家（ポリス）の物質的な再生産を一手に引き受けていた古代ギリシャの家（オイコス）とは機能も役割も構成員も大きく異なるが、古代、さらにいえば先史時代からいまもさほど変わらないのは、身体をもつひとが日々の生活を組み立てる場、すなわち「家」の内部にはおびただしい数の生き物（脊椎動物、節足動物、真菌や細菌、それにウイルス）も棲みついているということである。最近話題となった生態学者たちの研究によれば、現代の家屋にさえ、そこに棲息する生物はおよそ二〇万種にのぼるという。しかも、そのような家屋に棲みつく生き物の多くが、人間に害をもたらすのではなく、むしろ不可欠な存在ですらあるという。免疫系のはたらきを助けたり、病原体や害虫の発生と増殖を抑えたり、酵素の供給源になったり、発酵に役立ったり等々。[★1]世界規模のコロナ・パンデミックが否応なく想起させたように、そもそも人間の身体にも同様におびただしい数と種類の微生物が棲息している。無菌状態などありえず、かりにその状態に近づけたとしても、かえってそれは宿主である人間身体に深刻な機能不全をもたらしてしまう。自分の身体（皮膚の表面・深部や消化管内）に多くの微生物が棲みついているという事実には、やはりなんともいえない気持ち悪さを感じるものの、反面、自分はけっして孤独な一個体ではないという（謎の）賑わいを感じ、いくばくかの安心感さえ覚える。

考えてみれば当たり前のことであるが、人間の身体も、人間がそこで生活する家（オイコス）も、人間だけに閉じられたものではありえない。否応なくさまざまな人間ならざる存在との複雑な関係の連なりとして、いわば共生体として成立して（しまって）いる。

★1　ダン 2021。

では、経済はどうだろうか。もちろん、経済活動もまた、人間関係や人工物によってのみ構成されるものではまったくない。動物、植物、微生物、鉱物、化石燃料、土壌、大気、水、太陽光線、さまざまな人間以外の生物や無生物を巻き込んで経済は駆動している。もっとも、この巻き込みはけっしてなまやさしいものではない。現代では、それらとの関係は間接化・遠隔化されますます不可視化されつつあるが、じっさいにはこれらのモノが経済に巻き込まれ動員される規模も深度も拡大と粗暴化の一途をたどっている。たとえば、広大なプランテーション造成に伴う野生生物の生息地の破壊や土地収奪、途上国にも導入が進む工場式畜産システムによる家畜動物の虐待的扱い、北米で広く展開されているフラッキング（水圧破砕法）によるシェールガスの採取とこれにより引き起こされる周囲の水資源の枯渇や汚染。こうしたきわめて暴力的な経済活動がもたらす自然と人間の破壊は、ヨーロッパの近代化を下支えした植民地の領土と黒人奴隷の身体をフル活用した砂糖や綿花生産のそれとどれほどの違いがあるのか。経済先進国に生きるわたしたちの何気ない日々の暮らしの営みすら、土壌層や岩石層、生物圏から引き出される膨大な生き物と無生物の破壊的動員とともにある。★2 サービス経済や認知資本主義という概念によってときに誤ってイメージされるような経済の「脱物質化」とはまったく正反対の現実が存在する。

ところが、この人間の生の再生産を支える営み、すなわち「経済」を学問的分析の対象とする当の経済学は、そのような人間ならざる存在についてあまりに寡黙であった。「自然」や「環境」が人間の経済にとって後からつけ足されるような付属物ではなく、もっとずっと内在的、本質的なものであるならば、これは科学としての経済学にとって致命的な盲点といわざるをえない。この欠落が、前世紀の公害病以来の地域的あるいは惑星規模の危機や災厄と無関係ではないとすればなおさらである。

ミクロ経済学に登場する合理的な経済人（ホモ・エコノミクス）の仮説については、経済学における そのような仮説の誕生以来、たどることが困難なほどに、すでに長い批判と論争の歴史があり、それ はなお現在も継続中である。これに対して、この人間ならざるものとの関係をも視野に収めて人間と その経済を捉えようとした営為の歴史は依然として十分に論じられていない。大きくいえば、本書の 目的は「経済」という概念・語の歴史からこの問題にアプローチを試みることにある。

＊

世界経済がコロナ・パンデミックの混乱に翻弄されつつあった二〇二〇年春（五月二八日）に、フランスの日刊紙『リベラシオン』に寄稿された「コロナ後の世界と〈ブルシット・エコノミー〉」（原題は Vers une《bullshit economy》）と題する短い論考を、人類学者デヴィッド・グレーバーは、次のようなことばで締めくくっていた。[★3]

★2　ブラント＋ヴィッセン 2021。また『思想』（二〇二一年二月号）の「採掘 - 採取 ロジスティクス——批判地理学の最前線」特集も参照されたい。

★3　片岡大右氏によって翻訳されたこの文章は以文社のホームページ（http://www.ibunsha.co.jp/contents/graeber02/）にて読むことができる（最終アクセス二〇二二年八月三〇日）。

もしも「経済」なるものに何か実質的な意味があるのだとしたら、それは当然、人間が――命を守るためにも、活気ある生活のためにも――互いをケアする手段を指し示すものであるはずだ。こうした観点に立って経済を定義し直すなら、どういうことが生じるだろうか。どんな指標が求められるのだろう。あるいはそもそも、指標なるものの存在すべてと縁を切ることになるのか。

そうして、もしも再定義など不可能で、経済というコンセプト自体があれこれの間違った仮定に塗れ、汚れすぎていることが明らかになるようなら、わたしたちは思い出すべきなのだろう――そう遠くない昔には、「経済」などというものは存在していなかったということを。たぶん経済とは、もはやその役割を終えたアイディアなのだ。

グレーバーにとって、経済すなわちエコノミーはいよいよ用済みとされるべきコンセプトである。パンデミックのさなかに繰り返される「経済再起動」の呼びかけのなかで、当の「経済」という語によって指し示されるのは、「命」や「活気ある生活」とはほとんど無縁であるか、むしろそれらを犠牲にしてでも、「GDP増加の際に成長する頂点につけ加わった余剰部分」のために執拗に追求されるなにものかであるようにしか、彼の眼には映らなかったからである。

「経済」成長の名の下で、富と貧困の大きな偏りを伴いつつ、惑星規模で人間と人間以外の生き物の生存基盤がことごとく汚染され解体されてきたこと。あるいは、生命と社会の再生産に直接関与するさまざまなケア労働、エッセンシャル・ワーク――「他者の世話や病人の介護」、「生徒に教える仕事」、「物の移動や修理」、「製造や整備にかかわる仕事」、「人間以外の生き物が繁栄していけるための環境づくりに取り組む仕事」、そして家庭や産業から生じる大量のごみや廃棄物の収集と処理にかかわる仕事等々――の担い手が、社会的にも経済的にもその価値に見合う承認を得られてこなかったこと。しかもこれらの問題が繰り返し指摘されても、なおその趨勢に変化の兆しを見通せず、度重なる人災のしわ寄せを社会的に弱い立場に置かれてきた人びとに集中させ、経済指標の回復でもってウイルスに対する人類の勝利と見なそうとする現状に照らすなら、グレーバーの問いかけを無視することはやはり難しい。なにより、時代も場所も異なる人間の暮らしの具体をつぶさに観察してきた、博覧強記の人類学者のことばであるだけに、その意味は重たい。加えて、歴史学者の藤原辰史が一貫して強調しているように[★4]、このことがら自体はパンデミック以前から存在する社会のゆがみと地続きでつながっており、パンデミックに際してそのゆがみが一挙に顕在化したという方が正確である。

以上のことを踏まえたうえでなお、「経済」というコンセプトをまるごと用済みとすることは、本書が追究しようとするものではない。それは、当のエコノミーをめぐるすぐれた概念史研究が示してきたように、「エコノミー」という語の意味が、今日においても、それほど自明な確固たるものとは思えないからであり、学問としての経済学やその周辺分野に限定したとしても、エコノミーという概念によって切り取られる現象や社会関係、人間行動やその目的について、長い論争が存在してきたからである。キース・トライブがその概念史研究の冒頭で語るように、あるいはグレーバー自身もまた示唆していたように、この語の現在の意味――すなわち選択のロジックと結びついた効率性や利得の最大化――が広く受容されるにいたったのは、一般に考えられるよりもはるかに最近（せいぜい二〇

★4　たとえば、「B面の岩波新書」という岩波書店のサイトに二〇二〇年四月二日に公開され、短期間で大きな注目を集めた「パンデミックを生きる指針――歴史研究のアプローチ」など。

世紀後半）のことにすぎず、それゆえ「歴史的スケールからみれば、現代の用法は陽炎のように儚いもの」だと考える十分な理由があるともいえるのである。★5 したがって、本書はむしろ、グレーバーが示唆していたもう一つの可能性、すなわち「人間が――命を守るためにも、活気ある生活のためにも――互いをケアする手段を指し示す」ものとして「経済」を捉えなおし再定義する視点を、この視点が疎かにされていった経緯とともに、経済学の歴史のなかにあらためてたどりなおすことを目指したい。

ただし、本書の主要な分析対象は、一九世紀中ほどから二〇世紀前半のイギリスの、しかもとりわけ経済学においては圧倒的にマイナーな人物たちの議論に限定されており、その意味ではグレーバーの問いかけに対するささやかな応答にしかならないだろう。著者の力量によるところがほとんどであるとはいえ、しかしこの限定にまったく理由がないわけではない。ここでの問題意識は、「人新世Anthropocene」とも呼ばれる、惑星規模のエコロジカルな危機の時代において要請されている「エコノミー」という語の再定義という課題とかかわっている。コロナウイルスのみならず、鳥インフルエンザ、ＳＡＲＳ、ＭＥＲＳといった今世紀に入ってから生じた動物由来の人獣共通感染症はいずれも、熱帯雨林でのプランテーション造成や森林伐採、農地収奪、産業育種など、まさしく人間の経済活動による行き過ぎた生き物の棲み処の破壊や収奪に起因した人新世的な事象であることは、すでに多くの研究者たちによって指摘されてきたことである。そして、このような危機を招き寄せた重大な歴史的契機のひとつとして、一九世紀イギリスで実現した産業革命が新たに争点となっている。

産業革命は、人間の経済を厖大な化石燃料（無生物エネルギー）の燃焼と産業機械の絶え間ない高速運動に深く依存させ、人間の暮らしが地球という惑星においてもつ物質的・エネルギー論的な意味を大きく変容させた。またそれは、大航海時代にはじまる西ヨーロッパの対外進出と「新世界」の土地や人びとの支配と隷属化がもたらした一つの帰結であったという意味でも、鉱物も植物も動物も人間も商品生産のための原料のかたまりであるかのごとく動員するシステムをつくり上げたという意味でも、先進産業国家における科学とテクノロジーの系統的な融合に導き、やがてそのような科学技術に支えられた経済力と軍事力を「文明化」や「進歩」の基準と同一視するという短絡を生んだという意味でも、巨大な電力と引き換えに生じる高濃度放射性廃棄物や大気中に放出される二酸化炭素をはじめ、自然の物質循環のなかでは吸収・分解困難な厖大な廃物・廃熱をつくりだし、この循環を不可逆的に攪乱させていく契機となったという意味でも、現代世界を造形した象徴的な出来事ともいえる。人新世という語の発案者の一人である大気化学者パウル・クルッツェンが、かのジェームズ・ワットによる蒸気機関の平衡運動機構の発明を、完新世 Holocene から人新世への地質学上の転換点として位置づけたことの意味は、おそらく当人の念頭にあったことがら（大気の二酸化炭素濃度の異常な上昇のはじまり）以上の重みがある。

　人類史―自然史的な画期として新たに意味づけられつつある産業革命から原子力解放にいたる事態の進展を、同時代に目の当たりにした思想家や科学者たちは、いかに学問的・批判的な分析と検証の対象としてきたのか、またそれを踏まえてどのような「エコノミー」の再定義を企てようとしてきたのか。「オイコノミア」という語源が示すように、たしかに深く結びついていたはずの経済 economy と生命・生活 life との軋轢や相克は、この時期に、どのようなかたちで認識され主題化されていった

★5　Tribe 2015, p.2.

のか。そもそも人間の経済は、ある種の経済学が自明としてきたように、市場メカニズムと同義でもなければ、商品の生産と消費の円滑なサイクルに還元されるものでもない。人間同士の取り決めや合意にもとづく社会的な営みであるにちがいないとしても、それだけに還元されるものでもない。先に述べたように、人間の集団的生存の秩序という意味での経済は、根本的には、ヒトという種と人間ならざる存在（動物、植物、鉱物、土壌、大気、太陽）との物質的－エネルギー的な相互連関・相互作用の危ういバランスのうえにかろうじて成り立つ、社会・文化的現象に他ならない。社会科学としての経済学の範疇をときに大きくはみ出しながら、この人間ならざる存在との関係も視野に入れて人間のエコノミーを捉え、学問的省察の対象とし、あらためて統治の学としての経済学の根幹に位置づけようとする知や実践は、歴史的にはどのようなものとしてありえたのか。本書が焦点化を試みるのはこれである。

序章

エコノミーの脱自然化、人新世の起源

1　エコノミーの概念史

西洋におけるエコノミーの概念史を主題とする先行研究を紐解いてみれば、今日、一般的に理解される意味での「経済」の観念――生産・分配・消費の統合されたシステム、あるいは稀少資源の合理的配分のシステムとしてのそれ――の歴史はさして古いものではないことがわかる。アダム・スミスによる「経済学の生誕」を見た一八世紀においても、たとえば、後に「エコノミスト」と呼ばれた医師フランソワ・ケネー（1694-1774）の『動物のエコノミーについての自然学的試論』（一七三六年）が示すように、経済という語が、現代的な意味で当然のように受容され流通していたわけではない。

エコノミーという語は、古代ギリシャの「オイコノミア Oikonomia」に由来し、それはクセノフォンやアリストテレスのテクストに典型的に現れるように、家長による家 oikos（奴隷、家畜、農作業用具を含む生存の場）の秩序ある管理運営、すなわち「家政」を意味した。ただし、クセノフォンにおいてオイコノミアはすでに、家と財産の善き管理にとどまらない意味――神による宇宙の万物の管理運営――をもっており[★1]、その後、中世にはストア派の哲学やキリスト教の思想、弁論術・修辞学において固有の意味づけがなされ、さらに初期近代の博物学や生理学など自然哲学の領域における「アニマル・エコノミー」（動物の身体組織の秩序）や「ネイチャーズ・エコノミー」（自然の秩序・摂理）への拡張を経て、ようやく一八世紀後半以降、「ポリティカル・エコノミー」（政治経済学）へいたりついた、といわれる。麻生博之はこうした歴史的に複雑な経緯をたどったエコノミー概念に通底する意味を、（その難しさを踏まえつつ）次のように要約している。「エコノミーとは、いわば、「家長」（家父であれ、神であれ、統治者であれ、個々人が有するとみなされるある種の「合理性」であれ）による、「家」の境界内のものごと、そして時間的な、あるいは有限なものごとに対する秩序だった「統治」を、またそれらのものごとを無駄なく巧妙に配置する調和した「秩序」そのものを、さらにはそうした統治が可能であり、そうした秩序が存在すると見なしたうえで、そのありようを探ろうとする実践的／理論的な「学」の形態を、意味するものといえる」[★2]。ここからもわかるように、歴史的に見れば、エコノミーは、①対象に内在する原理にそくした統御・統治、②統御・統治の対象となる秩序ないし配置、③統御する学ないし実践的な術、という複合的な意味をもつ概念であることをまず押さえておく必要がある[★3]。

エコノミーの概念史にかかわる研究のなかでも、科学史と経済学史との架橋を試みてきたマーガレット・シェイバスの『経済学の自然的起源』は、本書の課題を明らかにするうえでとくに重要である。本章では、関連する他の研究も参照しつつ、シェイバスの著作の内容をやや立ち入って考察しておきたい。同書におけるシェイバスのテーゼは「経済秩序の脱自然化 the denaturalization of economic order」である。

★1 佐々木 2015、一三頁。
★2 麻生編 2010、i頁。
★3 杉山 2015、三八頁。なお、エコノミーという語が歴史的に担った多彩かつ複雑な意味については、『ニュクス』創刊号の第一特集「〈エコノミー〉概念の思想史」の諸論考および Tribe 2015, chap.2 を参照。

一八世紀末から一九世紀中葉にかけての時期に、経済理論家たちはしだいにエコノミーをまったく独立した実体として仮定、特定し、自然の諸過程よりもむしろ、人間の定めた法や行為のはたらきに従うものだと主張するようになった。ここで論じられる主たる命題は、一九世紀中葉まで、経済理論家たちは自らの言説の現象を、自然哲学者たちが探究するものと同じく自然界の一部分と見なしていた、というものである。経済現象は自然現象とのアナロジーを描くことで理解されただけでなく、物理的自然と地続きにあるものと見なされた。ようするに、経済的な言説は、われわれが現在考えているような社会科学や人文学の一部ではなく、自然哲学の一部と考えられていたのである。それは今日のように自律的な領域を扱っていなかったのだ。★4

シェイバスによれば、経済現象がもっぱら社会の慣習や法、あるいは個々人の合理的行為の観点から理解されるのは一九世紀後半——限界革命に伴うポリティカル・エコノミーからエコノミクスへの転換期とほぼ並行して——に生じた出来事であり、それ以前の経済にまつわる言説には自然哲学や博物学（ナチュラル・ヒストリー）に由来する概念や推論、アナロジーが充溢していた。それは、なによりこの科学の対象となる経済秩序そのものが自然の物理的秩序の一部を構成するものとして認識され、両者とのあいだにはっきりとした区別は立てられていなかったからだという。啓蒙期の経済学者は自らの探究を自然哲学者のそれと同心円状にあるもの、すなわち富、人口、土地、そして労働を支配する自然法則の探究の一部として理解していた。富は「鉱物や水産動物、外来の植物など、大地や海の産物」などからなり、これらの富を支配する法則は自然界を支配する法則と類似ないし連続するものと観念されていた。かくしてシェイバスは「〔近代的な意味での〕エコノミーの概念は事実上、啓蒙以後のものである」と主張する。[★5] 人間の精神と作為によってのみ構成され、また人間の理性によって統御されるべき新たな概念的実体としての「エコノミー」の成立は、経済学の認識論的基礎を自然哲学や博物学から、個々の経済主体の主観性や行為の合理性へと移し替えていくことではじめて可能となったのであると。本書の目的に関連するポイントに焦点を絞ってシェイバスの議論の展開を確認しておくことにする。

2　自然のエコノミー

経済現象が自然の秩序と地続きのものとして把握されたとは、具体的にいかなることがらを指しているのだろうか。この見方がきわめて明示的に現れるものとして、スウェーデンの博物学者カール・フォン・リンネ Carl von Linné（1707-1778）のエコノミー概念を取り上げよう。フランスの博物学者ビュフォンと同年に生まれたリンネはいわゆる二名式命名法の生みの親、「分類学の父」として知られるが、彼はまたイギリス重商主義とドイツ官房学 Kameralwissenschaft の影響を受けた経済学者でもあった。

リンネにおいてエコノミーという語は「永遠なる自然の秩序」と「新たな人間の科学」という密接

★4　Schabas 2005, p.2.
★5　ibid., p.17.

に結びついた二重の意味をもっていた。[★6] このうち前者は、動物学者エルンスト・ヘッケル Ernst Heinrich Haeckel（1834-1919）による「エコロギー Öekologie」という語の提唱（一八六六年）に取って代わられるまで用いられた「自然のエコノミー economy of nature」なる概念と密接にかかわっている。ドナルド・ウォースターによれば、自然のエコノミーという語は、デカルトの機械論哲学の擁護者であったケネルム・ディグビー卿（1603-1665）によって一六五八年にはじめて用いられ、一八世紀をつうじて、家政、神の配剤、神の統治といった生命の組織化や崇高な統治を指し示すあらゆる定義——すなわち、相互作用する全体性において、万物を合理的に秩序づけること——を組み込んでいった。[★7] その主要な担い手となったのがリンネである。リンネは「自然のエコノミー *Œconomia Naturae*」（一七四九年）と題するテクストの冒頭でこう説明している。

自然のエコノミーということばによってわれわれが理解するのは、さまざまな自然の事物にかんする創造主のすぐれて賢明な配置である。この配置によって、さまざまな自然の事物は、普遍的な目的と相互的な便益をもたらすように適応させられている。

宇宙のうちにあるいっさいの事物は、いわば一致して創造主の無限の知恵を表明している。〔…〕水と陸からなる地球上のさまざまな事物に正しく注意を向ける者は誰でも、それらの事物が互いに結びあい、連鎖をなしていること、それゆえそれらの事物はすべて同じ目的に向かっており、中間に位置する無数の目的はその同じ目的に貢献するものであることを、かならずや認めざるをえない。[★8]

リンネの自然のエコノミーとは、造物主たる神によって与えられた、鉱物・植物・動物の三界を包含する永遠の秩序であり、水の循環や季節の変化、岩石の形成と消滅といった絶えざる変化のなかで、生成し繁茂しまた死滅する無数の生物が織りなす複雑な相互依存の網の目である。それは「繁殖、保存、破壊」の絶えず絡み合う循環的な変化のうちにあって自己生成する秩序である。たとえば、地表にコケ類・地衣類の侵入が進むにつれ、そこに形成された腐植土にイグサが根を下ろすようになり、しだいに植物の遷移もはじまる。そこで植物が繁茂すれば、さらに高等な種のための生存条件が整えられていく。環境の変化が無数の生物にさまざまな変化を引き起こし、またそれらの生物が環境に新たな変化を引き起こす、というように、両者の関係は相補的である。[★9]

トレヴァー・パースによれば、リンネの自然のエコノミーの観念は自然哲学者ウォルター・チャールトン（1619-1707）の動物のエコノミー Oeconomia Animalis に起源をもつ。ディドロとダランベールらが編纂した『百科全書』（一七五一―一七七二年）にもエコノミーの関連項目として登場するこの動物のエコノミーは、栄養、血液循環、呼吸、筋肉運動など、いわば動物の生命を維持する機能の集合・秩序を意味していた。動物の身体において、呼吸器、消化器、循環器、リンパ系などさまざまな器官や組織がそれぞれに固有の機能を遂行しながら、相互に連関して総体としてその生命と健康を維

★6 Koerner 1999, p.95; Rausing 2003.
★7 Worster 1994,p.37. 邦訳六〇頁。なおリンネ的な「自然のエコノミー」の概念がダーウィンの進化論において果たした役割については、Pearce 2010a に詳しい考察がある。
★8 Linnaeus 1977, pp.39-40.
★9 Worster 1994, pp.34-35. 邦訳五六－五七頁。

持する。自らも医学を学んだリンネはしかし、この生理学的なエコノミーの概念を自然界全体にまで拡張するのである[★10]。

リンネの強調点の一つは、自然の無数の事物が固有のはたらきをもちつつ、「相互的な便益をもたらす」という点にある。あらゆる自然の事物がすべての種を保存するように互いに寄与するのは、「ある事物の死や破壊が、別の事物の回復につねに役立つはず」だからである[★11]。たとえば、カビは朽ちた植物の腐敗を促し、土壌に栄養を与えるが、また土壌はそのお返しに与えられた栄養を別の生命に与えなおす。倒木もけっして無駄にはされず、コケ類、菌類、芋虫、甲虫、鳥など多くの生物によって入植され分解されていく。あるいは動物の死体が他の腐食動物によって捕食され、その後、無数の地虫に覆われ消費し尽くされるおかげで「大地全体が死骸で埋め尽くされ、悪臭を放つ身体になる」ことはなく清浄に保たれる[★12]。このように、あらゆる生命は自然のエコノミーにおいてその固有の機能や務めを担いながら、互いに有機的に連関し、全体の秩序を構成する。「動物のエコノミーが動物身体の健康や繁栄を維持するように、自然のエコノミーは自然界の健康と繁栄を維持するのである」[★13]。

しかしながら、自然のエコノミーはたんに造物主である神によって与えられた自然の秩序だけを指示するのではない。同時にこの自然のエコノミーは、究極的には「人間の利益」に資するよう秩序づけられているのであって、リンネには自然の事物を人間にとっての有用性の観点から捉える視点がはっきりと存在する。「その〔鉱物・植物・動物〕三界をつうじて、巧みに工夫が施され、すばらしく繁殖し、神意によって維持されている。これらすべての自然の富は、造物主が人間のために企図されたように思われる。あらゆる事物は、直接的ではないにせよ間接的には、他の動物による利用ではなく、人間の利用に役立つようにつくられている。理性の助けによって人間はもっとも獰猛な動物を手なずけ、もっとも足の速い動物を追いかけ捕まえる。それどころか、彼は海底に隠れているものにさえ手を伸ばすのである」[★14]。ドイツ官房学に強い関心をもっていたリンネにおいて、家政術に直接由来するエコノミーという語のもう一つの意味、すなわち「新たな人間の科学」が立ち上がるのはここである。

神が人間の必要と便宜ためにこの秩序を与えているとすれば、それらを正しい目的にそくして用いることが人間の責務であり、国家の維持と繁栄の欠くことのできない条件となる。リンネにとって「あらゆる経済学 hushållning にとって支柱は偉大な自然のエコノミーを知ることである」[★15]。すなわち、エコノミーとは、四元素(火・空気・水・土)を自然の事物に適切に応用し、そこから有用性を引き出して、国家の繁栄を導くための体系的な知に与えられる名である。隠岐さや香によれば、リンネのいう統治の学としてのエコノミーは、家政術の伝統を引き継ぎつつ、そこに博物学の体系的思考を実践的に適用するかたちでつくり上げられたものであった。それは「自然に関する知識にもとづき、地上に存在する諸要素をある目的のために適切に統御し用いるための科学」であり、「具体的には、鉱

★10 Pearce 2010a.
★11 Linnaeus 1977, p.40.
★12 ibid., p.121.
★13 Pearce 2010a, p.498.
★14 Linnaeus 1977, pp.123-124.
★15 Rausing 2003, p.185.

物や鉱石の知識、農業を含む植物のあり方への実践的な知識、そして家畜や狩り、釣りについての体系だった知識などが想定されて」いた。[16] いわば、エコノミーは自然の事物の利用にかかわる知の集成であり、また「鉱物経済学」「植物経済学」「動物経済学」から成る一つの技術でもあった。[17]

一七世紀末のヨーロッパにおいてすでに「博物学は国政術の一つの形態であった」とさえいわれるように、同時代の植民地支配を含む商業ネットワークの拡張において博物学が果たすべき役割を認識していたのはリンネばかりではなかったが、リンネは「そうした一般的感情を越えて、「自然のエコノミー」の理論的枠組みの内部にあらわれる、経済学と自然諸科学の本源的な同一性というより成熟した理論へと進んだ」。[18] しかも、リンネにとって、それは自然のエコノミーを人間の生活の持続とその繁栄のために適切に役立てる方法にかかわる知であり、「すべての人びとの物質的な富裕がこの科学にかかっている」以上、「この世に経済学以上に高尚で必要不可欠で有用な科学は存在しない」。彼が「自然の知識なき経済学者は数学の知識なき物理学者のようなものである」というのはこのような意味においてである。[19] こうしてリンネは「神の配剤」という宗教的術語を、生産の最大化のための諸資源の政治的組織化という経済的問題へと接続したのである。[20]

リンネのエコノミー概念ほどには明確なつながりではないにせよ、シェイバスによれば、「博物学や物理学の概念や方法が、ヒューム、ケネー、スミスといった一八世紀の思想家の富の分析をかたちづくり、これを支配していた」。[21] 道徳的秩序と物理的秩序（自然法）との一致を説き、富（純生産物）の唯一の源泉を土地の生産力に求め、土壌と植物の生長を介して農業から生まれる富の再生産と流通の適切な管理運営を、自然に適合した経済統治として論じたケネーを代表とするフィジオクラートはその典型である。シェイバスは「フィジオクラート以上に、自然につながれた経済思想の強力な具体例は存在しない」と述べる。[22] ここでその短い要約はおよそ不可能であるが、一九世紀以前の経済にまつわる言説が自然哲学や博物学と複雑に結びついていたことは、他の論者によってもさまざまに指摘されてきたことである。

たとえば、長尾伸一はスミスの方法論の科学史的文脈として、ウィリアム・カレン（1710-1790）やジョゼフ・ブラック（1728-1799）、ジェームズ・ハットン（1726-1797）などに代表されるスコットランドの「ニュートン主義」の重要性を指摘するとともに、ニュートン以前の時代の生理学や生物学、無機・有機化学の一部をも含んだ「総合的科学である初期近代の医学」や「ナチュラル・ヒストリー」がスミスを含む一八世紀の道徳哲学や政治経済学に及ぼした広範な影響について論じている。[23] ポー

★16 隠岐 2011、二一八―二二〇頁。

★17 Koerner 1999, p.101.

★18 Rausing 2003, p.184. こうしたリンネの見解は、一七三九年のスウェーデン科学アカデミーの創設者たちに共有されていたものであった。アカデミーの学者たちにとって経済学はアカデミーの主要な課題であり、ここでいう経済学とはナチュラリストの特異な知識に依拠した、農業、鉱業、林業、繊維生産、漁業における革新的技術の改良や応用を意味した。

★19 Koerner 1999, p.103.

★20 なお、藤田 2022 によると、リンネの影響力の大きさゆえに、スウェーデンの経済学の黎明期にはリンネ的な植物学・博物学と経済学との混合的なポストが置かれていたが、一九世紀半ばにはディシプリンの分離が明確になったという（三一二頁）。

★21 Schabas 2005, p.5.

★22 ibid., p.10.

ル・クリステンセンも同様に、一七世紀後半から一八世紀の黎明期の経済学者（W・ペティ、ボアギュベール、R・カンティロン、ケネー、ヒューム、スミス）が同時代の化学、生理学・医学、博物学など身体と物質、エネルギーにかかわる初期近代の諸科学と強い接点をもったこと、加えて後続の古典派経済学の担い手（リカードウ、セイ、シーニア）もまた、とりわけその生産理論の練り上げにあたって、同時代の化学や物理学の知識に大きく依拠していたことを強調してきた。それゆえ彼らにあっては、動物身体の生命過程と同じくあらゆる経済活動が、大地から引き出される物質や自然力のはたらき、農場や工場など生産の特質にそくした道具や機械の使用によるそれらの変換に根本的に依存するものであることは自明であり、「経済学は、生産の物理的性質の理解のために（博物学を含む）自然諸科学に依拠する雑多な科学 mixed science」であったとクリステンセンは論じている。★24 いずれの場合でも、強調されるのは、一八世紀から一九世紀前半の英仏の経済思想の根底にある、自然の物理的秩序と経済秩序との一体的で総合的な認識に他ならない。

3　経済秩序の脱自然化

これに対してシェイバスは、経済認識の大きな変化（すなわち脱自然化）のはっきりとした現れを、やや意外なことに、ジョン・スチュアート・ミル（1806-1873）のテクストに見いだしている。「ミルは彼の先人たちとは異なる経済秩序の観念をもっていた。彼の経済領域の理解は、ますます物理的自然から切り離され、むしろ人間の諸制度に左右されるものとなり、いっそう人工的なものとなった。

ミルは伝統的な物理的自然への訴求を脱ぎ捨て、経済世界を自然とはまったく相容れない人間の行為作用や制度の産物として認識するのである」[★25]。

たとえば、シェイバスはミルの「政治経済学の定義について」（一八三六年）における経済学と物理学との関係に関する議論に着目する。ミルは「人にとって有用または快適なすべての対象、あるいはまたすべての物質的対象の生産の諸法則が経済学の対象に含まれるならば」、「少なくとも、すべての、またはほとんどすべての物理学の知識がそのなかに含まれる」ことになり、「この科学がいずれの地点で終わるかを断定することは困難」になると述べる。そのうえでミルは経済学が「あらゆる物理諸科学を前提」とせざるをえないことを認めつつも、両者を切り分けるためには「研究対象――なるほどその大部分は両者に共通である――よりもさらに深いところで探究されねばならない」と論じる[★26]。ではその「深いところ」とはどのような水準なのか。ミルの答えはこうである。すなわち、経済学が探究するのは「対象の生産および分配に関係ある精神の諸現象」であり、経済学は「人間本性の諸法則に依存するかぎりにおいての、富の生産および分配を扱う科学」、あるいは「富の生産および分配

★23　長尾 2002、一一八―一二五頁。

★24　Cristensen 2001, pp.24-25; 2009.

★25　Schabas 2005, pp.125-126. Cristensen 2009 もアンドリュー・ユア（医師・化学者）やチャールズ・バベッジ（数学者）の動力機械や産業技術の研究に基礎をもつナッソウ・シーニア（1790-1864）の物理学的な生産理論からの後退をミルに見いだしている。ただし、他方で、ミルの停止状態論や土地制度改革論などに着目してミルを環境思想、自然保護運動の先駆けとして評価する研究も少なくない。この点については大森 2020 を参照。

★26　Mill 1967［1836］, pp.314-316. 邦訳一六四―一六六頁。

の道徳的または心理学的諸法則に関する科学」と定義されなければならない。[27]

『経済学原理』（一八四八年）においてもミルは引き続き、生産における富の物質性や自然の諸力のはたらきを強調する。「富の生産に関する法則や条件は物理的真理の性格をもつ。そこに選択も裁量の余地もない」。「地球に存在する物質は、人間の手によって形状や性質を刻印される生気なき受け手ではない。それは活動的なエネルギーをもち、労働と協力し、労働の代替物としてさえ使用されもする」。[28] けれどもやはりここでも、「富の追求」という現象にかかわる人間の心理的側面へと、経済学の対象は限定される。「諸国民の経済状態が、物理的知識の状態によるものであるかぎり、それは物理諸科学およびこれにもとづく技術上の問題である。しかし経済状態の原因が道徳的ないし心理的なものであり、制度や社会関係または人間本性の原理に依存するかぎりにおいて、その探究は物理科学ではなく、道徳科学ないし社会科学に属し、いわゆる経済学の対象となるのである」。[29]

ミルの議論は幾重にも曖昧であり、悪くいえば「不徹底な」過渡的人物といえる。とはいえ、『経済学原理』の刊行からおよそ六年後に執筆された「自然論」に視点を移すと、自然と人為の区別がより明確な意味をもって登場する。[30] ここでミルは、「自然に従う *Naturam sequi*」といった「自然」[31] に正・不正や善悪の判断にかかわる道徳原理や倫理的基準を求める態度をはっきりと否認している。たとえば、「自然が分離していた両岸を橋で結ぶこと」、「自然の湿地を開拓すること」、「自然が地球の計り知れない深さに埋めたものを光の下に引き出すこと」、「河川の氾濫を堤防で防ぎ海洋の波浪を防波堤で防ぐ」ことなど、これらの行為は「自然に従う」という規範とはあきらかに対立するものであって、それゆえこれらの「偉業をほめるなら、それは自然の運行方式に服従するのではなく、自然の運行方式を征服すべきであると認めること」だとミルは断じる。[32] 議論の重心ははっきりと、自然に対する人為による改良や矯正の優越、そして他の動物と連続するような人間本性——この場合にはとくに利己性——の改良可能性に置かれている。「およそ文明、技術、発明を称賛することは自然をけなすことでもある。それは自然の不完全さを承認することであり、不完全な自然を矯正し、緩和するようにいつも努力していることは、人間の本分であり誉れである」。「自然のなかの何かが善を実現する意図を示していると見えるとしても、この善行には限られた力しかないことが明らかになる。そして、人間の義務はこの善を実現する諸力と協同することであるが、その協力は自然の動きを真似することではなく、それを絶えず修正し続けることである」[★33]。こうした人間本性の改良可能性、そして不完全

★27 ibid., p.318. 邦訳一七〇—一七一頁、強調原文。

★28 Mill 1965 [1848], II , p.199. 邦訳（2）一三頁：p.26. 邦訳（1）六六頁。

★29 ibid., II , pp.20-21. 邦訳（1）六一頁。

★30 「自然論」は「宗教の功利性」「有神論」とともにミルの死の翌年、一八七四年に養女ヘレン・テイラーの手によって『宗教三論』として刊行された。「自然論」の脱稿時期は妻ハリエットへの手紙から一八五四年頃と推定されている。詳しくは船木 2001 を参照。

★31 「自然による世界の統治は、人間によってなされたなら最大の極悪だと考えられるようなものごとで満ちているから、われわれが自然過程との類比で自分の行為を導くことは、宗教的でも、道徳的でもありえない。われわれにはきわめて有害であると見え、人為的に生みだされた場合には犯罪以外のものとは誰も考えないような自然の事実のなかに、たとえ、どのような善を産み出す神秘的な性質が潜んでいたとしても、この命題は真である」（Mill 1969 [1874], p.386. 邦訳二六頁）。

★32 Ibid., p.381. 邦訳一七頁。

★33 ibid., p.381. 邦訳一七頁：p.402. 邦訳五四頁。

な自然の矯正と克服を肯定する議論は、『経済学原理』における自然法則に従わざるをえない「富の生産」ともっぱら人為的制度に委ねられる「富の分配」との有名な区別に対応したものといえる。★34

かくしてシェイバスは、ミルの『原理』に見いだされる生産における自然の物質性や活動的なエネルギーへの訴求は、「彼が覆い隠すことのできなかった先人たちの経済思想の痕跡と見なすことができるかもしれない」と述べるにとどめ、むしろ「自然の秩序と正義とのつながりはミルによって断ち切られている」と結論づけている。★35 ミルにおいて、経済現象は自然の物理的秩序から大きく引き離され、人間の物質的・精神的改良にとっての一つの手段と見なされる。これに応じて政治経済学もまた、生理学、化学、力学などの諸法則のはたらきを前提するとしても、この学問に固有の対象はあくまで富にかかわる個々人の心理や精神（効用）である。「こうしてミルは、その主題を厳密に精神へと基礎づけた初期の新古典派経済学者のその後の言明に道を拓いた」。★36 ミル以後、この趨勢は一八七〇年代の限界革命をつうじて確かなものとなり、経済を駆動するファクターは自然の物質性（土壌の肥沃さや植物と動物のあいだを流動する力、あるいは動物的な情念や欲求）ではなく、ますます個々人の精神現象や顕示された行為の合理性（合理的選択）の観点から説明されるようになっていくのである。

シェイバスはこのようなエコノミーの脱自然化のプロセスが、思想や科学の世俗化 secularization の過程とおおむね軌を一にしていると示唆するが、より限定的な要因として経済学の「心理学的転回」、すなわちミルを含むヴィクトリア時代後期の経済学者――リチャード・ジェニングス（1814-1891）、W・S・ジェヴォンズ、F・Y・エッジワース（1845-1926）、P・H・ウィックスティード（1844-1927）、そしてアルフレッド・マーシャル（1842-1924）など――がその科学的客観性を心理学や精神科学に求めていった点を重視している。★37 シェイバスによれば、ミルの時代に現れた心理学への愛好は、経済学者が経済理論における基本的な分析単位を地主、資本家、労働者といった社会集団（階級）ではなく、あくまで自立した個人に求めたことを反映していた。

もっともこうしたシェイバスの議論に対して、「経済学のメッカは経済動学よりも経済生物学である」と説いたマーシャルに象徴されるように、ヴィクトリア時代後期のダーウィンを中心とする生物進化論が経済学に与えたインパクトを軽視するものであるという批判がありうるだろう。しかし、シェイバスは、ダーウィンの生物学がマーシャルに代表される初期の新古典派経済学の理論や概念枠組みの形成に寄与したという論証は依然として弱く、生物学的な推論と経済学的なそれとの結びつきは、「マーシャルにおけるダーウィン」よりも「スミスにおけるリンネ」の方にはるかに明瞭に見いだされるとして、このありうる批判をあらかじめしりぞけている。[38] また、シェイバスは、自身のテーゼが、一九世紀末以降、経済学者がますます物理学を模倣し、力学的なアナロジーや数学的ツールを援用してきた事実を排除するものではないとつけ加えている。シェイバスは現代経済学が（エネルギー）物理学との強い形式的な類似性をもつというフィリップ・ミロウスキーの有名な議論[39]の妥当性を認めている（これについては次章で改めて論じる）。しかしながら、両者のあいだの類似性は「形

★34 「それ〔富の分配〕はもっぱら人為的制度の問題である。ひとたび物が存在するようになったならば、人間は、個人的にも集団的にも、それらを好きなように処分することができる」（Mill 1965 [1848], II, p.199. 邦訳（2）一四頁）。

★35 Schabas 2005, p.130, p.132.

★36 ibid., p.133.

★37 ibid., pp.134-141.

★38 ibid., p.143.

式的表象の水準」にとどまるものであり、「そのアナロジーに深み」はなく「純粋なシミュレーション」にすぎないのであって、経済現象そのものが、自然探究者が対象とする自然の秩序の一部分であるといった存在論的な信念があるわけではない。★40 現代経済学における財は物質的属性を欠いており、かりに財の物質的属性を考慮するなら、無差別曲線や需要関数の連続性や完備性の前提は成り立たず、微分学の使用も不当なものにならざるをえない。シェイバスはあくまでこう結論づける。

私の脱自然化のテーゼは、主導的な理論家たちによって明示化された経済秩序は物理的自然の諸概念から遠く隔てられてきたというものである。いいかえれば、まずもって経済に秩序を与えるものがなんであれ、またエコノミクス（あるいは以前にはポリティカル・エコノミー）として知られる探究を保証する、核となる現象を生みだしているものがなんであれ、もはやそれは物理的自然と結びついてはいない。経済理論家たちが考えるエコノミーは、物理科学や生命科学の担い手が考えているような物理的世界とは、はっきりと切り離されている。二つの領域が交わることはほとんどない。両者において秩序が生みだされる仕方は、異なった別々の現象に由来する――経済学者にとってそれは人間理性と行為のはたらきであり、自然科学者にとってそれは物質、力、エネルギーなのである。★41

4 自然からの解放、化石経済の出現

シェイバスの議論をいくつかのポイントに絞って概観したが、さしあたりここでの関心はその当否ではない。代わりにここで取り上げてみたいのは、シェイバスが描いた脱自然化のプロセスとほぼ並行して生じた経済のエネルギー論的な様相の変化、すなわち膨大な化石燃料の採掘と燃焼に依存する経済体制の出現という問題である。この点を確認し、それがシェイバスのテーゼにとってもつ意味を考えたい。

スウェーデンの歴史家アンドレアス・マルムが『化石資本』で論じたように、一九世紀ヴィクトリア時代（1837-1901）のイギリスは「化石エネルギーというマテリアルな燃料によって火が供給されはじめた化石経済 fossil economy」が成立を見た時代である。化石経済とは「増大する化石燃料の消費にもとづいた、それゆえに二酸化炭素排出のたえざる増大を生成する、自立的な成長経済」であり、ある特異なタイプの「社会 - 生態学的構造」である。★42 もっとも化石経済の出現の起源は、石炭の燃焼により得られる熱だけに求められるわけではない。化石経済の成立にとって不可欠であったのは、「蒸気機関という手段による、熱の運動への転換、いいかえれば、熱エネルギーの機械・力学的エネルギーへの変換」である。このことは、別々のエネルギー体系として無関係に存在していた熱エネルギーと力学的エネルギーとが、蒸気機関によって一つの体系に統合されることを意味した。とくにグ

★39 Mirowski 1988; 1989.
★40 Schabas 2005, pp.156-157.
★41 ibid., p.157.
★42 Malm 2016, pp.11-12.

ラスゴーで活動した機械技師ジェームズ・ワット（1736-1819）による蒸気機関の平衡運動機構の発明（一七八四年特許取得）は、熱から得られたピストンの垂直運動をさらに連続的な高速回転運動へと変換することを可能にし、従来のニューコメン式の蒸気機関とは異なり炭鉱での地下水の揚水にとどまらない用途を拓いたのである。「ひとたび石炭が機械に動力を与えると、燃料は拡張によって脈打つ経済の静脈へと流れ込んでいった」[★43]。石炭とますます効率を上げていく蒸気機関との結合は、すでにはじまっていた繊維や化学といった諸部門における機械化の動きを加速させ、それが一九世紀後半をつうじて広範な製造業に応用されるにいたって化石経済の屋台骨が完成する。その結果、一九世紀の初めには一〇〇〇万トン以下であった世界の石炭消費量は、世紀中頃にはほぼ一億トン、二〇世紀初頭には一〇億トンへと短期間のうちに飛躍的に上昇し、イギリスでも第一次大戦直前に二億八七〇〇万トンとピークをむかえた。同時にこの一九世紀後半以来の石炭利用の急拡大は、アルミニウム、ニッケル、銑鉄、鉛といった金属のグローバルな流通をも加速したのである[★44]。

イギリス産業革命がもつエネルギー論的意味にいちはやく注目したのは、歴史人口学者エドワード・アンソニー・リグリーである。リグリーは産業革命を「有機経済 organic economy」から石炭燃焼にもとづく「鉱物基盤のエネルギー経済 mineral-based energy economy」への漸進的な転換のプロセスとして描きだす[★45]。有機経済は、農業であるか製造業であるかにかかわらず、植物の光合成が行なう太陽エネルギーフローの変換に決定的に依存した体制を指す。「あらゆる有機経済は、地球に日射のかたちで届いたエネルギーの一部を捉え、この活動において支出されるエネルギーとこれによって獲得されるエネルギーとの有利なバランスを保つ能力に完全に、またはほぼ完全に依存」し、ここでは「すべてのものが同様に、年単位ではほとんど変化せず、長期趨勢ではまったく変わることのないエネルギーフローのごく一部をつかまえる能力の範囲内で生きざるをえない」[46]。有機経済では、大部分の物質的生産が動植物性の原材料に依存し、つまるところ土地の生産力に限界づけられている。食糧や原料はもちろんのこと、熱や動力の供給にいたるまで、ほとんどすべてが有機物――熱源の場合には薪や木炭、動力の場合には水力や風力とともに人間や動物の筋力――に依存していた。

農業は、太陽から地球に届けられる熱エネルギーを、光合成によって自らに必要な化学エネルギーの貯えに変換し、さらにこのエネルギーを用い土壌の栄養素を吸い上げて生長する植物を管理・統御する技術である。植物がつかまえたエネルギーは、食糧として直接消費されたり、食用や農作業用の家畜を養うエネルギーに充てられる。これら動物の飼育量は、根菜類や大麦、燕麦などの飼料を育てる土地の肥沃度に限界づけられていると同時に、飼育動物の数がまた土壌に撒かれる肥やしの量を決定する。有機的な制約は、そのほとんどが植物性か動物性の原料の加工にかかわっていた工業生産でも変わることはない。紡績工や織工、染め物師、皮なめし屋、仕立屋、木挽き人や大工、指物師。これらの職人が用いる原料は、羊毛、亜麻、絹、皮、麦わら、木材などであって、いずれも土地に由来した。人間のための食糧であれ、家畜用の飼料であれ、家庭用の熱源であれ、工業生産の原料や熱源、動力源であれ、これらさまざまな用途をさかのぼっていけば、行きつく先はいずれも同一の有限な土

★43 ibid., p.16.
★44 Daggett 2019, p.28; Jonsson 2017, p.187.
★45 Wrigley 1988; 2010. 産業革命において熱と動力としての石炭エネルギーがもった意味ついては、角山 1979; 中村 1987; 2001 も参照。
★46 ibid., pp.50-51. 邦訳八一―八二頁。

地である。スミスが『国富論』において示したように、農業がほとんどすべての生活資料と製造業のための原料の供給源であった。

しかしそれゆえに、土地の代替的用途はつねに厳しい競合関係に置かれたのであり、ある部門（羊毛や木炭生産）の成長は、その他の部門（穀物生産）から土地を奪い取ることでしかありえない。収穫逓減の法則にしたがって、成長が続くにつれ、それ以上の成長を妨げる制約もまた強まる。古典派の経済学者がはっきりと意識していたように、有機経済に主軸があるかぎり「成長というのはすべて限界つきの成長」であった。生産における動植物性の資源・燃料への強い依存と土地の生産力に関する経験的法則（収穫逓減の法則）から抜け出すことがないかぎり、経済がいずれかの段階で「停止状態」を迎えることは避けがたい必然であった[★47]。

リグリーによれば、およそ一九世紀初頭までの期間のイギリス経済の成長は、主として有機経済の限界内で生じたものであったが[★48]、しかしその後こうした人間の経済に課せられた有限な土地と日々の太陽エネルギーのフローというボトルネックは、新たな経済体制の下でしだいに粉砕されていった。成長の主軸は、スミスが捉えた市場の拡大や分業による労働の機能分化というよりも、鉱物を基盤としたエネルギー経済へと移っていった。その主因は新たな熱源と機械動力源としての石炭――数千万年から数億年かけて化石化した太陽エネルギーのストック――の利用に他ならない[★49]。資本主義的な経済競争において、もはや産業の原動力となるエネルギー形態について選択の余地はない。石炭によって駆動するエンジンの利用は必然となる。一九世紀中葉まで石炭を動力源とする蒸気機関の採用はかなり限定された範囲（鉱業・綿工業・製鉄）にとどまったが、世紀転換期には、石炭はすぐれた動力源として、水力をはるかに凌駕し、鉱業（炭鉱の排水）や綿工業、製鉄、建設、造船、鉄道・運輸など広範な産業で応用の道が拓かれていった。

石炭に蓄積されたエネルギーの解放とその広範な産業分野での利用は、原料やエネルギーを植物界への依存からかなりの程度解放し、競合していた土地の多くを食糧生産へと特化させることを可能にしていった。「それまでは、工業といってもその原料は主として、あるいは完全に有機原料だったのだから、つねに生産的な農業が全経済活動の基盤であった。新しい時代はまったく異なる基盤のうえに築かれた。大地の果実はますます食糧としてのみ用いられるようになった。新しい経済時代の原料は土壌からではなく、大地の奥底から引き出された。鉱物的な富を土台にして、それ以前の生産を非常に小さく見せるほどのスケールで物的財を生産する能力を備えた産業社会を築くことが可能となった」[★50]。たとえば、製造業において石炭はまず熱源として、薪に代わる安価な燃料として使用された。製鉄のために広大な森林を切り拓くことも、広大な耕地を犠牲にすることも不要となる。熱源が石炭

★47 ibid., p.19. 邦訳三九頁 ; Wrigley 1994.

★48 なおリグリーによれば、すでに一七、一八世紀をつうじて、イギリスは世界に例を見ない規模で石炭を採掘し、熱源として民生用の調理・暖房だけでなく、ガラス製造、ビールの醸造、染め物、製塩、煉瓦づくり、石灰づくり、ジンの蒸留、パン焼き、金属の精錬などにおいても用いられていた。しかし、この段階では、石炭という「資本ストック」を基盤とする経済が徐々に伸張してきていたとはいえ、経済の基盤は依然として農業にあり、実質所得の額やその趨勢という点から見ても、まだそれは有機経済の枠内にとどまっていたと指摘している（Wrigley 1988, chap.2）。

★49 石炭は古代の地上植物、とくにシダ植物や裸子植物などが土砂に埋もれ堆積し、地圧や地熱の影響を受けて数千万年から数億年かけて炭化した物質である。

★50 ibid., p.73. 邦訳一一一頁。

になることで熱が安価となり、これに応じて煉瓦が安価になると、建築業で必要となる材木需要が激減する、というように。

　農業でも変化の兆候があらわれる。有機経済のもとでは農場や農業部門以外からのエネルギー流入はほとんどなかったが、やがて排水に土管が、脱穀に蒸気エンジンが用いられ、非農業部門からのエネルギーの流入がしだいに増えていった。二〇世紀に入ると、化学肥料や殺虫剤、トラクターやコンバイン、搾乳機などのさまざまな農機具をとおして、農場外で獲得したエネルギーが大量に注ぎ込まれていく。こうした変化は、たとえば農耕馬の利用を不要にし、結果として馬の飼料を得るための農地を不要とする。いいかえれば、石炭を熱源や動力源として産出するということは、イギリスに何百、数千万エーカーもの広大な「幻の土地 ghost acres」がつけ加わったのと同じ効果をもったのである[★51]。さらに農業の労働生産性が大きく上昇した結果、イギリスでは農業従事者は一八四〇年には成人男性労働力の四〇％にまで、五〇年にはおよそ二五％にまで抑えられていった[★52]。

　しかも、一九世紀初頭にピークに達した人口の伸び率もその後緩やかに下降していったことで、一九世紀後半には、マルサス的な制約（幾何級数的に成長する人口と算術級数的にしか増大することのない食糧生産との矛盾）を脱し、生活水準は持続的に上昇し、それが傾向して根づくようになっていく。ひとたび石炭というエネルギーストックが熱の供給のみならず、産業機関の動力源ともなったとき、「個々の生産性がめざましく改善する道がここに拓かれた。亀〔食料生産〕はいまや這いつくばうというより疾走することができた。生産は人口を凌駕できた」[★53]。こうしておよそ三億年前の石炭紀より形成された石炭エネルギーの解放は、太陽エネルギーフローからの収入を超えた生産と再生産を可能にする新たな化石資本主義経済の出現を意味したのである。

あらゆる有機経済が経験した諸々の限界から逃れることに成功するには、伝統的な意味での資本主義が必要だったばかりでなく、あるいは近代化されることが必要だったばかりでなく、その原料供給を農業生産の年々のフローに頼るのではなく、鉱物〔石炭〕ストックからますます多くを手に入れるという意味で資本主義的でなくてはならなかった。とりわけ、それまでのように生産に必要な熱や動力を再生可能なエネルギーに頼るのではなく、エネルギーの巨大なる貯蔵の口を切るという意味での資本主義が必要なのであった。★54

リグリーが指摘するエネルギー経済の構造転換は、本書の主要な登場人物の一人である物理化学者フレデリック・ソディにとっても自らの経済分析を組み立てるうえで決定的な問題であった。彼は一九二〇年代にリグリーとまったく同一の変化に注意を向けている。

西洋世界において蒸気機関の発明に続いて引き起こされた驚異的な爆発についての説明に一つ欠

★51 リグリーは二〇一〇年の著作でこれを次のように試算している。一七五〇年ではイングランドで生産されたすべての石炭は、森林四三〇〇万エーカー分（国土の一三％）に匹敵し、一八〇〇年では一億一二〇〇万エーカー（国土の三五％）、一八五〇年では四億八一〇〇万エーカー（国土の一五〇％）にまで達した（Wrigley 2010, p.99）。

★52 Wrigley 1988, pp.71-73. 邦訳一〇九―一一一頁。

★53 Ibid., p.70. 邦訳一三一頁。

★54 ibid., p.115. 邦訳一六五頁。

けているように思われるのは、それがたんに動物労働を無生物エネルギーに置き換えたという事実には帰せられないということである。〔…〕その後に引き起こされた重大な変化は、次のような事実、すなわち歴史上はじめて、人類がエネルギーの巨大な資本のたくわえを開発しはじめ、太陽光の収入への全面的な依存をやめていったという事実による。科学以前の時代の人びとのあらゆる必需品は、彼自身の時代の太陽エネルギーから充足されていた。彼らが食べる食糧、彼らが着る衣服、そして彼らが燃やす木材は、それらに使用価値を与えるエネルギーの内実に関していえば、太陽光のたくわえと考えることができた。けれども、石炭を燃焼させるときには、何百万年も前に地球に到達した太陽光のたくわえを解き放つのである。〔…〕われわれがすごしてきた華々しい時代 the flamboyant era はわれわれ自身の功績によるというより、石炭紀からの太陽エネルギーの蓄積を相続したことによるものであって、それによって一度きりであるが、太陽エネルギーの収入を超えた暮らしを可能にしてきたのである。★55

ここで強調されるように、産業革命期以後の繁栄――「太陽エネルギーの収入を超えた暮らし」――は「計り知れないほど古い時代に生じた、われわれにとって好都合な生物学的・地質学的な出来事の連鎖〔石炭の形成〕」によってはじめて可能なものであった。★56

さて、こうしたリグリーの議論には、国内での豊富な石炭埋蔵のみならず、域外からの膨大なエネルギー流入にかかわる問題、とりわけ南北アメリカ植民地の広大な土地の生産力やアフリカ人奴隷労働力の収奪といった、植民地支配と掠奪経済の前史がイギリス産業革命において果たした重大な役割についての考察が欠けている。★57 いうまでもなく、石炭燃焼と蒸気機関の結合によって生まれた「火力複合体」は、イギリス帝国や他のヨーロッパの強国に経済的・軍事的な強みを与えたのみならず、この力によって新世界の広大な未開発の資源フロンティアへのいっそうの支配が可能になった。こうした無視できない瑕疵があるにせよ、ここではリグリーの分析がシェイバスの描いた経済学の脱自然化の歴史的コンテクストを、部分的にではあれ説明するものである点に着目したい。少なくともイギリスに関していえば、脱自然化のプロセスは、経済のエネルギー上の構造変化のプロセスとほぼ正確に重なっているといえる。

じっさい、リグリー自身がこう強調していた。スミスやリカードウ、マルサスといった主要な古典派の経済学者たちがなぜあれほど長期的な成長可能性について懐疑的であったかといえば、それは生産高一単位当たりの労働と資本の投入量を増やさざるをえなくなっていった成熟した有機経済の現実を捉えていたからであり、それゆえ土地の有機的な生産力を重視せざるをえなかったからである。つまりミルを含め古典派経済学は「有機経済の特徴とははっきりと一線を画すような経済基盤が頭をも

★55 Soddy 1926, pp.29-30. 強調原文。
★56 ibid., p.45.
★57 歴史家ケネス・ポメランツは西ヨーロッパの一九世紀の「大分岐」は、ヨーロッパの内部成長とともに、この地域が特権的に海外資源（土地と労働力）にアクセスできたという条件を考慮する場合にのみ理解可能だと主張している。新世界と奴隷貿易には、国内市場の拡大によっては得られない利点、すなわちイギリスの土地をあまり使わずにつくられる工業製品と交換に、土地集約的な食品や繊維原料（さらにのちには木材）を、手頃な（ときには低下していく）価格で獲得できるという利点があった（ポメランツ 2015）。なお、Wrigley 2010 ではこのポメランツが強調した植民地の重要性が加味されている。

たげようとしていたこと」を十分に捉えられなかったのであると。[58] これに対し、ひとたび機械化された工業と農業から得られる純利益の増大が恒久的なものであると思われたとき、これが触媒となって、経済学者が土地の生産力の限界や制約に対するかつての強迫観念から自らを解放することができた。石炭の大量燃焼によるエネルギー論的転換（土地の生産力からの束の間の解放）によって、経済認識の脱自然化をうながす実質的な条件が整ったとも考えられるのである。[59]

5　エコノミーの脱自然化に抗して

しかしながら、人間のエコノミーが自然の物理的秩序から自立した固有の実体であるというような観念が、いまや深刻な認識論的障害となっていることは、ますます複雑に絡み合いつつ繰り返し現出する「自然の復讐」を前に否応なしに自覚せざるをえなくなっている。石炭エネルギーの解放は、人間の経済の土壌生態に由来する有機原料への全面的な依存を減じるようにみえた。人間のエコノミーは自然のエコノミーから自律的にどこまでも拡大再生産できるようにみえた。けれども、化石経済のもとで生産工程に動員される種々の機械装置は、飼料に代わって多量の石炭を食べる。そうなれば、すべては石炭の埋蔵量と採掘量にかかってくる。しかも、次章で取り上げるジェヴォンズが『石炭問題』（一八六五年）で問題としたように、石炭は植物とは異なり燃焼させてしまえば、不可逆的に散逸してしまうのだから、そのうえに築かれた繁栄はあくまでかりそめのものにすぎない。また、石炭の大規模燃焼が、重金属や有害な煤塵、窒素酸化物、硫黄酸化物によって大気や河川、海洋を強く汚染

し、動植物に悪影響を与え、労働者や都市人口の呼吸機能を蝕んだこと（いわゆる石炭公害）も忘れられてはならない。★60

なにより産業革命期の有機エネルギーから化石燃料への成長の動力源の移行は、いまでは「人新世Anthropocene」と呼ばれる惑星規模のエコロジカルな危機と破局の時代を理解する不可欠のカギと見なされている。人新世とは、一九八〇年代初頭に生態学者ユージン・ストーマーによってはじめて用いられ、二〇〇〇年代に大気化学者パウル・クルッツェンによって人口に広く膾炙した術語であり、最終氷期が終わるおよそ一万一七〇〇年前にはじまる「完新世 Holocene」に続くとされる新たな地質時代に与えられる名である。★61 彼らは、一八世紀後半に大気中の二酸化炭素やメタン濃度がそれまでに自然変動を逸脱して増大しはじめた事実に注目して、人間活動が地層にまで恒久的な痕跡を残すほどに大気や海の組成、地表と生物圏を不可逆的に変化させるにいたった比類なき時代が到来したと論じた。完新世の相対的に安定した生態環境の諸条件は、いまや一つの地質学的力となった「ヒトという種」の活動そのものによって瓦解してしまったのであると。人新世という概念は、産業革命が自然の物質的制約からの脱出や解放ではなく、せいぜい時限つきの猶予にすぎず、人類のごく一部が例

★58 Wrigley 1988, p.5, 邦訳一七頁 ; Wrigley 1994.

★59 Jonsson 2008. ジェレミー・ウォーカーも一八七〇年代の「限界革命」を可能にした歴史的文脈として「熱産業革命 thermo-industrial revolution」、すなわち化石燃料依存経済への移行を取り上げている（Walker 2020, chap.6）。

★60 イギリスにおける石炭公害については赤津 2005、日本については天草環境会議実行委員会編 1984 を参照。

★61 Crutzen and Stoermer 2000; Crutzen 2002. なお人新世という術語・概念の成り立ちについては、寺田＋ナイルズ 2021、第一章に詳しい。

外的に享受したその束の間の恩恵さえ、気候変動や生態系（生物圏）の破壊、生物地球化学的循環の攪乱によってなし崩しになっていることを示唆している。「地球とその限界は今日われわれのもとに回帰している」というわけである。★62

人新世はいまだ科学コミュニティ（国際地質科学連合の下部委員会である国際層序委員会ICS: International Commission on Stratigraphy）において地質学的時期区分として公式に認められたわけではなく、とくにその起源――いつどのようにして人新世へと移行したのか――をめぐってさまざまに解釈が分かれている。地球科学者たちの議論では、地球システムへの人間活動の影響が地球規模で飛躍的に拡大した第二次世界大戦以後降の「大加速 Great Acceleration」と呼ばれる産業の爆発的拡大期を、その起点とする見方へと収斂しつつある。この時期に、実質GDP、都市人口、海外直接投資、ダム建設、化学肥料の消費量、自動車台数などのマテリアルな諸指標が急激なカーブを描いて上昇し、それにしたがって大気中の二酸化炭素や亜酸化窒素の（完新世における偏差を超える）濃度上昇、オゾン層の消失、海洋酸性化、テクノ化石のような新奇な人工汚染物の急増、熱帯雨林の焼失面積の拡大、生物種の大量絶滅などのかたちで人間活動の地球システムへの甚大かつグローバルな影響が露呈するにいたったからである。加えて地質学的に見れば、一九四五年以後の度重なる核実験に際して地球上に広く拡散した人工放射性核種が、完新世と人新世との明確な「境界」を示す徴（ゴールデンスパイク）として合意されやすいという面もある。★63

しかしながら、「人新世と大加速との混同は、農耕の出現、コロンブスの交換、産業革命といった、深くて長期的な種々の移行やプロセスから注意を逸らす」としてこれに懐疑的な歴史家たちは少なくない。むしろ世界戦争後の大加速期に噴出したさまざまな帰結と、それを生みだすにいたった数世紀にわたる複雑な出来事や原因——近代史に限定すれば、西洋の対外進出にはじまる奴隷制をともなう掠奪経済、それに続いた産業革命、さらには一九世紀末の帝国主義体制など——を区別し、大加速を直接、間接に可能にした後者の出来事の意味をあらためて再考する必要性を彼らは強調している。[★64]クルッツェン自身はそのはじまりを、大気の「炭素化」を引き起こす原因となったワットの蒸気機関が特許を取得した一七八四年とするが、これに先立って大航海時代に開始されたヨーロッパ列強による新世界の支配と収奪、さらには数千年から一万年以上の前の植物の作物化（農業）と動物の家畜化（牧畜）、あるいはホモ・エレクトスによる「火の使用」にまで人新世の起源をたどらせる論者も存在する。[★65]もっとも、人新世の日付をめぐる議論に深く立ち入るつもりはない。ここでは一九世紀をつうじてイギリスにおいて生じた化石経済の勃興と成長が、人類史と地球の歴史双方を巻き込む、一つの決定的な変化として受け止められつつあることを確認しておきたいのである。

現代の多くの科学者が支持するように、現在の気候変動が化石燃料の燃焼という人間活動に起因するものであるかぎり、それは化石経済の勃興と発展の歴史と切り離しては理解できない。大規模な石炭燃焼は、地中深くにおける超長期の時間の経過のなかで化石化した炭素を一気に解放し、放出され

★62　Bonneuil and Fressoz 2016, p.20. 邦訳三五頁。

★63　Stephen et al, 2015. なおゴールデンスパイクとは、地質学において時代を区分する境界を示すものとして「世界標準模式断面・地点」に打ち込まれる金色の杭を指す。

★64　Jonsson 2012; Otter et al. 2018, p.594.

★65　Otter et al. 2018; cf. Ruddiman 2003; スコット 2019。こうした起源をめぐる日付の差異には、人新世をどのような時代として枠づける・物語るかという視点の差異を反映しており、それ自体、政治的である。

た熱の地上への蓄積を引き起こす契機に他ならない。化石経済は、石炭や石油の燃焼により解放される熱こそが支配的なエネルギー源となる「熱産業社会 thermo-industrial society」の成立でもある。★66 キーリング曲線が示す大気中の二酸化炭素濃度の継続的上昇は、いまや総体としての人間活動がさまざまな燃焼可能な物質のもっとも有力な発火点となっており、それが大気から炭素を捕捉する植物の光合成能力をはるかに凌駕していることを証拠立てている。とくにイギリスは一八二五年時点で、全世界の石炭燃焼に由来する二酸化炭素排出量のおよそ八割を占めたが、一八五〇年でも六割を超えており、一九世紀をつうじてその半分以上を占め続けた。アンドレアス・マルムが「われわれの苦境の起源はイギリスの地に求めなければならならない」と述べるのはそのためである。イギリスのヴィクトリア時代は人新世という時代を理解するうえでも特別な関心が払われるべき対象であり、気候危機をはじめとする現代の危機に対してグローバル・ノースの産業資本が背負うべき特異な歴史的責任を明確化するという意味でもたしかに重要であるだろう。★67 一九八八年の著書のなかでリグリーが描きだした産業革命後の世界は、いささか楽観的であるとはいえ、人新世への想像力を予告しているように見える。

巨大な都市と工業化した農村の世界。もはや日の出・日没や季節のリズムに従うことのない世界。人類の幸・不幸も天候や収穫の気まぐれではなく、主には人間自身が経済をいかに運営するかにかかっている世界。貧困も人の生産力の必然的な限界の反映というよりは、選択的な事態となった世界。大きな自然災害からますます逃れられるようにはなるが、人間の愚かさこそが徹底的かつ全面的な破壊を意味しうるような世界。恐るべき成長の推進力を獲得したが、いかなる安定の装いも失ってしまうような世界。こうしたものが産業革命の遺産である。〔…〕われわれは選択の余地なく産業革命の遺産相続者たらざるをえない。★68

*

人新世をめぐる現在の議論が示す自然破壊や汚染、気候変動の歴史性（＝産業革命の遺産）を踏まえて考えるなら、蒸気機関を中心とする動力体系への移行が完了し、化石経済の成長軌道が確かなものとなったまさに一九世紀後半に、当の経済学において対象とされるエコノミーが生態環境との複雑な連関を断ち切られ、自足的な実体と認識されるようになったというシェイバスのテーゼは、あまりに皮肉である。時代錯誤（アナクロニズム）の批判を覚悟でいえば、一九世紀後半以後の経済学こそ、産業の成長の動力源に生じた重大な変化に正面から向き合うことが必要であった。化石エネルギーによって駆動する高速回転するエンジンが自然によっては分解困難な廃物を不可逆的に蓄積させていく機制を捉えるための概念や語彙を鍛える必要があった。けれども経済学が現実にたどったその道はむしろ、人間の生存

★66 Walker 2020.
★67 Malm 2016, p.13. cf. Otter et al. 2018; Daggett 2019, p.10.
★68 Wrigley 1988, p.6, 邦訳一九頁。リグリーの二〇一〇年の著作では、化石燃料の燃焼が化石燃料ストックの有限性という問題のみならず、「予測不可能かつ悲惨な結果を招く平均気温の上昇という脅威」をもたらしていることも指摘されている（Wrigley 2010, p.25）。

の秩序であるエコノミーがそこに根を張る物質的なリアリティをひたすら抽象化していく方へと向けられていった。キース・トライブのことばを借りるなら、エコノミーの意味は「安っぽく cheapened」なってしまった。[★69] リンネの時代よりもいっそう複雑に混じり合い絡み合う人間のエコノミーと自然のエコノミーの相互作用の厚みを概念化し分析する思考の枠組みを、経済学は大きく後退させていったのである。

ただし、シェイバスが描いてみせた経済秩序の脱自然化は、カール・マルクスを除く古典派から限界革命期にかけての、英仏を中心とする主だった経済思想の系譜のうちに限定されたものであることは——それ自体としてはきわめて重要であるとしても——否定しがたい。たとえ主流の経済学の系譜から隔たっていたにせよ、じっさいには、自然のエコノミーと人間のエコノミーの相互連関や連続性への意識がまったく消え去ってしまったわけではない。これから本書がたどるように、大量の化石燃料の採掘と燃焼への依存という新たな経済体制を前に、市場現象にその分析を純化していく経済学の内閉性を批判の俎上に載せ、一八世紀のリンネとはまた異なるかたちで二つのエコノミーを意識的に関連づけるような知や実践も存在したのである。本書はひとまず、化石経済が誕生した一九世紀中葉からおよそ戦間期のイギリスを対象に、この系譜を掘り起こすことをねらいとしている。

なお、この点に関してシェイバスの議論に対するトライブの留保は示唆的である。トライブは、「彼女〔シェイバス〕が述べる広範な変化の概略は争う余地のないものであるが、一八七〇年代から新古典派経済学にいたるまでには長い道のりが存在した」こと、「事実、一八七〇年代から一九三〇年代までは、モダン・エコノミクスとして考えられたものが多様であった重要な内実をもつ時期 substantial period であり、その多様さはシェイバスが一九世紀について叙述した内容——生物学、進化あるいは社会的行為の観念のいずれかにかかわらず――の多くを修正するようなものである」ことを指摘している。[★70] 本書が焦点を合わせるのは、まさにこのエコノミーの認識、あるいは経済学の対象と定義そのものが争われていた「重要な内実をもつ時期」に他ならない。

有機経済から化石経済の転換は、どのような歴史的、知的文脈において批判的省察の対象となったのか、またそれは、どのような性格の問題として認識され思考されたのか、さらにそのような認識と思考は同時代の思想史においてどのような位置を占めるものであったのか、これらの問題を追究することにしたい。

以下、本書は次のように構成される。

第1章では、一九世紀後半に化石経済の現実とそのありうる帰趨について、いちはやく〔しかし大きく異なる角度から〕対峙した二つのテクスト――経済学者ジェヴォンズの『石炭問題』と批評家ジョン・ラスキンの『一九世紀の嵐雲』――を読み解いていく。そのさい、とくに焦点となるのは、蒸気機関技術の発展とともに登場した「熱力学 thermodynamics」がもった意味である。その来歴からして、熱力学は「熱と冷たさ、水と大気、食糧と光合成、火とパイロテクノロジー〔火を制御する技術〕」といった経済活動にとって重要な物理現象と深くかかわり、またそれは生命現象の科学的理解にとっても重要な意味をもっていた。[★71] それゆえ熱力学は、ジェヴォンズやラスキンにかぎらず本書の主要な登場人物たちにとって、眼前に現出する化石経済の存立条件とその危機を解明するきわめて

★69　Tribe 2015, p.2.
★70　Tribe 2006, p.875.

重要な科学となった。ただし、熱力学が産業文明に対してもった意味は両義的である。一方でそれは、ジェヴォンズ自身の限界効用理論をベースとする経済学の体系が体現したように、経済学の科学的精緻化のプロセスにおいて枢要な役割を果たし、また徹底的に浪費・ムダ waste を排除する生産主義的なイデオロギーを補強するはたらきをなした。他方で、それは、大量の石炭を飲み込みながら肥大する化石経済が、厖大な数の商品とともに種々の害物・廃物 waste を生産・蓄積させていく機制を剔抉する武器ともなりえた。後者の視点をラスキンのテクストのなかに探りたい。

第2章では、ラスキンのポリティカル・エコノミーについて論じる。ラスキンは『一九世紀の嵐雲』において、産業汚染と石炭煤煙がつくりだす「疫病雲」と「疫病風」に化石資本主義経済の破局的な帰結を予知するのであるが、これに対するオルタナティブな経済のヴィジョンはむしろ、それ以前の著作に遡及的に見いだされる。クセノフォンの『オイコノミコス』の読解に大きく依拠したラスキンのポリティカル・エコノミーは、一貫して「生命 Life」と「富 Wealth」の相互依存関係を軸に展開されるが、本章ではそこにあらわれる「清浄な大気・水・大地」を根本原理とする統治の科学とアートとしてのエコノミー（オイコノミア）の認識を探る。

続く二つの章では、ジェヴォンズ、いやそれ以上にラスキンを手がかりにして、独自の経済論を展開した二人の自然科学者に焦点を合わせる。彼らはともに、ラスキンのポリティカル・エコノミーのヴィジョンを自覚的に引き継ぎながらも、これを自然科学の言語と概念を駆使して換骨奪胎していった、経済学の歴史ではまず言及されることのない人物である。

第3章では、一八八〇年代に主として展開された植物学者パトリック・ゲデスの生物経済論について検討する。ゲデスの経済をめぐる思索と実践とを、一九世紀末のイギリス経済学方法論争、スペンサーやダーウィンを中心とする生物学的な知の生態、スラムと貧困問題に対峙する社会主義・社会改良の運動のなかに位置づけつつ、ゲデスの眼をとおして、いかにしてラスキン的なポリティカル・エコノミーのヴィジョンが独自の「産業改革」や人間生態学（都市学）の構想へと変奏されていったかを追跡したい。

第4章では、放射性元素の研究でノーベル化学賞を受賞した物理化学者、フレデリック・ソディの富と負債の経済論について考察する。ソディは、「原子に隠された膨大なエネルギー」の人為的解放という新たなテクノロジーへの期待とその軍事兵器化の危険性との両面を見据えて、第一次大戦終結とともに、帝国主義的膨張と金融化が進行する経済の現実に対する批判的介入を試みた。熱力学法則の観点からラスキンを読解することでソディが分析の対象としたのは、太陽エネルギーに起源する物理的な富の絶えざる腐朽・劣化・散逸に向けた「流れ」にその実体的な根拠をもつ人間のエコノミー

★71　Walker 2020, p.124. なお、フランスの技師サジ・カルノー（1796-1832）は『火の動力についての省察』（一八二四年）において熱エネルギーが運動エネルギーすなわち「仕事」へと変換されるさいの蒸気機関の効率性と限界を分析し、刊行当時は大きな反響を得られなかったものの、一九世紀後半の熱力学の進展に重要な先鞭をつけた。彼は本書の冒頭で次のように書いている。「熱は運動の原因となることができ、しかもそれが非常に大きな動力をもつことを知らぬ人はない。今日ひろく普及している蒸気機関が、そのことを誰の目にも明らかに証明している。熱こそ、地球上でわれわれの目にはいる大規模な運動の原因となるものである。大気の擾乱、雲の上昇、降雨、その他もろもろの大気現象、そしてまた、地球の表面に溝を掘りながら進む水の流れ――人間はそのごく一部を利用しているにすぎない――などは熱によるものである。地震や火山の爆発の原因もまた熱にある」（カルノー 1973、三九頁）。

の機制であり、その富の健全な流れ（分配と消費）をゆがめ撹乱する近代的な信用－負債のメカニズムであった。本章では、ギルド社会主義や社会信用論など両大戦期に現れたさまざまな貨幣（改革）論の系譜のなかにソディのテクストを位置づけ、その独自の可能性と限界を考えたい。

ラスキン、ゲデス、ソディが同時代の経済学への批判的検討をとおして示そうとしたエコノミーのヴィジョンは、彼らが共通に「オイコノミア」という原義に立ち返ろうとしたように、ある意味では、きわめて素朴なものであるかもしれない。三者はともに、彼ら自身の時代においても、また現在の意味においても、いわゆる専門経済学者の定義からはおよそ外れた存在であり、彼らに体系性をもった経済理論を期待してもあまり意味はない。それでもなお、彼らの思索の足跡は、化石経済の勃興と成長が、同時代の知識人にとっても、研究対象そのものを左右するほどに重大な意味をもつ問題であったことを示している。同時にそれは、化石経済の惑星規模の拡大により荒廃した世界に生きるわれわれに、「生存の秩序」という人間のエコノミーの根本的意味を（明暗含めて）考えていくための格好の素材を与えるように思われる。

第1章 化石経済と熱力学の黙示録

本章で考察するのは、ヴィクトリア時代のイギリスにおいて化石経済への転換の意味とその帰趨をいちはやく読み解いた二人の思想家のテクストである。ひとつは、フランスのレオン・ワルラス（1834-1910）、オーストリアのカール・メンガー（1840-1921）とともに限界革命の一翼を担った経済学者ウィリアム・スタンリー・ジェヴォンズ William Stanley Jevons（1835-1882）の一八六五年の著作『石炭問題――イギリスの進歩とその炭鉱の起こりうる枯渇に関する研究』★1、もうひとつはヴィクトリア時代を代表する批評家ジョン・ラスキン John Ruskin（1819-1900）の最晩年のテクスト、『一九世紀の嵐雲 *The Storm-Cloud of the Nineteenth Century*』（一八八四年）である。

前者が一九世紀中葉の世界システムにおけるイギリス帝国のヘゲモニーを支えた石炭資源の枯渇の可能性に徹底した分析を加えるのに対し、後者で扱われたのは、産業化と機械化がもたらした先例のない気候の変質というはるかにわかりにくい問題である。化石経済の出現は、ますます消費の速度を増していく石炭の枯渇に対する強烈な不安と同時に、有毒なガス、スモッグ、塵、スス、灰、臭気、汚水、汚泥など、都市に集積する膨大な廃物 waste の問題を現出させた。英文学者のアレン・マクダフィは、経済活動が地殻から採取される化石の燃焼への依存度を増すにつれ、ヴィクトリア時代に「自身のエネルギーを不可逆的に消費し、また自らの廃物・クズと廃熱で窒息する有限空間」としての「都市」の表象が出現したことに注目している。★2 マクダフィはここに一九世紀中葉に発展した熱力学、とりわけその第二法則との接点を指摘するが、第二法則はまさしく「絶えず散逸・劣化する世界」という――人新世にも連なる――想像力を準備するものでもあった。この二つのテクストが共通して予告するのは、石炭燃焼のうえに築かれたイギリス帝国の衰退と終焉である。そこに、自然神学に裏づけられた、完璧に調和した「エコノミー」の明らかな崩壊と、それに代わる劣化する世界の予兆を見てとることができる。

1　ジェヴォンズと化石経済のディレンマ

前章で見たように、リグリーは鉱物基盤のエネルギー経済への移行についての重要な特徴を、土地の生産力に対する依存度の低下として捉えたうえで、それがマルサス的な条件（人口および産業の成長可能性は土地の生産力に厳しく限界づけられること）を大きく変貌させたと論じた。化石燃料の支えによって、少なくともイギリスではじめて社会の全階級で、継続的に一人当たり実質所得の増加が可能となり、「貧困が大半の人間にとっての必然的な条件ではなくなり、社会的選択の問題になった」のだと。[★3] リグリーによれば、マルサスやリカードウ、さらにJ・S・ミルといった古典派の経済学者はイギリス経済における漸進的な成長の原動力の変貌をついに捉えられず、生産力の根源的な有機物依存ゆえに、経済成長を時限つきのもの、終局的には「停止状態 stationary state」に陥らざるをえないものと見たのである。

これに対して、ジェヴォンズの『石炭問題』はまさしくこの成長の原動力の構造変化を正面から捉

★1　以下、『石炭問題』からの引用はすべて第二版（一八六六年）による。
★2　MacDuffie 2014, p.8.
★3　Wrigley 1988, pp.32-33. 邦訳五六頁。

えたテクストといってよい[4]。化石経済への移行は「マルサスの罠」からの解放を約束するものではなく、問題のかたちを変えただけにすぎない。成長のエンジンが変われば、当然にこれを制約し限界づける要因も変わる。ジェヴォンズは、マルサス人口論の枠組みを引き継ぎつつも、一八四六年の穀物法廃止以後の文脈において、成長の自然的制約という暗い見通しは、穀物供給ではなくむしろ、「地質時代にあいだに巻き上げられたぜんまいばねのような」石炭の供給可能性から生じると告げる[5]。しかも石炭は土地の生産力とは異なり再生不可能であるがゆえに、問題はいっそう厄介である。「農場は、それがどんなに推し進められても、適切な耕作のもとでは、不断に作物を産出しつづけるだろう。けれども炭鉱に再生などない。生産が最大限にまで推し進められれば、ただちに下落しはじめ、ゼロに向かって没落する」[6]。ジェヴォンズは太陽エネルギーのフローを捉える農場と、化石化したエネルギーストックを採掘する炭鉱のエネルギー論的な差異を強調しながら、「われわれの富と進歩とが優位な石炭支配に依存するかぎり、かつてのような進歩が停止するだけなく、退歩の道を歩み始めるにちがいない」ときわめて陰鬱な見通しを与える[7]。石炭というエネルギーストックへの依存は、人口と土地の生産力との適切な有機的「バランス」や「均衡」とは質の異なる、不可逆的な退歩という問題を引き起こすのである。

ジェヴォンズは、世界市場におけるイギリス帝国のヘゲモニーが、いかに「良質かつ豊富な」石炭供給に支えられているかを繰り返し強調する。「良質かつ豊富な石炭」が「近代物質文明の主因」であり、「鉄でも蒸気でも存分に支配できる」「普遍的助力者」であり「われわれがなすあらゆることの原因である」[8]。「マンチェスターやロンドンのような巨大な都市の工場や家庭に水を供給できるのはエンジンのみ」[9]となったように、都市機能の全体が化石燃料の複雑なシステムに依存するまでに達していた。事実、一八五〇年代は、鉄鋼、都市ガス、蒸気船、鉄道において石炭が新たに充用され、石炭消費の着実な増加によって特徴づけられる時期であった。

しかも、イギリスは巨大な石炭輸出国である。ジェヴォンズはいう。北アメリカやロシアの平原は「われわれのトウモロコシ畑」であり、シカゴやオデッサのそれは「穀倉」、カナダとバルト海沿岸は「用材林」、オーストラレーシアや南米は「放牧地」であると。そしてペルーの「銀」、南アフリカやオーストラリアの「金」、中国の「茶」、西インド諸島の「コーヒー、砂糖、香辛料」、スペインやフランスの「ブドウ畑」、地中海の「果樹園」、合衆国南部の「綿花」、これらすべては「石炭資源という物質的基盤」にもとづく「自由な商業・交易」によってイギリスへもたらされている。[★10] まさしく石炭は「他のあらゆる商品と並ぶ一商品ではなく、それらにまったく優位するもの」[★11]であって、石炭

★4　一年ほどで書き上げられた『石炭問題』は、J・S・ミルや天文学者ジョン・ハーシェル（1792-1871）など著名な学者や当時の大蔵大臣ウィリアム・グラッドストーンから称賛をえて、それまでほとんど無名であったジェヴォンズが経済学者としてはじめて名声を獲得した著作として知られる。この著作の出版の翌年、ジェヴォンズはオウェンズ・カレッジにおいて「論理学、精神・道徳哲学教授」および「コブデン講座経済学教授」に就任している。

★5　Jevons 1866a, p.164.

★6　ibid., p.178.

★7　ibid., p.178. 強調原文。

★8　ibid., pp.1-2.

★9　ibid., p.157.

★10　ibid., pp.330-331.

に賭けられていたのは、世界市場における商業ネットワークや海軍力など複雑なパワーバランスのうえに築かれたイギリスの帝国型生活様式そのものである。「他の大部分の国々が、年々の絶えることのない収穫物の収入で生活しているのに対して、われわれは光と熱と動力にひとたび転換されたら、いっさいの年利を生むこともない一つの資本にますます依存するようになっている」。★12 そのような「石炭時代 the Age of Coal」にあって、炭田の枯渇の兆しは——たとえその兆しが例外的なものであったとしても——人びとの不安を掻き立てるのに十分であった。★13

世界においてはじめて化石経済の成立を見たイギリスは石炭枯渇への不安に苛まれたという点でも先駆者である。イングランドについていえば、石炭枯渇への懸念は鉱物測量士ジョン・ウィリアムズの『鉱物界の自然誌』（一七八九年）、地質学者ロバート・ベイクウェルの『地質学序論』（一八一三年）、ジョン・ホランドの『化石燃料の歴史と概要』（一八三五年）などにたどらせることができるが、炭田調査を主導したエドワード・ハルの『グレートブリテンの炭田』（一八六一年）、実業家・炭坑所有者ウィリアム・ジョージ・アームストロングによるイギリス科学振興協会（ＢＡＡＳ）での会長講演（一八六三年）に象徴されるように、関税や輸入禁止措置を撤廃した一八六〇年の英仏通商条約（コブデン＝シュヴァリエ条約）締結以後、石炭供給に絡んだ問題が盛んに論じられていた。とくにアームストロングの六三年の講演は、ジェヴォンズが石炭問題を論じる直接の契機となっただけでなく、ジェヴォンズに独自の分析視角を示唆するものでもあった。ひとつには、問題は絶対的な石炭埋蔵量だけでなく、炭鉱の深層化による石炭採掘コストの上昇とそれがもたらす産業の悪影響でもあるということ。そしていまひとつには、石炭の代替物を検討するうえでの熱理論（エネルギー物理学）の重要性である。★14

ジェヴォンズは一六五〇年から一八六五年までのロンドンの石炭消費量のデータを分析し、一九世紀以後の増加率（一八〇〇年―五〇年では二三一％増、五〇―六五年では四〇四％増）がそれ以前とは比較にならないほど加速度的に上昇していることを示す。[15]有限な資源によって制約された人口の幾何級数的成長というマルサスの困難は、ここに新たなかたちをとって回帰するのであり、ジェヴォンズは化石燃料時代の条件下においてマルサスの原理を刷新する。彼は過去の石炭消費量のデータから石炭消費の年間平均増加率を三・五％と仮定し、マルサスの人口法則とともにこれを自然法則として位置づけた。彼の計算では、石炭消費は一八〇一年には一〇〇〇万トン、一八四〇年に三九〇〇万トン、そして一八六一年では八三六〇万トンに達していたが、今後一〇〇年間同じ伸び率で増加すれば、石炭消費は一八九一年には二億三四七〇万トン、一九四一年には一三億一〇五〇万トン、一九六一年には二六億七五〇〇万トンにも達すると予測した。[16]これはエドワード・ハルの調査に象徴される地質学

★11 ibid., p.2.
★12 ibid., p.332. 強調原文。
★13 『タイムズ』紙（一八六六年四月一九日）に掲載された『石炭問題』の書評には次のように書きつけられている。「石炭はわれわれにとってすべてである。石炭がなければ、工場は遊休し鋳造所や工房は墓場のように静まるだろう。機関車は車庫で錆びつき、鉄道は雑草に埋もれるだろう。街路は暗くなり、住居も住めないものとなろう。〔…〕われわれは使用できない建物や機械の無益なガラクタや、住みつくことのできない都市にさえ囲われ圧倒されてしまう。誰がマンチェスターに住みたいと思うだろうか。誰が大都市に住みつくことができるのか」（MacDuffie 2014, p.49）。
★14 White 2004, p.243.
★15 Jevons 1866a, p.232.

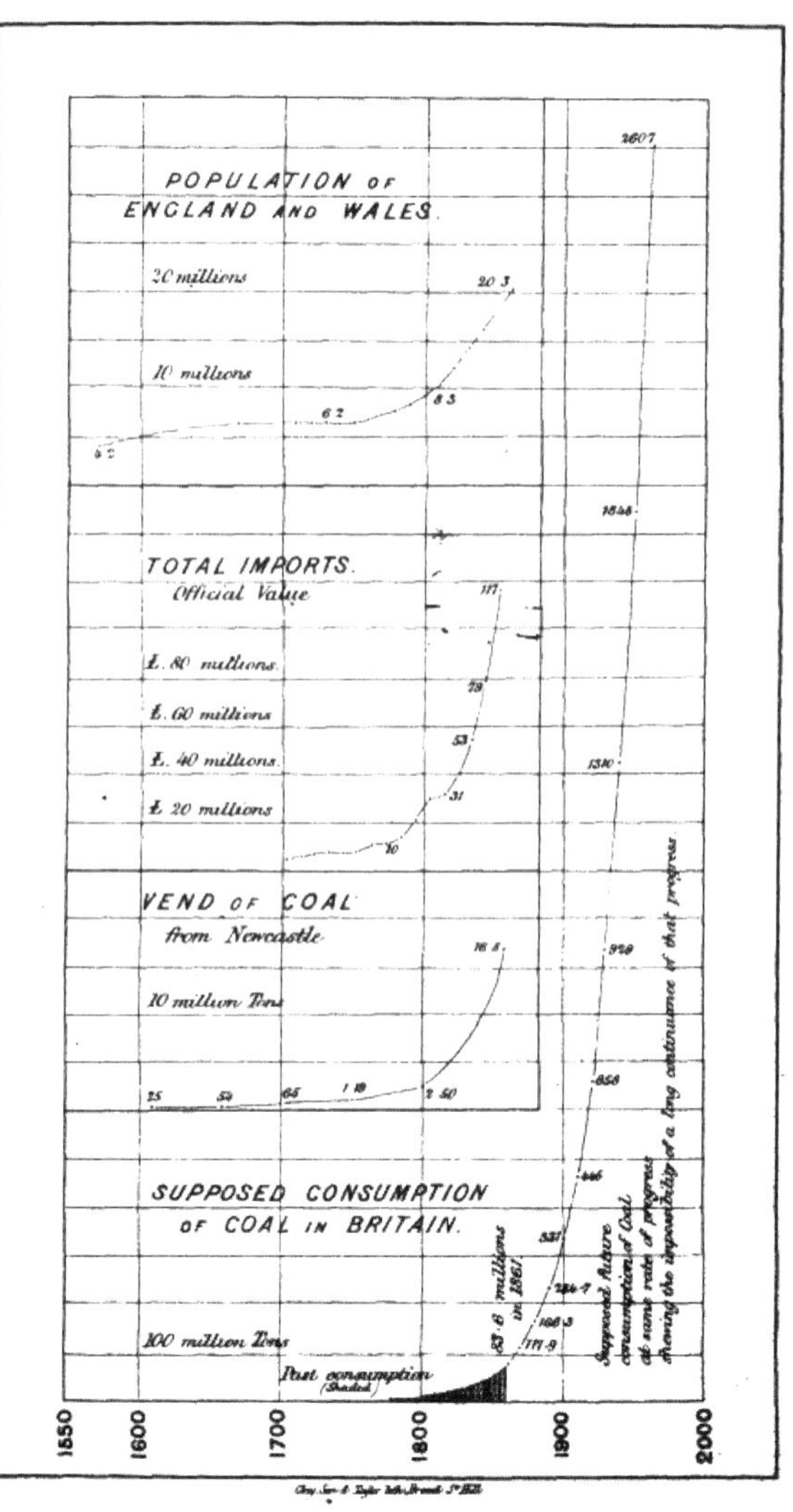

図１　イギリス石炭消費についてのジェヴォンズの予測（Jevons 1866a, 標題紙）

的な石炭埋蔵に対する楽観論――一八六一年の地質調査は一八五〇年代末の採掘率にもとづいてイングランド、ウェールズ、スコットランドの総石炭供給はおよそ一一〇〇年間は持続すると評価していた――よりはるかに悲観的な予測であっただけでなく、アームストロングの予測（残り二一二年）を

およそ一〇〇年前倒すものでもあった（図1）。[★17]

こうしたジェヴォンズの悲観的予測は彼独自の分析の視角を反映している。なによりジェヴォンズにとって、現実の可採石炭埋蔵量とともに、石炭需要を累積的に拡大させる市場のメカニズムが重大な意味をもつという点で、石炭問題は地質学的な現象と同時に、経済的な現象として分析されるべきものであった。この視点が同時代の他の類書には見られない『石炭問題』の画期であり、「ジェヴォンズのパラドクス」としていまなお知られるものである。第七章「燃料のエコノミー（節約）について」（第二版）において、ジェヴォンズは技術改良による石炭利用の効率性の向上に期待する楽観論を批判すべく、自らの議論を周到に組み立てている。楽観論は、蒸気機関のエネルギー効率の改善、すなわちより少ない石炭からより多くの仕事を引き出すことができるようになったという観察にもとづいていた。たとえば、一八世紀のニューコメンの大気圧機関と比較して、一八六〇年代の高圧蒸気機関がもたらす「リターン」はおよそ一〇倍に上昇しており、こうしたエネルギー効率の改善が継続するかぎり、たとえ需要の拡大が続いても枯渇の時期は先延ばしにすることができると考えられたのである。

ジェヴォンズの企図は、こうした技術進歩にもとづく楽観論を打ち砕くことにあった。すなわち、石炭消費の節約そのものが、さらなる石炭消費の拡大を招く、というパラドクスこそが真であるとい

★16 ibid., pp.239-241.

★17 Madureira 2012, p.403. アームストロングは、ジェヴォンズに先立って、石炭消費量の年々の急激な増加を踏まえハルの楽観論をしりぞけ、現行の石炭供給の寿命を二一二年と見積もっていた（ibid, p.405）。

うのがジェヴォンズの主張である――「燃料の経済的利用が消費の減少に等しいと考えるのはまったく観念の混乱である。逆のことこそが真である」[★18]。このパラドクスは、個別の技術改良を、より広いシステム(=市場メカニズム)のなかに位置づけることで解かれる。すなわち、製造業における石炭利用の効率化は、エネルギー価格の低下をつうじて利潤率を押し上げ、より多くの新資本を引き付ける。その効果は波及的に関連する他の諸部門へと広がり、エネルギー集約的な技術(蒸気機関)や財一般の相対的競争力を高め、結果として累積的に石炭需要を拡大させる。このいわばリバウンド効果に加えて、さらに石炭の生産力に支えられた人口成長と全般的な富裕化(平均所得の上昇)傾向が重なることで、イギリス社会の石炭層への依存はいっそう度合を深めていく。このフィードバック・ループが彼のパラドクスを導く理路であった。「〔科学者ユストゥス・〕リービヒ男爵は、文明とは動力の節約であり、われわれの動力は石炭であるという。産業をいまあるようなものに仕立てているのはまさしく石炭利用の節約であって、その利用を効率的かつ経済的にすればするほど、産業は繁栄し、文明の諸々の作用は増大するであろう」[★19]。

さらに第八章「想定される石炭の代替について」(第二版)では、石炭の代替エネルギー源についても悲観的な議論が継続される。ジェヴォンズは、水力、風力、潮汐力、水素ガス、薪炭、地電流、石油などといったありうる代替エネルギーの難点を丹念に検討している。ジェヴォンズによれば、「動力の第一の重大な要件は、われわれがその力を完全に統制すること、すなわちわれわれが望むときに、望む場所で、望む程度で引き出せること」である[★20]。しかし、風力や水力(水車)は不確実・不規則であり、立地上の制約も強い。ピートや泥炭塊はいずれもコストが高くつき、将来、日光を集光利用する技術が発明されても、それは「イギリスの産業的優位」を破壊するにすぎない。また石油は

「石炭消費を押し上げる新たな手段にすぎず」、「治療というより事態を悪化させる可能性が高い」ものと判断された。[★21] 彼は石炭がすぐれた動力源であるだけでなく、多くの期待される代替物それ自体が石炭燃焼に依存するという点を強調する。電磁気機関 electro-magnetic engine の実現は製錬された金属を必要とするが、その鉄の製錬には石炭燃焼が不可欠であり、同様の問題は燃料としての水素の生産(水の電気分解)にも当てはまるだろう。かくしてジェヴォンズは「石炭でもって現在なしうることを、石炭なしでもなしうるのだと夢想するような愚か者の楽園にわれわれは安住してはならない」と断じる。[★22]

ジェヴォンズの見るところ、イギリスの将来の覇権は、有限な石炭埋蔵量と際限なく拡大する石炭

★18　Jevons 1866a, p.123. 強調原文。

★19　ibid., p.125.

★20　ibid., p.144. 強調原文。ただしジェヴォンズがこれら動力の条件を、あらゆる社会にも普遍的に妥当するかのように語る点には慎重であるべきだろう。むしろなぜそのような条件が「重大な」ものとして現れるのか、それ自体が批判的に検討される必要がある。この点についてアンドレアス・マルムは、石炭＝蒸気機関への原動力への移行は、それが他のエネルギー源(とりわけ水力)よりも安価だったわけでも、エネルギー・技術論的に優位にあったわけでもなく、それが人間労働の合理的な組織化・隷属化という産業資本の欲望により適合的であったがゆえに生じたのだと指摘している。「蒸気はある人間が他の人間に対して行使した権力の形態として生まれた」(Malm 2016, p.36)。同様の観点から、マルムは化石経済への移行の説明に際してリグリーがリカードウ＝マルサス的な説明を限定なく用いている点を厳しく批判している。リグリー批判についてはとくに同書 chap.12 を参照。

★21　ibid., p.164. なお上宮 2013 が指摘するように、ジェヴォンズの石油についての評価は、彼が石油を石炭が地熱などで蒸留されたものと考えていたことによる。

需要とのあいだで引き裂かれている。彼が憂いているのは、石炭の経済的枯渇が招く新興国アメリカやドイツに対するイギリスの成長と競争力の相対的後退である。[★23]需要の絶えざる拡大はますます炭鉱の深層化を招き、炭鉱の設備費や労働賃金の上昇を引き起こすことで、いずれ他国に対する石炭価格の優位を掘り崩さざるをえない。こうした事態は、物理的枯渇に先立って帝国のヘゲモニーを根底から揺るがすだけでなく、「アダム・スミスの時代以来、われわれの成功のほとんどがそこへ帰されるべきと考えられている産業の自由の原理」をも突き崩すほどに深刻である。[★24]ディペッシュ・チャクラバルティは皮肉をこめて「近代的自由という邸宅は絶え間なく拡張する化石燃料使用という土台のうえに築かれている」と書くが、[★25]ジェヴォンズはこの認識を先取りするものであったともいえる。

本書の最後に彼が語るのは、石炭燃焼を継続してかりそめの帝国の繁栄の道を選ぶか、あるいは石炭消費を抑制して、より持続的であるがしかし収縮と停滞の道を選ぶか、という容易に解決をみないディレンマである。ジェヴォンズは石炭枯渇によって困窮に陥りかねない未来の世代に対する現在世代の責任として国債を削減・償還することや、石炭がもたらした余裕が残されているうちに人びとの教育や道徳水準向上に投資することの重要性を説いた。[★26]けれども、ジェヴォンズ自身がその後に練り上げた経済理論が石炭枯渇の脅威に応答できるだけの枠組みを提供しえたかどうかは大いに疑問である（これについては後述する）。

2　ラスキンと雲の黙示録

他方、ラスキンが最晩年のテクスト『一九世紀の嵐雲』において描きだすのは、ジェヴォンズが十分に論じることのなかった化石経済のもう一つの側面、すなわち大規模な石炭燃焼に必然的に伴う廃物・廃熱による汚染の問題であった[27]。このテクストは、一八八四年二月にロンドン・インスティテューションで行われた二度の講演を収めたものである。ラスキンはその序文において、講演の内容が「五〇年間にわたる忍耐強く、そして欠くことのできない細部にわたって正確に記録された空の観

★22 ibid., p.168. ジェヴォンズのエネルギー代替についての分析は現在でも有効である。たとえば、トウモロコシからつくられるバイオエタノールは、ガソリンの代替エネルギーとして大きく期待されたが、食糧生産との競合の問題に加え、バイオ燃料の製造するプロセスそのものが化石燃料の使用に依存しているという問題がある。

★23 マクダフィは、『石炭問題』の意義を評価しながらも、その「ナショナリスト的関心」に注意を向けている。「ジェヴォンズは環境上の英雄」ではなく、「〔…〕未開発の石炭供給によって世界的強国たるイングランドをまもなく凌駕するであろう、アメリカ合衆国やドイツのような他の石炭産出国の出現にいっそう大きな関心を注いでいた。本書の訴えはその点を論拠とするものであり、汚染や生態系の劣化へのはっきりとした関心にもとづくものではなかった」(MacDuffie 2014, p.53)。ただし、ジェヴォンズがこれらの問題をまったく無視していたというわけではない。たとえば、後の『政治経済学の理論』では、経済学が取り扱うべき「負の価値 negative values」の例として、炭坑や溶鉱炉、家庭から生じる「粉炭 duff、掘屑 spoil、屑 waste、石屑 rubbish」「燼灰 cinders、鉄屎 dross、鉄滓 slag」「汚水 sewage、灰末 ashes、残滓 swill」などに言及している(Jevons 1888, p.127. 邦訳九六頁)。この点については、小島舞氏(東京外国語大学大学院博士課程)の報告「石炭閉山後のコミュニティの「残存物」をめぐって」から示唆を得た。

★24 Jevons 1866a, p.364.

★25 Chakrabarty 2009, p.208.

★26 Jevons 1866a, p.365; 1981, p.35.

察にもとづく」ものであり、「わたくしが化学者の分析と、幾何学者の正確さでもって実証していない事実はただの一つもない」と断言する。[★28] ラスキンは、自らが観察した「一連の雲の現象」が「われわれの時代に特有なもの」であり、しかし「これまで気象学者から特別な注意も説明もいっさい受けていない」ものであると述べる。ラスキンによれば、その雲の現象とは、「疫病風 plague-wind」がもたらす「疫病雲 plague-cloud」であり、この「驚異に満ちた」一連の現象は、およそ一八七一年以前には、イングランド、フランス、イタリアの空に現出することはなく、それゆえ、ホメーロスやウェルギリウスといった古代の観察者も、チョーサーもダンテも、ミルトンもトムソンも、ワーズワースもバイロンも、そして「科学者のなかでもっとも観察力と描写力にすぐれたド・ソシュール」も見ることのなかったものであるという。[★29]

この風は一九世紀の八〇年代における疫病風であり、この時期は、将来の気象史において、自然の運行上これまでに記録されたことのない現象の一つとして確実に認められ、この災厄をもたらす風のほとんど止むことのないはたらきにより、はっきりと特徴づけられるだろう。〔…〕

空は灰色の雲で覆われていて——それは雨雲ではなく、乾いた黒いヴェールで、太陽光線もそれを差し通すことはできない。一部は霞、それも弱々しい霞のかたちをとって拡散し、遠くの物の姿が判別できないほどで、しかしそれ自体の実体、輪郭、色をもつことはない。そしていたるところで、雷をともなう嵐の前のように、木々の葉が発作的に震えている。それは荒々しく揺れはしないが、植物を枯らしてしまう奇妙で苦痛な風があちこちで吹いていることを十分に示している。これが、夏が送ってくれた最初の典型的な朝ならば、まったく陰鬱なものである。しかし、ロンドンとオックスフォードではこの春じゅう、貧弱な三月を過ぎ、あいかわらず陰惨な四月を過ぎ、落胆の五月、暗い六月と、毎朝毎朝がこのように灰色に覆われていた。

　これはわたくしにとって新しい出来事であり、たいへん恐ろしいことである。わたくしはいま五〇歳と少しであるが、五歳のときから人生の最良の時間を、春と夏の朝の太陽の下で拾い集めてきた。それ以来いままで、このように恐ろしいものをけっして見たことがなかった。★30

ラスキンは五〇年間継続した気象の記録を、いくつかのスケッチとともに自身の日記や以前の書物からさまざまに抜粋し、疫病をもたらす風と雲に執拗なまでの詳細な描写を与えたうえで、それらがもつ六つの特徴を挙げていく。すなわち、それは①太陽の光を完全に遮って空を瞬時に暗くする「暗黒の風」であること、②コンパスの東西南北のどの方向とも無関係に吹く「きわめて有害な質の風」であること、③不快な高い音を発する「震えるように吹く」風であること、④どんな種類の色彩スケッチでも表現できないほどすばやく変化する「断続的に吹く」風であること、⑤「ふつうの嵐を強めも、弱めも」する風であること、そして⑥「独特の暗黒をもたらすとき、太陽を赤くするのではな

★27 なお、イギリスにおける産業用の石炭燃焼に伴う大気汚染問題は一九世紀前半からすでに社会問題として認識されており、一八二一年の「蒸気炉煙害除去法」以来、法的対応をめぐる論争の歴史がある。この点については、赤津 2005 を参照。
★28 Ruskin vol.34, p.8.
★29 ibid., p.9.
★30 ibid., pp.31-33. 高橋＋竹中訳二一八―二一九頁。

く、漂白する」という徴候をもつこと[31]。かくしてラスキンは、先例のない嵐雲がもたらした「漂白された太陽 Blanched Sun」、「胴枯れした草 blighted grass」、「盲いた人間 blinded man」を見いだすのであり、そこにイギリス帝国の終末を予告する――「かつては日のけっして没することのなかったイングランド帝国は、いまではけっして日の昇らぬところになった」[32]。

　このテクストがどのような意味をもつのか、その解釈は容易には一致しない。とりわけ以前から問題とされてきたのは、ラスキンが観察した「嵐雲」が気象学的に正当化できるものであるか、つまり多量の石炭燃焼が引き起こした人為的な気候変動の徴候を示すものであるどうかである。たしかに彼は、凶悪な疫病雲が四平方マイルにつき屹立する「少なくとも二〇〇の炉の煙突」が吐きだす「有毒な煙から」できたものであり、「工場からの濃い霞」であると断定する[33]。「恐ろしく暗い霧」からは「このうえなく不快で汚らしい有毒な胴枯れ病をもたらす疫病風」が絶えず吹きつけ、この風がもたらす嵐は「貨物列車のように絶え間なくうねり、貨物列車をあざけるほどにすさまじく」、また「空気は煙のような、暑苦しく濁って汚い霧の塊で、吐き気を催すものだった」と[34]。ところがその一方で、ラスキンはこの嵐雲が「それ以上に死者の魂でできている」と述べる。「魂のようなものが実在し、彼らが傷つけられたその場所に出没するとすれば、その多くが、たったいま、ひどく不愉快な顔をして、われわれの頭上にいるに違いない！」[35]。

　つまり、ここでのラスキンの眼は、疫病風や疫病雲として現象する「物理的暗がり physical gloom」とともに、これをつくりだしている講演の聴衆、あるいはテクストの読み手自身の内的な「道徳的暗がり moral gloom」に向けられている[36]。疫病風や疫病雲は、大規模な石炭燃焼の下で発生した、「自然」と「産業」との弁別がもはや失効するような、「自然の運行上これまでに記録されたことのない現象」なのであり、産業からの廃物と無秩序かつ不安定な気候パターンのアマルガムである。したがって、ラスキンにとって、この現象は眼前の聴衆や読者自身の精神的・道徳的退廃の徴候として理解しなければならず、だからこそ彼らに向けて、「あなたがたが吸い込む空気は、その一息一息が、疫病風によって汚染されている」ばかりか、清浄な空気を彼ら自身が「汚し、自らの醜悪さによって窒息している」というのである。★37

またそうであるがゆえに、ラスキンは、嵐雲を「眼の代わりに道具や機械で観察することの無益さ」、あるいは「近代的信念 modern beliefs」にそくした説明の不可能性を強調する。★38 気候の変質が石炭燃焼に由来する物理的現象であると同時に、この燃焼に支えられる社会の道徳的暗がりの刻印である以上、科学による説明や解釈にも、あるいはその解決にも固有の限界がある。「〔…〕科学の事柄においてさえ、積み上げられたあらゆる機械の力にはその適切な用途や領野があるが、われわれの幸福や繁栄に重大な事柄は、われわれの生来の力の理性的な使用や繊細な技能によってのみ把握されるの

★31 ibid., pp.33-39. 強調原文。
★32 ibid., p.40; p.41.
★33 ibid., p.33; p.37.
★34 ibid., p.38; p.37.
★35 ibid., p.33. 強調原文。
★36 ibid., p.40.
★37 ibid., p.39.
★38 ibid., p.39; p.40.

である。嵐の予測や降雨の記録に機械を信用して用いているが、動物の健康と種子の実りがかかっている大気の状態の変化は、人間の眼と身体の感覚によってしか識別することはできない」[★39]。それればかりか、「近代の卑俗な科学的精神」には、自然界に対する「普遍的な冒涜本能」があるというように、ラスキンの科学へ投げかけられることばは、しだいに批判というより、非難に近くなっていく[★40]。

にもかかわらず、ラスキンの議論をたんなる科学嫌悪として、もしくは道徳主義的な説法とだけ素朴に理解することには慎重でなければならない。『全集』の編者たち（クックとウェダーバーン）は、J・M・グラハムの『日光の破壊』（一九〇七年）に依拠しつつ、「産業統計はラスキンがこの現象の拡大を見定めた日付を完璧に裏づけている。イギリスと中央ヨーロッパの産業地域で石炭消費が飛躍的に増大したまさにその時期に、嵐雲はいっそう濃くなった」と指摘する[★41]。また、「ラスキンの気象への強迫観念のきわまりは、少なくともイングランドにおいて、高い降雨量、極端な寒さ、異常なほど少ない日照の時期と一致」しており、「一八六九年から一八八九年のロンドンの気温は、その二一年間のうち一八年が平均以下であり、一八七五年から一八八二年は降雨量が異常に多く、日照も〔…〕一八八〇年から一八八九年二〇回の秋と冬のうち、一六回が平均以下であり、この一〇年間でも六〇％以上が平均以下であった」という指摘もある[★42]。伊藤邦武も強調するように、ラスキンは「地質学者であり気候学者としての科学の目をどこまでも堅持しようとして」おり、「このテキストの目覚ましいところは「嵐雲」の分類、その形態、その形成にかんする執拗ともいうべき記述である」[★43]。少なくともラスキンが、生涯をつうじて気象現象にただならぬ関心をもち、地質学会の他、ロンドン気象学会にも深く関与していた事実は確認されてよい。一九世紀にはすでに産業化が大気に及ぼす影響が気象学的な関心の対象となっていたのであり、彼がこれらの研究に精通していた可能性は十分にある。[★44] ちなみに、ラスキンの講演から一二年後の一八九六年には、スウェーデンの化学者スヴァンテ・アレニウス（1859-1927）により、大気中の二酸化炭素濃度の上昇が温室効果によって地表の気温に影響を及ぼすことが示されたのである。

そこであらためて考えてみたいのは、テクスト全体にわたって見られる、ラスキン自身の観察・記述とある種の科学的分析との対比、あるいは「科学的衣裳」を纏った概念やことばの不正確な用法に対する彼の反発の意味である。注目すべきと思われるのは、第一講演の内容のさらなる論証が企図された第二講演において、熱力学の発展と大衆への普及に寄与した同時代の著名な物理学者たち――ジョン・ティンダル John Tyndall（1820-1893）、ウィリアム・トムソン William Thomson（1824-1907）、バルフォア・スチュアート Balfour Stewart（1828-1887）――が徹底した批判の標的とされていることである。ティンダルは、ロイヤル・インスティテューション（王立研究所）の物理学教授としてそのデモ

★39 ibid., pp.65-66.

★40 ibid., p.72.

★41 ibid., p.xxvi.

★42 Rosenberg 1986, p.214.

★43 伊藤 2012、一九〇頁。

★44 Reno 2020 は、『嵐雲』をそれ以前の一世紀あまりにわたる科学者や作家、芸術家たちによる気象学的研究の到達点と位置づけている。なお、横山によれば、写真技術の登場以前には、ウィリアム・ターナーの絵画を説明したラスキンの文章は気象学者のあいだで何度も引き合いに出されており（横山 2002）、またラスキンの「嵐雲」の講演も設立したばかりの王立気象学会で大きな話題を集めたのだという（横山 2020、一〇頁）。『嵐雲』の気象学的意味をめぐる議論については、Day 2005 も参照。

ンストレーションで広く知られ、彼の『運動の一様態としての熱』（一八六三年）はエネルギー保存則の大衆化に大いに寄与した。一八八二年に貴族となりケルヴィン卿の名で知られるトムソンは、ルドルフ・クラウジウス（1822-1888）とともに、熱力学第二法則の発見者として知られ、また地球・太陽年齢論によりダーウィンを苦悩させた一九世紀後半を代表するイギリス物理学会の大物である。スチュアートはエディンバラ大学の自然哲学者ピーター・ガスリー・テイト（1831-1901）とともに『見えざる宇宙』（一八七五年）の著者として知られ、彼の『エネルギー保存』（一八七三年）は当時のもっともポピュラーな熱力学の教科書であった。[★45] これら主要な熱力学的言説に対するラスキンの批判の企図を探るには、一九世紀後半に発展した熱力学（エネルギー物理学）をとりまくイギリスの社会史的コンテクストを多少とも視野に入れておく必要がある。以下では、近年のエネルギーの概念史・系譜学的研究を手がかりにこの点を補足してみたい。[★46]

3　エネルギー・エコノミー

アレン・マクダフィは、ラスキンが言及した人物を含む一九世紀イギリスのエネルギー物理学者にとって、一九世紀初頭の自然神学的な自然像から距離を取ることがいかに困難なものであったか、それゆえ大量の石炭を燃焼させ、有害な副産物を絶えず生成する産業社会（化石経済）がなお完璧に調和した「自然のエコノミー」と一致することの証明がいかに重大な課題であったかを指摘する。さらにはウィリアム・トムソンらが引き起こした太陽と地球の「熱死」の言説が、いかに「冷酷な宇宙の必然性という重々しいヴィジョンであるとともに、荒廃しつつある世界を前にエネルギー集約的な活動〔産業〕の拡張に対する道徳的正当化」としても機能したかをたどっている。[47]そこからわかるように、一九世紀後半のイギリス熱力学は、同時代の自然神学に対しても、あるいは大量の石炭燃焼によって駆動する新興産業に対しても両義的な意味をもっていた。

自然神学の批判者であったジョン・ティンダルを除いて、ラスキンが標的とした同時代の主要な熱力学（エネルギー物理学）者たちはみな、「ノースブリティッシュ・グループ」[48]と呼ばれるスコットランドの科学者・技術者たちであり、その中心にいたのがグラスゴー大学の自然哲学教授であったウィリアム・トムソンであった。トムソンはウィリアム・ペイリー（1743-1805）の『自然神学』（初版一八〇二年）の愛読者であり、彼にかぎらずこのグループに属した科学者・技術者の多くがスコットランドの長老派教会 Presbyterianism の雰囲気のなかで育ったといわれる。[49]他方で彼らは「イギリス造船の

★45　なお、ラスキンが直接に言及しているのは、ティンダルの『水の形態』、『アルプスの氷河』、『雲と河、氷と氷河における水の形態』、『運動の様式としての熱』、スチュアートの『エネルギーの保存』であり、トムソンの議論については、ティンダルとスチュアートの著作をつうじて間接的に言及されている。

★46　MacDuffie 2014 の他、Daggett 2019; Walker 2020 が近年の主だった重要な成果であるが、これらが共通に依拠する先行研究として、Smith and Wise 1989; Mirowski 1989; Rabinbach 1992; Smith 1998 などがある。

★47　MacDuffie 2014, chap.1-2.

★48　Smith 1998. なお、このグループにはトムソン、テイト、ジュール、ウィリアム・ランキン (1820-1872)、ジェームズ・クラーク・マクスウェル (1831-1879)、フリーミング・ジェンキン (1833-1875)、バルフォア・スチュアートらが含まれる。

心臓」であったグラスゴーのクライド川流域の産業とも密接なかかわりをもっていた。★50

エネルギー保存則と生産主義

熱力学第一法則、いわゆるエネルギー保存則は、一八四〇年代をつうじて、ドイツの生理学者ユリウス・ロベルト・マイヤー(1814-1878)、イギリスのジェームス・プレスコット・ジュール(1818-1889)、デンマークの技術者ルドウィグ・コールディング(1815-1888)、ドイツのヘルマン・フォン・ヘルムホルツ(1821-1894)によって「同時発見」された。トマス・クーンによれば、それはエネルギーの「転換過程の利用可能性」、「機関engineへの関心」、そして自然現象に対する単一の統一的原理を模索する「自然哲学」を背景として生まれ、熱、光、電気、磁気、化学親和力、運動など「実験室で発見されたさまざまな転換過程に対する理論的対応物」であった。★51

それは光、熱、機械動力、化学親和力、磁力、電気、物質の原子構造にいたるまで、あらゆる現象は例外なく「エネルギー」の現れであると説明する。現代物理学も認めるように、ここで見いだされたエネルギーは具体性を欠く、きわめて抽象的な観念である。★52 すべて自然現象の根底に潜む、変幻自在に変換される「力 *Kraft*」や「エネルギー」の「不滅性」を示唆する保存則が自然神学の調和的な自然像と結びつくことはさほど不思議ではない。というのも、それは、「自然はけっしてなにものも無駄にしない」、「無からはなにも生じない ex nihilo nihil fit」という旧い形而上学、あるいは至高の神だけが無から有をつくりだせるのであって、人間になすことができるのはただエネルギーの変換だけで、その総量を増やしたり減らしたりはできない、という自然神学的な信念と一致し、またときにそれに準拠したからである。すなわち保存則は、神が完璧な予見と英知でもって世界を秩序づけたという信念を証拠立てるものとして理解することが可能であった。たとえばこれは、保存則の発見者の一人ジュールの言葉にはっきりと見いだされる。

じつに自然現象は、力学的なものであれ、化学的なものであれ、生物的なものであれ、ほとんど完全に、空間をとおした引力、活力、熱の三者の相互の連続的変換であるといえる。こうして、宇宙のなかで秩序が保たれる――なにも狂わず、けっしてなにも失われず、機械全体が、複雑なまま

★49 トムソンとペイリー流の自然神学との関係については、Myers 1989 を参照。

★50 ダゲットはこう指摘している。「〔帝国第二の都市であった〕グラスゴーでは、技師、大学、造船工場、港湾、そしてクライド川が、エネルギー〔科学〕をかたちづくるように凝固していた。エネルギー科学の首謀者ウィリアム・トムソンやウィリアム・ランキンといったスコットランドの科学者たちは、蒸気機関が遍在するようになっていたクライド川流域の産業と直接につながっていた」(Daggett 2019, p.35)。

★51 クーン 1998、九六頁。

★52 たとえば、リチャード・ファインマンの有名な教科書には次のような説明がある。「その〔エネルギー保存則の〕内容は次のとおりである。ここに、われわれがエネルギーと名付けるある一つの量を考えると、自然界でどんな複雑な現象が起こっても、その量は変化しないというのである。これは、いわば数学の原理であるため、たいへん抽象的な観念 idea である。それはどんな現象が起こってもその量は変化することのないある数量があると述べている。それはあるメカニズムや具体的なことがらの記述でもない。〔…〕現代の物理学では、エネルギーとは何「である」かについてなんの知識もない、ということを理解することが重要である。エネルギーがきまった分量の小さな粒になっているという像などはない。〔…〕さまざまな公式のメカニズムや理由についてそれは何も教えないという点で、エネルギーというのは抽象的なものなのである」(ファインマン他 1986、四八―五〇頁)。

で、スムーズに、調和を保ってはたらく。そして、『エゼキエル書』の畏るべき光景にあるように、「輪のなかに輪があるようで」、ほとんど際限なく多様な、原因、結果、変換、配置などの、見かけ上の混乱と複雑さに、すべてのものが巻き込まれ、錯綜しているようで、それでもなおもっとも完璧な規則性が保たれている――全体の存在が神の至高の意思 the sovereign will of God によって統治されているのである。[★53]

他方で、エネルギー保存則を組み込んだ自然神学の言説は、不可逆的な変化を伴う石炭燃焼に支えられる熱産業を「自然化」すること、あるいは逆に「自然」それ自体を一つの巨大なエンジンとして表象すること――アンソン・ラビンバッハが「生産主義 productivism」と呼ぶ自然像――にも寄与した。[★54]ここでいう生産主義とは、さまざまに形態を変える不滅のエネルギーによって駆動する生産的なエンジンとして自然と産業を同一視し、両者の差異を失効させるようなイデオロギーである。あらゆる形態のエネルギーが相互に変換可能かつ不滅であるならば、自然のオペレーションと産業のオペレーションとを原理的に区別することは不可能となる。自然も産業も同一のエネルギー・エコノミーの一部であると観念される。たとえば、ジョン・ティンダルは『運動の一様態としての熱』のなかでこう述べる。

彼〔太陽光線〕は、森林を育て、それを切り倒す。樹木を育てる力と斧をふるう力は同一である。クローバーが芽を出し花が開くことも、草刈り機の大かまが震動するのも、同一の力の作動によってである。彼は鉱山から鉱石を掘り、鉄を伸ばし、プレートを釘止めし、水を沸騰させ、鉄道を牽く。彼は、綿花を生産するだけでなく、繊維を紡ぐ。太陽によって持ち上げられたり、回転させられたり、動かされたりすることのない、ハンマーも、ホイールも、機の杼も存在しない。彼のエネルギーは空間に惜しげなく注がれるが、われわれの世界は、このエネルギーが調整される停留場halting placeである。ここにおいてプロテウスがその魔力をはたらかせる。[★55]

ここで描かれるエネルギー保存則に統べられた――「なにものもつけ加えることができず、なにものも奪うことができない」[★56]――自然界は、なにか具体性や物質性、個別性をそなえたものというより、「広大無辺な抽象物」のようである。そこでは「有機的なものと無機的なもの」、「自然に生成するものと産業的に生産されるもの」、あるいは「成長と支出」とのいかなる区別も、太陽エネルギー現象のさまざまな現れとして無効化されている。[★57]石炭のような化石燃料もまた地殻のなかで炭化した古代の植物であって、つまるところ太陽エネルギーの「瓶詰め」にすぎない。[★58]石炭の燃焼がもたらす力、風や水の力、そして動物や人間の労働力labour power、これらのあいだに本質的な区別はない。ラビンバッハは、「身体、蒸気機関、そして宇宙が、単一の破壊不可能なエネルギーの鎖によって結

★53 Joule 1884［1847］, p.275.『エゼキエル書』は『イザヤ書』、『エレミヤ書』とともに旧約聖書中の三大預言書を構成する書物の一つ。
★54 Rabinbach 1992.
★55 Tyndall 1864, p.447.
★56 ibid., p.434.
★57 MacDuffie 2014, pp.38-41.

びつけられた」のであり、人間労働や蒸気機関が行なう「仕事」へと変幻自在に変化する力、エネルギーは「自然の終わりなき生産性を理想化した社会に象徴的なもの」となったと論じている。[★59]

もっとも、こうした議論から決定的に抜け落ちているのは、あらゆる現象の根底にある変幻自在な不滅の「エネルギー」と、量的に有限であり不可逆的に散逸する「燃料としてのエネルギー」の差異である。エネルギー保存則による世界の表象は、一方向的に不可逆的に支出され、自然界に容易には吸収されない汚染物をつくりだす化石燃料に特異な性質を覆い隠してしまう。そしてこの問題こそ、熱力学第二法則（エントロピー増大則）の発見があぶり出したものであった。

第二法則と産業主義

確認しておけば、第一法則はエネルギーを「量」の問題として捉え、その不滅性（保存）を証明した。たとえば、ひと塊の石炭の燃焼は、その位置エネルギー potential energy を熱へと変換するが、しかし宇宙のエネルギー総量にはなんら変化を生じない。これに対して、第二法則（エントロピー増大則）が示唆するのは、石炭の燃焼が宇宙のエネルギー総量になんら変化を生じるものではないにもかかわらず、それは人間にとって利用可能なエネルギーの「質」に決定的な変化をもたらす、ということである。[★60] 日々経験するように、車は錆び、バッテリーは上がり、機械は摩耗する。ひとたびある量の石炭が燃焼してしまえば、燃焼する以前の状態にはけっして戻すことはできない。第二法則が教えるのは、ひと塊の石炭とその燃焼が生みだす熱・運動・副産物とのあいだにある埋めがたい差異である。エネルギーは保存されるが、また同時に散逸する。ようするに、エネルギーが時間の経過とともに散逸し、秩序を失っていく傾向性をもつこと、すなわち仕事にとって利用不可能な形態へと質的に劣化することを示唆するものであった。第一法則が宇宙の偏在する作用としてエネルギーを理解するものであるとすれば、第二法則の方は、エネルギーを人間にとって有用な、しかし絶えず利用不可能な状態へと散逸する資源や燃料の観点から理解する視角を明確に打ち立てるものであったといえる。

さらに付言すれば、熱力学第二法則の定式化は、消耗、廃物、無秩序、カオスといった不可逆的な時間の軌道の存在を含意している。ミシェル・セールによれば、「人間が蒸気機関、内燃機関、化学機関、電気機関、タービン等々を組み立て、その理論をつくることができるようになると、時間の概念が一変する。熱力学の第二法則が第二種永久運動の不可能性を予言し、エネルギーは散逸し、エントロピーは増大していく。今や、時間は向きをもち、不可逆になる。時間は、秩序から無秩序に、あるいは差異から同質的な混合物の解体ないしは拡散へ向かって流れていく。そこからは、いかなるエネルギーも、いかなる力も、いかなる運動も生みだすことができないであろう★61」。第二法則は、後に

★58　ちなみに、石炭を太陽エネルギーの「瓶詰め」として表象したのは、機械技術者ジョージ・スティーブンソン（1781-1848）である。また、聖職者でロンドン地質学会の会長を務めたウィリアム・バックランド（1784-1856）は、将来、人間によって発見され解放されるよう、慈悲深い神が石炭を地球深くに植えつけたとして、自然神学のデザイン論のなかに石炭を位置づけていた。

★59　Rabinbach 1992, p.52.

★60　ここでエネルギーの「質」とは、「仕事」を行う能力、ある種の転換あるいは状態の変化を引き起こすエネルギーの能力を指す。このエネルギーの「質」は、自由エネルギーや「エクセルギー exergy」などとも呼ばれる。なお、エントロピー entropy は、ある系における「仕事」を遂行するエネルギーの「利用不可能性」の尺度である。エネルギーの新たな流入がない閉じた系においては、エントロピーはつねに増大する。

異端の経済学者ニコラス・ジョージェスク＝レーゲンが『エントロピー法則と経済過程』（一九七一年）において精緻に展開したように、エネルギー保存則が許容する古典力学の可逆的な時間や運動の観念と一致しないばかりでなく、創造主の手による完璧な秩序を備えた自然のエコノミーというヴィジョンに対する、決定的なアンチテーゼとなりえた。

しかしながら、熱力学第二法則もまた、完全なるエコノミーという自然神学的な自然概念を巧妙な仕方で生き残らせ、むしろ補強さえするように用いられることとなる。フィリップ・ミロウスキーはこう書いている。「われわれが焦点を合わせるべきポイントは、熱力学の勃興がエネルギーとその保存の意味を劇的に変えたことである。ところがそのあいだじゅう、さまざまな物理学者はみな、何かが根本的に変わったことを否認するために尽力していた」[★62]と。ではその否認はいかなる論理にもとづくものであったのか。

そもそも、第一法則の発見に先んじて、第二法則の定式化への先鞭をつけたフランスの技師サジ・カルノーの『火の動力についての考察』（一八二四年）は、他ならぬ蒸気機関の熱効率とその限界という、すぐれて現実的な課題と向き合った末の成果であった。しかしながら、一九世紀後半のイギリスの文脈において、第二法則の発見は「機関技術からコスモロジーへの目のくらむような飛躍」[★63]を経験することとなる。ここでの飛躍とは、第二法則の定立にも大きく寄与したウィリアム・トムソンが「自然における力学的エネルギーの散逸の普遍的傾向について」（一八五二年）と題する論文で巻き起こした地球の「熱死 heat death」をめぐる議論を指している。トムソンは自然の物質世界にはエネルギーの散逸に向かう普遍的傾向があるという法則から、世界の総エネルギーが不変であっても、利用可能なエネルギーは不断に減少し、究極的には、世界のすべての活動が停止する事態、すなわち熱死の状態にいたるという悲観的な未来を予言した。五二年論文では、地球が多くの生物にとって居住可能な惑星であるのは有限年であると指摘するだけであるが、その後の多くの論文で太陽の寿命についても具体的な数値を挙げて推定している。[★64] けれども、トムソンの第二法則にもとづく熱死論は、かならずしも悲観的な未来像だけを含意していたわけではない。そこには巧妙に抜け道が用意されていた。

まずひとつには、第二法則が示唆する、散逸劣化する自然界から神とともに人類をさまざまに「免責」する工夫を施したことである。たとえばトムソンは、エネルギーや物質の創造が力学的説明の限界を越えるもの（創造主の意思・命令）であることを明示しつつ、また不可逆的なエネルギーの散逸を、「消滅」ではなく、神の手によるなんらかの種類の「変換」と見なし、第二法則を保存則と両立

★61　セール 1990、三五七頁。

★62　Mirowski 1989, p.63. 同様にセールも次のようにいう。「殆どすべての人々が、そのあら探しに躍起になった。彼らは原動機 motor がいつまでも止まらないでいてほしかったのだ、と私は思う」（セール 1990、三五七頁）。

★63　Prigogine and Stengers 1984, p.116. 邦訳一七二頁。

★64　トムソンの地球の熱死の議論は地球や太陽の年齢論を含んでいた。この年齢論の意図のひとつは、ダーウィンの自然選択説の科学的正当性を掘り崩し、以て神の賢明で慈悲深いデザインの正当化を図ることであった。トムソンが熱力学法則にしたがって同定した地球の年齢（およそ一億年）は、地質学者やダーウィンが想定していた時間的射程に比して著しく短いものであり、それがダーウィンおよびその支持者を大いに悩ませた。ヒーバートは、この地球の熱死が、「恩寵に満ちた神への確信を根底から揺る」がした一方で、反対にそれが「創造主の存在を裏づけるものであり、進化論に対する堡塁としての役割を果たす」という期待を生みだしたと論じている（ヒーバート 1994、四七六頁）。詳しくは近藤 1977 も参照。

可能なものとして提示する――「創造力 Creative Power〔神〕だけが力学的エネルギーを生成または消滅させることができることがほぼ間違いないように、「浪費 waste」とは消滅 annihilation ということはできず、エネルギーのなんらかの変換であるにちがいない」★65。ここでは、浪費／廃物は、じつのところ人間の認知の限界に由来する一種の擬制として観念される。また、科学史家の近藤洋逸は、トムソンの一八六二年のテクスト「太陽熱の年齢について」の冒頭に書かれた次の文章に注目している。

生命の起源ないし持続を、一切を支配する創造力〔神〕なしに考えることはできない。それゆえに地球の未来の条件についての力学的科学のいかなる結論も、地球に現に住んでいる知的存在という種〔人類〕の運命について落胆させるような見解を与えうると考えることはできない★66。

ここで暗示されているのは、人間という知的存在が物質界を超越した神の創造物であり、それゆえに地球の未来の条件に関する第二法則から導かれる帰結――静止と死――を免れうる〈自らの運命について落胆することのない〉存在だ、ということである。そこでふたたび注目されるのは、一八五二年のテクストの地球の熱死という結論に付された「ただし書き」である。トムソンは、①物質世界には力学的エネルギーの散逸に向かう普遍的傾向があり、②それに等しい散逸を伴わないような力学的エネルギーの回復が不可能であることを確認したうえで、③「過去の有限な期間、地球は現在のように人間の居住に適さないものであったにちがいなく、来るべき有限な期間においてもふたたびそうなるにちがいない。ただし、現在、物質世界において生起している既知の作用が従う諸法則のもとでは不可能であるような操作が行われたり、また行われるようになることがなければ」と結論づける★67。近藤が注目するのは、この文章の「ただし」以下のことばである。すなわち、「既知の作用が従う諸法則のもとでは不可能であるような操作」とは、「神による奇跡の発現」と解釈する他ない[★68]。神のみがエネルギーを創造しまた消滅させることができ、創造された世界の当初のエネルギーの分布や配置を回復することができる。このような神学的な議論にもとづいて、トムソンは全能の神を自然の物質世界から括りだし、この神を介して、こと人間のためにエネルギーの散逸と熱死を免れる余地をかなり奇妙なかたちで残したのである。それは「純粋な力学的な解釈に収まることのない問題をその内部に組み込んだ世界観」に他ならない[★69]。

もうひとつ、多くの論者が指摘する第二法則にまつわる議論の捻じれは、エネルギーの「散逸」あるいは「浪費」を、自然の物質世界を支配する普遍的傾向性とすることで、逆にその内部において石炭燃焼により拡大する人工的産業の役割やその優位性を重視する方向へ議論を反転させたという点である。つまり、廃物・浪費を不可避的に創り出す「浪費家」として自然をネガティブなものと捉える

★65 Thomson 1852, p.304.
★66 Thomson 1891 [1862], p.388.
★67 Thomson 1852, p.306.
★68 近藤 1977、六四頁。
★69 Smith and Wise 1989, p.332. なおスミスとワイズは、トムソンのエネルギー散逸の研究が旧約聖書の『詩篇』第一〇二篇の詩――かつて地をあなたは築いた、そして天はあなたの手の業。これらは滅びるが、あなたは立つ。これらはみな着物のように朽ち、衣服のようにあなたがこれを取り替えるとこれらはうつろう。しかしあなたは同じ、あなたの年々は消え失せない――への信仰によって支えられていたと指摘している（ibid., p.331）。

一方、逆に産業を、エネルギーを人間の利益に向けて有効かつ効率的に使用するポジティブな領域として理解しなおした、というのである。科学史家のノートン・ワイズは次のように指摘している。

第二法則を散逸とのみかかわるものと想像するのは誤りである。ブリテンにおけるこの法則の創始者たちの解釈では、それは同様に、自然において利用可能な生産諸力の有用性を極大化するという文明の進歩と人間の道徳的義務にとっての条件にかかわるものであった。自然に任せれば、これらの生産力は無目的にかならず散逸してしまうであろう。太陽はその燃料を枯渇させ、水は海へと流れ落ち、風は絶えてしまうだろう。文明の歴史的進歩は、それまで以上にますます切迫性をもって、この退歩を生産的な仕事に差し向けることにかかっていた。[★70]

人間の手や意図を超えてエネルギーが不断に散逸していくのであれば、人間に残されているのは、エネルギーをその傾向性に委ねて浪費や衰退へとうち捨ててしまうか、あるいは人間の有用性へとこれを合理的に差し向けるかのいずれかである。いうまでもなく、有徳なる人間に求められるのは後者である。石炭というかたちで与えられた神の恩寵としてのエネルギーの贈与を浪費することなく、仕事workを最大化して、最大限効率的にそれを利用すること、これが人間に課せられている道徳的義務となる。[★71] エネルギーの概念史的検討をつうじてイヴァン・イリイチはこう述べる。エネルギーが自然の究極の資本=元手とされることで、自然あるいは「全世界(ユニヴァース)」が「稀少性の前提によって統べられる領野として解釈され」るとともに、人間は「つねに自然を欠乏させた貧しい」存在として、それゆえ「経済学の公理のもとに」生きざるをえない存在として定義しなおされたのだと。[★72] かくしてエネルギーの科学は強い道徳的な教説と結びつく。「仕事」は道徳的な善であり、「浪費／廃物」は悪である。あらゆるタイプの有用な仕事を遂行する力であるエネルギーの浪費や不必要な散逸は、「遊休、怠惰、怠け、非生殖的な性交、物乞い、ノマディズム、盗み、詐術、貴族的特権、ギャンブル、投機、その他の過剰な支出」といった悪徳と結びつけられる。[★73] 一九世紀に生まれたこのエネルギーの道徳的教説をダゲットは「地球神学 geo-theology」と名づける。ダーウィンの生物進化の解釈がしだいにキリスト教の教説と鋭く敵対していったのに対して、トムソンを中心とするイギリスのエネルギー物理学者は、熱力学法則をつうじて急速に発展する産業とプロテスタンティズムとを和解させることに寄与することができたのである。[★74]

4　自然のエコノミーの破綻

マクダフィは、こうした自然神学とも結びついたある種の生産主義、産業主義への熱力学のポジティブな取り込み――すなわち、熱、光、動力といった現象するあらゆるエネルギー形態を等価もの

★70　Wise 2002, pp.54-55.
★71　Smith 1998, pp.308-309; Daggett 2019, pp.74-76.
★72　Illich 2013［1983］, p.108.
★73　Walker 2020, p.133.
★74　Daggett 2019, p.54.

として捉え「自然」と「産業」の弁別を失効させる言説、あるいは自然界を本来的な浪費家として表象し、それゆえにこそ産業機関の効率性の極大化（浪費の極小化）を道徳的に正当化する言説——に抗するものとしてラスキンの『一九世紀の嵐雲』を位置づけている。なるほど、講演のなかでラスキンが見せる、その科学的な観察と記述を重視すると同時に、これを放棄するかのようなふるまいは、自然界に対するまじめな科学的関心と、産業化とともにますます汚染され変質していく世界の科学による解釈や表象に対する強い懐疑の混乱した表出と理解することもできよう。同時代の熱力学の言説に抗して、むしろラスキンが捉えようとしていたのは、端的に、一九世紀後半の化石経済が現出させた不可逆的に散逸・劣化する世界であり、いわば賢明かつ完璧に秩序づけられた「自然（＝神）のエコノミー」の破綻であった。

　第二法則から見れば、石炭燃焼に支えられたおびただしい商品の生産は、ただちに、廃物と秩序だったエネルギーと物質の不可逆的な散逸と低級化 degradation による環境の荒廃、混沌へと帰結する。それこそラスキンが見た「疫病風」や「疫病雲」が表象するものに他ならない。もっともラスキンにとって廃物 waste は、都市に蓄積する処理困難な汚泥、炭塵、煤煙などにとどまらない。精神的・身体的病理を生む下劣な種々の消費財や装飾品。あるいはこれら「害物 illth」の生産に送り込まれ、ひたすらに合理化を迫られる労働者自身の活力 energy の浪費をも含んでいた——「群衆（マルチチュード）の活力が工場の煙を養うための燃料として送られ、体力が織物の精巧さに浪費されるべく日ごと使われ、一本の線の正確さのために絞り取られている現在の英国」[★75]。石炭エネルギーと群衆の活力は「鉄柵、低級な家内装飾の材料、宝石、玩具、衣服やレース、その他の生の放蕩と恥辱の手段」へと転化されるが、同時にこれによって「国全体にわたって空は暗くなり、大気は死にいたるもの」となる。しかもやがてこれらのエネルギー集約的な商品と引き換えに「他国から食糧を輸入することが不可欠」となれば、「国民エネルギー全体の趨勢は、ナッツと犬の肉をもった外国の主人によって飼育される、かごのなかのリスの状態、あるいはホイールの回転機のような状態にますます近づくことになる」[★76]。ラスキンのテクストが俎上に載せているのは、域内・域外からの莫大なエネルギーの投入でもって「ほとんど廃物にすぎないものをつくりだす巨大な消費者として都市」に他ならず、それゆえに「ヴィクトリア時代が生みだした新たなエネルギー集約的文化についてのもっとも重要な介入」だといわれるのである[★77]。

『一九世紀の嵐雲』にかぎらず、ラスキンにとって自然科学が非難や攻撃の対象以上のものであったことは、すでに多くの論者によって指摘されてきたことである[★78]。すでに述べたように、ラスキンは青年時代から、気象学のみならず、とくに地質学や鉱物学など自然科学に強い関心を示し続けた。クライスト・チャーチの学生時代には、ロンドン地質学界でダーウィンの報告を聞き、ダーウィンと直接会話できたことを父への手紙に熱っぽく書きつけ、またオックスフォードの最初の地質学教授となったウィリアム・バックランド（1784-1856）の講義にも熱心に参加したことが知られている。オリバー・ロッジ（1851-1940）のように、同時代にラスキンの自然界への鋭い科学的洞察を評価していた

★75　Ruskin vol.10, pp.189-194.
★76　Ruskin vol.18, p.157.
★77　MacDuffie 2014, p.137.
★78　Alexander 1969; Hewison 1996; O'Gorman 1999; MacDonald 2012; 伊藤 2012; Atwood 2019.

科学者も少なからず存在した。「ラスキンと科学」という主題を正面から扱ったエドワード・アレキサンダーは、「完璧かつ調和的な文化の創造を追求したあらゆるヴィクトリア時代の文士のなかで、ジョン・ラスキンほど、近代科学が導入した新たな思考・感覚の様式と、慣習的な視覚・認識・信仰・行為の様式とを統合する必要性を熱心かつ継続的に感じていた者はいない」と書いている[★79]。

とくにラスキンが問題としたのは、科学と芸術との関係である。『近代画家論』において彼が一貫して擁護する画家ウィリアム・ターナー（1775-1851）は、「芸術的感性と科学的能力との均衡のとれた融合」によって、雲や岩石や木々の「真理」を捉えることのできた人物——近代芸術におけるフランシス・ベイコン——として登場している。「第一級の偉大な風景画家であるターナーは、諸国民の歴史のうえで、哲学におけるベイコンの地位にまったく相当する、芸術における地位を得るにちがいない。ベイコンは、それまで人びとが人間の心の法則だけを考えていたときに、物質的自然の研究に最初に着手した。そしてターナーは、これまで人びとが人間の形態の様相だけを考えていたときに、物質的自然の様相の研究をはじめて開始したのである」[★80]。

ラスキンにとって、ターナーは自然に忠実に迫ろうとした点では科学者と変わらない。ターナーは「画家であるのと同じ程度に地質学者である」[★81]。ただし、芸術と科学が対象化するものはけっして同一というわけではない。ベイコンが「本質 Essence の科学の師匠」であるのに対し、ターナーは「様相 Aspect の科学の師匠」である。「美の愛好を、すべての点で非科学的というのは、正しくない。事物の本質の科学だけでなく、事物の様相の科学があるからである」[★82]。ラスキンによれば、芸術と科学はともに自然事物の真理に向かうものでありうるが、それぞれ事物の異なる側面に関与する。「科学が事物をただあるがままの形で対象とするのに対し、芸術は、事物が人の感覚と魂に影響をはたらきかけるかぎりでのみ対象とする」。あるいはまた、「芸術のなすこととは、事物の外観を描き、事物が生命あるものに及ぼす自然の印象を深めること」である一方、「科学は、外観を事実によって置き換え、印象を証明によって置換する。〔…〕科学は事物相互の関係を研究するが、芸術は事物と人間の関係のみを研究する」[★83]。ラスキン曰く、「賢明な芸術」とは、「賢明な科学の反射作用ないしは影」のようなものであり、事物が人間の前に立ち現れるままに表象する「受動的で素朴な単純性 passive and naïve simplicity」によって、それは科学に有用なデータを提供することができる[★84]。自然の真理は賢明な科学と賢明な芸術がともに結びつくことではじめて捉えられるのである。

すなわち、ラスキンが明確にしりぞけるのは、科学そのものではなく、「愚かな科学 foolish science」である。科学的探究が抑制のない好奇心に囚われ自己目的化し、芸術的感性はおろか人間の生そのも

★79 Alexander 1969, p.508.

★80 Ruskin vol.5, p.353.

★81 Ruskin vol.3, p.429. 伊藤はラスキンのターナー評価についてこう述べる。「彼〔ラスキン〕はターナーの植物、樹木、空、大地、水の描写が、「色調、色彩、暗明、遠近法」などの絵画の各特徴にかんしていかに「真理」を体現したものであるかを、微に入り細を穿って分析し、また彼自身のスケッチやデッサンを交えて解説した。彼は雲や空、木々や岩にかんする分類学と形成の力学、つまり地質学や気象学が「雲の真理」「空の真理」を基礎づけると述べるとともに、それを画家の色調や色彩への知識が補完することで「風景の真理」が出現すると考えた。科学的・客観的分析と色彩の表現の技術が合一することによって、真理としての自然描写が可能になると考えたのである」（伊藤 2011、一七二頁）。

★82 Ruskin vol.5, p.387.

★83 Ruskin vol.11, pp.47-48.

のとすっかり切り離され、また人間の生に寄与するのではなく、むしろこれを荒廃させ破滅させるにいたるとき、科学は「生きるための術 savoir vivre」であることをやめ、「死せる術 savoir-mourir」となる。[★85]『一九世紀の嵐雲』は、しだいに産業の奴婢へと堕落する近代科学への絶望を示すものといってよい。「ラスキンの見方では、近代科学が犯したあらゆる諸悪のなかで、大気の汚染と太陽を暗黒化すること以上に恐ろしいものはなかった。ラスキンがかつてあらゆる詩、預言そして宗教にとっての鍵だと見なした、近代科学の衝動と結びついていた視界の清浄さは、ついに、科学そのものの倒錯によって不可能となってしまった」。[★86]

ここでの解釈はありうる一つの解釈でしかない。けれども、これとよく似たラスキンへの理解が、彼のすぐ後の時代を生きた植物学者パトリック・ゲデスや物理化学者フレデリック・ソディにすでに見いだされる。後の章で詳しく論じるように、彼らにあっても、ラスキンの科学批判は一般に考えられているよりもはるかに内在的なものであり、自然神学的なデザイン論と一致するよう不都合な現実と真理を捻じ曲げようとする一九世紀の科学的言説に対するいっそう科学的な告発者として登場している。もっとも「嵐雲」を招いたのはヨーロッパ世界が犯した「神の名」あるいは「自然の女神のあらゆる良き技・良き意図」に対する「冒涜 blasphemy」であるとラスキンが告発するように、彼にとってもまた、信仰は現実を読み解く重要な拠りどころであり続けた。[★87]しかしながらラスキンにあって、石炭燃焼が絶えず生成する膨大な廃物によって汚染され変質させられた世界において、人間の生に意味や目的を与えると信ずべき自然（＝神）のエコノミーはもはや自明ではないのである。[★88]

5　思想史における二つの痕跡

本章では、化石経済の出現と大規模な石炭燃焼に伴う大気の変質のみならず、これがもたらした危機の徴候についての重要な省察もまた、イギリスのヴィクトリア時代に存在したことを確認した。ジェヴォンズとラスキンはたしかに、化石燃料の燃焼がつくりだした、生存の物質的条件の断絶ともいえる変化をいちはやく捉えただけでなく、そこから支配的な古典派経済学の教説とは異なる経済思

★84　Ruskin vol.22, p.151; p.211. なお、ラスキンに見られる科学と芸術の調和というヴィジョンには、一九世紀初頭の科学の文化が、とくに観察や分類の方法に見られるように、画家や詩人の文化と密接に結びついていたという事情も影響していた。「一九世紀はじめの科学者は、自然界の現象を画家のように観察、記録し、詩人のようにそれに名前をつけた。数学者や化学者、物理学者もいたが、当時の主導的な科学のディシプリン（天文学、地質学、鉱物学、植物学）は観察に依存していた。〔…〕科学者と芸術家は自らの知覚したものの真理を正確に記録し書き留めることへの道徳的コミットメントを共有していた」（Hewison 1996, pp.30-31）。

★85　Ruskin vol.27, p.85.

★86　Alexander 1969, p.520.

★87　Ruskin vol.34, p.72.

★88　伊藤は、ラスキンが『近代画家論』の一五年にもわたる執筆のなかで、次第に母の厳格な福音主義のキリスト教思想に強く反発し、神の恩寵としての自然という素朴な自然思想からも完全に脱却していったと指摘している（伊藤 2012）。さらにランドウは、「『近代画家論』第三巻と第四巻を書く一八五六年までには、彼の信心は地質学と近代的な解釈が聖書に与えた打撃によって次第に弱まっていた。そして彼は根拠の提示と手法において今までどおり宗教的伝統によっていたものの、もはやいかなる議論においても、聖書をその中心に据えることはなかった」と論じている（ランドウ 2010、九六頁）。

想を立ち上げていった点でも共通している。しかしながら共通点はそのかぎりである。

ジェヴォンズは、石炭問題の執筆の後、主著といえる『政治経済学の理論』（一八七一年）[89]へと歩みを進めた。このテクストによって彼の名は限界革命の遂行者として知られることになった。もっともジェヴォンズは、一八六二年のイギリス科学振興協会での報告を敷衍した「経済学の一般的数学理論の概略」においてすでに、限界効用理論にもとづく経済学を構想していた。「真の経済学の理論は、人間行為の偉大なバネ、すなわち快楽と苦痛の感覚へとたどらせることによってのみ達成されうるもの」であって、「この科学の主要問題を数理的形式へと還元するであろう経済学の理論」の構築が目指されたのである。[90]この限界主義プロジェクトの成果が『政治経済学の理論』であった。

このなかで経済問題は、「さまざまの欲求と生産の諸力とをもち、一定の土地およびその他の資源を有する一定の人口が与えられた場合、生産物の効用を極大化するにはその労働をいかに使用すべきか」をめぐる探究として定式化される。[91]このきわめて力学的な経済問題の定式化は、マルサス的な土地‐人口問題を理論から取り除き、また限界効用理論を基礎に据える点で、それ以前の古典派経済学からの断絶をしるしづけるものと一般的に理解されてきた。「ここにおいて、はじめて経済学は真の意味で、一定の目的と選択的用途をもつ一定の稀少手段との関連を研究する科学」になったのだと。[92]ジェヴォンズは自らの「理論は、一人の精神の状態を探究し、この探究のうえに経済学全体を築くものである」と宣言し、心理主義的な転回を示す。[93]結果として、限界効用分析を駆使するこのテクストにおいて『石炭問題』で用いられた旧い古典派の枠組み（成長の動学的分析）はすっかり後景にしりぞくことになる。

ここであらためて注目しておきたいのは、こうした『政治経済学の理論』における経済学の定式化もまた同時代の熱力学と深い接点をもっていたことである。限界革命期の初期新古典派経済学とエネルギー物理学の密接な関係についていちはやく論じたのはフィリップ・ミロウスキーである。標準的なストーリーでは限界革命が数理的な精密科学への道を舗装した経済学上の科学革新として描かれるのに対し[94]、ミロウスキーはむしろこれを「価値」と「エネルギー」とのメタファー上の混同として捉えなおす。彼によれば、レオン・ワルラス、ジェヴォンズ、ヴィルフレド・パレート（1848-1923）、ジョン・ベイツ・クラーク（1847-1938）といった限界革命期の経済学者は、ヘルムホルツによる第一法則の定式化（一八四七年）から、ルドルフ・クラウジウスによる第二法則の定式化（一八六五年）までのおよそ二〇年間に発展した「プロト・エネルギー論 proto-energetics」から物理現象を表現するさまざまなアナロジーと数学的形式（方程式）を取り込み、法則に類似した一般均衡の原理にしたがって作動する市場の力学（一種の社会物理学）を生みだしたのだという。

新古典派経済学が援用したエネルギー＝効用のメタファーは、ある歴史的瞬間の物理学、すなわち熱力学第二法則の彫琢に先立つ一九世紀中葉の物理学から引き出された。〔…〕この物理学の盛

★89　なお、同書の邦題は『経済学の理論』であるが、本書では'political economy'と'economics'との異同を重視して、『政治経済学の理論』とした。
★90　Jevons 1866b, p.282.
★91　Jevons 1888, p.256. 強調原文。
★92　Blaug 1985, p.295. 強調原文。
★93　Jevons 1888, pp.14-15.

期において、あらゆる物理現象は、時間上、完全に可逆的なものとして描かれている。その理論にはヒステリシス（履歴現象）の余地は存在しない。いいかえれば、一九世紀の物理法則にはいかなる歴史性も存在しない。新古典派経済学がもつ、この執拗なほどの非歴史的なバイアスは、ジョアン・ロビンソンといった批判者たちによって激しく非難された〔…〕。

エントロピー以前の物理学では、あらゆる現象は、ある状態から別の状態へと完全かつ可逆的に変換されうる変幻自在なエネルギーのさまざまな現れである。このメタファーが経済理論の文脈に持ち込まれたとき、それは、あらゆる経済財が効用へと、またそれゆえに取引行為においては、あらゆる他の財へと、完全かつ可逆的に転換されうると命じたのである★95

ここからもわかるように、限界革命期の経済学が出会ったのは、第二法則ぬきの熱力学、エネルギー保存則のみに依拠したプロト・エネルギー論であった。マイケル・ホワイトは、ミロウスキーの問題意識を引き継いで、六二年の「概略」から『政治経済学の理論』における「経済問題の定式化」にいたるまでの科学史的文脈を詳細に追跡している。これによると、ジェヴォンズは六二年の「概略」の段階においてすでに、限界効用の観点から人間行動を分析したリチャード・ジェニングス（1814-1891）の『経済学の自然的原理 *Natural Elements of Political Economy*』（一八五五年）を、数学者オーガスタス・ド・モルガン（1806-1871）の微積分やシメオン・ドニ・ポアソン（1781-1840）の変分法を用いて解釈しなおし、個々人の快楽（効用）と苦痛（不効用）のバランスの力学として市場交換のモデルを構築する着想をえていた。さらにその後、一八六四年に開始された『石炭問題』の研究をつうじて、ティンダルやウィリアム・ランキン、リービヒなどの著作からエネルギー物理学への知見を深め、

（ウィリアム・ハーンやクルセル・ヌクイユに由来する）自らの限界主義プロジェクトがエネルギー保存の枠組みと一致することを確信するにいたった。その結果、興味深いことに、ジェヴォンズの『政治経済学の理論』は、先に論じたあのトムソンを中心とする「ノースブリティッシュ・グループ」のエネルギー論の方法・形式ときわめて類似するテクストだという印象を同時代の科学者たちに与えたのだという。[★96] 彼は同書第一版の序文においてこう書いている。

本書において、わたしは経済学を快楽および苦痛の微積分学 Calculus として取り扱おうと試み、従来の見解とはほとんど無関係に、経済学という科学が究極において採るべきだと思われる形式を略述した。わたしは久しく、経済学は一貫して数量を取り扱うがゆえに、たとえ言葉においてはそうではないとしても、実質においては、一つの数理的科学でなくてはならないと考えてきた。効用、

★94　たとえばカール・ポパーは、「ガリレオやニュートンとともに、自然学（物理学）は他のあらゆる科学を引き離して、意想外に成功にいたった。そして生物学におけるガリレオというべきパストゥール時代いらい、生物諸科学もほとんど同様の成功を収めてきている」と述べたうえで、「数理経済学の成功が、少なくとも社会科学の一つはそれ自身のニュートン的革命を経過していることを示している点は、容認しなければならない」と経済学の数理科学化を評価した（ポパー 1961、一五頁、九六頁）。

★95　Mirowski 1988, pp.152-153; Mirowski 1989. なお、限界革命期の経済学に同時代の物理学（力学）が及ぼした影響については重田 2022、第二部にも詳しい検討がある。

★96　White 2004. なお、『政治経済学の理論』の第一版ではトムソンとテイトの『自然哲学』（一八六七年）、第二版ではさらにマクスウェルの『熱理論』（一八七一年）や『電磁気論』（一八七三年）、ジェンキンの『電気と磁気』（一八七三年）への言及がある。

価値、労働、資本等について精確な数量的概念に到達すべく努力してきた〔…〕。このように取り扱われた経済 Economy の理論は静態力学 Statical Mechanics と酷似しており、そして交換理論は仮想速度の原理によって決定される「てこ」の均衡法則と類似することが明らかとなった。富と価値の性質は、あたかも静態力学理論がエネルギーの無限小量の均等の上に成り立つと同様、快楽および苦痛の無限小量の考察によって説明されるのである★97。

さらに第二版序文では、一八七〇年代末のイギリス経済学方法論争に触れて、経済学の主題全体が「きわめて広範、複雑、多岐である」ため、「たんに一つの方法において取り扱われうるものと想像するようなことはばかげている」と述べる一方、「しかしあらゆる物理諸科学が多かれ少なかれ、明らかに力学の一般原理にその基礎を有するのと同様、経済科学のいっさいの部門および区分にも、ある一般原理が浸透しなければ」ならず、「そうした諸原理の探究――すなわち利己心と効用の力学 the mechanics of self-interest and utility を描き出すこと」がこのテクストの目的なのだと述べる★98。

このようにエネルギー物理学がジェヴォンズの限界主義プロジェクトにおいても本質的な役割を演じたのであるが、しかし問題は、『石炭問題』が現にその核心に迫っていた第二法則の意味はついにその理論に組み込まれることはなかったことである。このことは摩擦のない可逆的な機械――サジ・カルノーが分析した現実の「熱機関」とは相容れないもの――として、市場システム、さらにはエコノミー全体を表象することと同義である。しかしながら、この反事実的な枠組みにおいて、『石炭問題』の末尾に示された、短命なる繁栄と長期の停滞とのディレンマはいかにして問題とされるのだろうか。経済過程の説明から第二法則が解明した現象――すべての生産過程にともなって生じるエネルギー・物質の不可逆的散逸――を排除してしまえば、「経済学の現実的な物理的内実はゼロ」となることは免れない。[★99] 古典派経済学が想定したような一定の弾力性をもつ土地とは異なり、人間の力によってはいかんともしがたく、また他のエネルギー源によっても代替不可能な石炭の絶対的な稀少性を重視したからこそ、ジェヴォンズは経済問題を稀少な資源の最適配分の問題として立てなおしたのであって、『石炭問題』と『政治経済学の理論』とのあいだには問題意識の連続性があるのだと見ることも可能であるかもしれない。[★100] だが、少なくともジェヴォンズの衣鉢を継ぐその後の新古典派経済学の展開において、当初、根本問題であったはずの石炭という化石燃料の物質性・具体性は忘却され、稀少性の概念は徹底的に形式化・一般化されていった。皮肉にも、化石経済の限界に鋭く切り込んだ『石炭問題』を書いたジェヴォンズ自身が、同時に、ポリティカル・エコノミーに取って代わるべきエコノミクスがたどった「脱自然化」という方向に重要な先鞭をつけたのである。

これに対しラスキンは、ジェヴォンズと同じくイギリス古典派経済学の教説を痛烈に批判しながら、しかし、ジェヴォンズとはまったく別の方向へと歩みを進めていた。ラスキンが「一九世紀の嵐雲」のなかに見いだしたのは、「漂白された太陽」、「胴枯れした草」、「盲いた人間」であった。これは逆

★97 Jevons 1888, p.vii. 邦訳 xii 頁。

★98 ibid., pp. xv-xvi. 邦訳 xix-xx 頁。

★99 Walker 2020, p.10.

★100 この解釈は Mosselmans 1999 に拠っている。また上宮は、ジェヴォンズは短期／長期に応じて異なる分析モデル（限界効用理論か古典派の生産費説）を採用したのだと指摘し、ジェヴォンズを「強烈な古典派批判者というよりも、むしろ古典派的側面を有した経済学者」として解釈する（上宮 2013、四四頁）。

にいえば、ラスキンにとって、嵐雲に具現された物理的＝道徳的な「暗がり」からの救済の手がかりは、太陽―植物―人間の相互連関（エコノミー）の回復としてのみありうることを示唆している。そして、『フォルス・クラヴィゲラ』（第五書簡）において明言されているように、この回復の鍵を握るのは「偉大な〈死せる術〉savoir mourir」となった「近代政治経済学」に取って代わるべき新たな「ポリティカル・エコノミー」の構想であった。★101 ラスキンは次のように述べる。

あなた方の生き方、死に方しだいで、あなた方は大気をどこまでも、たやすく損なうことができる。あなた方すべてを終わらせるほどの悪疫を地球にもたらすほどにまで、大気を汚すことも可能である。あなた方やドイツ人やフランス人の同胞たちは、現在、あらゆる方向でその力の限りを尽くして大気を汚すことに忙しい。〔…〕あなた方は現在いたるところで一日中、腐敗した化学物質をまき散らして空気を汚しており、あなた方が都市と呼ぶ恐ろしい巣窟は、腐敗しつつある動物の肉体から放たれる悪臭と化膿性の病から生じる伝染性の瘴気が混じった、有毒な煙と臭いとを天に向かって噴き上げる工場とほとんど同じものになっている。

他方、腐敗したあらゆる物質を迅速かつ適切に処理し、有害な製造業者たちを絶対的に禁止し、大地と大気を浄化し活力を与えることのできる木々をあらゆる土地に植えることで、空気をきれいにするあなた方の力も、文字どおりに無限である。あなた方は吸い込む空気をすべて糧にすることもできる。

第二に、雨や地上の河川水に対するあなた方の力も無限である。あなた方には賢明に植林し、注意深く手入れすることで、望みの場所に雨を降らせることもできるし、森林を荒廃させ土壌の手入れを怠ることで、意思するように干魃を起こすこともできる。あなた方はイギリスの河川を岩石の水晶のように透き通ったものにもできるであろう。〔…〕さもなければ、いまそうしているとおりに、イングランド中の河川を共有の下水に変えることもできる。

そして第三には、あなた方を養い活気づける大地である。あなた方は世界に花など存在しないということを学んだのだ。あなた方は科学的な手先と科学的な頭脳によって、花を咲かせ生命を与える塵ではなく、爆薬となり死をもたらすような塵をわざわざつくりだした。あなた方は母なる大地である女神デメテルを、復讐の大地である女神ティシフォネに変えてしまった★102。

一八七一年に書かれたこの文章は、後の『一九世紀の嵐雲』の内容を予示しているというだけでなく、ラスキンのポリティカル・エコノミーに賭けられていた問題をはっきりと示している点でも着目に値する。彼にとって、ポリティカル・エコノミーが「一つの科学」となりうるとすれば、それは「生にとって本質的なもの」、すなわち「称賛 Admiration、希望 Hope、愛 Love」という精神性、モラルとともに、「清浄な大気 Pure Air、水 Water、大地 Earth」をもたらすものでなければならなかった★103。化石経済をめぐるラスキンの危機的な問題意識は、『芸術経済論』、『この最後の者にも』、『ムネラ・プルヴェリス』といったポリティカル・エコノミーを主題とする一連のテクストに遡及的に見いださ

★101 Ruskin vol.27, p.91.
★102 ibid., pp.91-93.
★103 ibid., pp.90-91.

れる。これらのなかでも化石燃料に依存する経済のもとで絶えず生じる廃物の問題、すなわち産業のために浪費される種々のエネルギーと、その帰結としての物理的環境の劣化と瓦解、そして労働者の身体的・道徳的退歩が主題化されている。化石燃料の燃焼によって不可逆的に絶えず散逸劣化する(エントロピーを増大させる)世界においてなお、「健全にして、幸福なる生命の持続」に資する富の性質とはなにであるのか、またそのような富をわれわれはいかにして使用あるいは消費すべきか、翻ってそのような賢明に消費されるべき富は、いかなる性質の労働によって生産されるべきか。これら一連の問いがさまざまなしかたで探究されている。彼が目指したのは、ポリティカル・エコノミーの主軸に「生」と「富」の概念を位置づけ、さらにそれらの最基底にある「清浄な大気、水、大地」の次元から、あるべき消費と生産の関係を編みなおしていく道である。

もっとも、このような探究は、ラスキンその人のテクストのなかで論じ尽くされたものではけっしてない。その探究はおよそ二〇世紀の戦間期にかけて粘り強く継続された。とくに、ラスキンの思想を引き継いだ(どちらかといえば周縁的な)イギリス社会主義の系譜——ウィリアム・モリスを中心とするアーツ・アンド・クラフツ運動、二〇世紀初頭のギルド社会主義や分配主義 distributism、社会信用論にいたる——のなかに、熱力学第二法則から自覚的に経済論を立ち上げていったゲデスやソディのような自然科学者がいたことの意味は重要である。ジェヴォンズの『石炭問題』に魅了されてもいた彼らにとって、しかし人間のエコノミーと自然のエコノミーとの相互連関への視点を回復しうる真に科学的なポリティカル・エコノミーのヴィジョンを提供できるのはラスキンの方であった。帝国主義の跋扈から世界戦争、大恐慌を経て核エネルギーの人為的解放へと突き進んだ破局の時代のなかで、ラスキンの思想はいかにして引き継がれ、変奏されていったのか。そこに、われわれの時代の来歴だけでなく、ジェヴォンズ以後の経済学がたどった道とは異なる思考の鉱脈を探り当てることができるだろう。

第2章

生命と富のオイコノミア

美術や建築批評を含めて膨大な著作や文章を残したラスキン自らが、「これまで書いたもののうち最上のもの、つまりもっとも真実で、もっとも正しく述べられ、そしてもっとも有益なもの」[★1]と評した『この最後の者にも――ポリティカル・エコノミーの基本原理に関する四論文』（一八六二年）は、同時代の経済学を「陰鬱の科学」と名指したラスキンの師、思想家トマス・カーライル（1795-1881）からの称賛を例外として、きわめて強い嫌悪と攻撃に晒され、当初はさらに継続する予定であった連載も途中で打ち切られるという始末であった。一八六〇年に『コーンヒル・マガジン』誌に連載された四つの論考から成るこのテクストで、ラスキンが徹底的な批判の標的としたのは、アダム・スミスやデヴィッド・リカードウ、とりわけ同時代を代表する思想家ジョン・スチュアート・ミルの古典派経済学とこれに支えられたレッセ・フェールである。ドナルド・ウィンチは、この著作の刊行でもって「ラスキンはミルの名と密接に結びつけられる科学の、現在にいたるまでの禍根となった」と評している。[★2]

一八一九年、ヴィクトリア女王の生誕と同年に生まれたラスキンの生涯はまさにヴィクトリア時代の帝国盛衰とともにあった。オックスフォード大学（クライスト・チャーチ・カレッジ）で学位を得たのち、一八四三年、二四歳のときにターナーの風景画を世評に抗って擁護した『近代画家論 *Modern Painters*』の第一巻を刊行し（同書は一八六〇年に刊行された第五巻まで一七年にわたって書き続けられた）、美術批評家としての歩みを開始した。『近代画家論』の執筆と並行して、彼の関心はやがて初期ルネサンスや中世のゴシック建築へと拡がり、その建築論は『建築の七燈』（一八四九年）や『ヴェネツィアの石』全三巻（一八五一―五三年）へと結実していった。一八五四年からはキリスト教社会主義者フレデリック・デニスン・モーリス（1805-1872）が貧困層救済と労働者自立のための活動の一環としてロンドンに創設した労働者大学 Working Men's College において、ラファエル前派の画家ロセッティとともに素描クラスの講師を（無給で、しかも大学へのさまざまな寄付や講師の支援を行いつつ）務め、[★3]一八七〇年にはオックスフォード大学に新設されたスレイド美術講座の初代教授として迎えられた。ラスキンの活動の主軸が明らかに美術批評から経済批評や社会改革へと移っていったのは、およそ労働者大学に関与し始めたころからである。五七年の『芸術経済論 *The Political Economy of Art*』（一八八〇年に『永遠の歓び』と改題）を皮切りに、『この最後の者にも』から時をおかずして『フレイザーズ・マガジン』誌にふたたび四回にわたって経済論を連載して、これは後に『ムネラ・プルヴェリス *Munera Pulveris*』（一八七二年）として刊行された。七一年には、イングランドの労働者階級に宛てられた九六もの書簡の形式をとった論評『フォルス・クラヴィゲラ *Fors Clavigera*』の公開を開始し、中断をはさむも八四年まで継続された。

ラスキンの経済問題への取り組みの最初のまとまった成果が『芸術経済論』であり、またウィリアム・モリス（1834-1896）をはじめとする後のアーツ・アンド・クラフツ運動に与えた影響力からもわかるとおり、ラスキンの芸術論と経済論とは切り離しがたい関係にある。[★4]そのことを踏まえたうえ

★1　Ruskin vol.17, p.17.

★2　Winch 2009a, p.91. なおヘンダーソンによれば、『この最後の者にも』は刊行からおよそ一〇年のあいだに八〇〇部ほどしか売れなかったという（Henderson 2000, p.2）。ラスキンの社会批評に対する世論の潮目が変わり始めるのは大不況が訪れ、古典派経済学への信頼が急速に衰えた一八七〇年代末以降である。

★3　労働者大学やそこでのラスキンの活動については横山 2018 に詳しい。

で、しかしここでは芸術論への言及は必要最小限にとどめ、ゲデスとソディがラスキンからなにを継承しようとしたのかを見定めるべく、ラスキンのポリティカル・エコノミーについてその積極的な主張に重点を置いて考察してみたい。★5

1 オイコノミア

ラスキンのポリティカル・エコノミーを読み解くうえで欠かすことのできない鍵と思われるのは、それが「家の法 House-law」と彼が呼ぶ古代ギリシャの「オイコノミア」のラスキン流の解釈にもとづいている点である。古代のオイコスとポリスの思想を踏まえてリカードウやミルの古典派経済学を批判するというラスキンの論法は、彼の生きたヴィクトリア期にあってあまりに時代錯誤と見えたはずである。もっともラスキンにとって古代ギリシャのオイコノミアの議論が重要な意味をもったのは、それが彼の時代の経済学に連なる遠い源流に位置するからではない。ラスキンの力点は連続ではなく、むしろ断絶の方にあるといった方が正確である。古代ギリシャ史家モーゼス・フィンリーが強調したように、クセノフォンであれ、アリストテレスであれ、古代ギリシャのテクストには近代的な経済理論に類似するようなものは存在せず、それはなによりポリス（政治）やオイコス（家）の生活から自立した近代的な「経済 economy」の観念そのものが存在しないためであった。古代人は「「経済」の観念を欠いており、ましてやわれわれが「経済」と呼ぶものをともに構成している概念的諸要素など知るよしもなかった」★6。後のカール・ポランニーにとってそうであったように、ラスキンにとって古代のテクストは、彼が古典派経済学に見いだした、自律的な領域としてのエコノミーという近代の経済学的認識の相対化と哲学的批判の重要な拠りどころとなりえた。[★7]

とくにラスキンが参照したのは、プラトンとともにソクラテスの弟子で、歴史家でありすぐれた軍人でもあったクセノフォンの『オイコノミコス *Oeconomicus*』である。ラスキンは一八八六年の書簡のなかで「わたくし自身のポリティカル・エコノミーは誇張なしにクセノフォンのそれの拡張であり、解釈であるにすぎない」と書きつけている。[★8] クセノフォンは家の管理と統治としてオイコノミアを最初に定義づけた人物として知られ、ラスキンはオックスフォード大学時代の弟子アレクサンダー・

★4　ラスキンの芸術論と社会思想をロマン主義の伝統に位置づける試みとして Sherburne 1972; 塩野谷 2012 を挙げておく。

★5　原語の 'political economy' は「政治経済学」または「経済学」と訳すのが一般的であるが、ラスキンの場合には、古典派経済学にとって代わるべき経済科学の名称として特異な意味が込められているため「ポリティカル・エコノミー」とそのまま表記する。

★6　Finley 1985, p.21. なお、ポランニーがすでに「アリストテレスによる経済の発見」（一九五七年）において同様の指摘を行っている。「経済理論が『政治学』第一章や『ニコマコス倫理学』第五章から恩恵を得ると期待できないという点はわれわれも承知している。経済分析は究極、市場メカニズムという、アリストテレスにとっては未知の制度の機能の解明を目的としているのであるから」。「そこ〔プリミティブな共同体〕では、観察者が経済過程の断片を拾いあつめて、それらを一つに継ぎ合わせることなどほとんど不可能である。その社会の個人にとっては、彼が「経済的なもの」と確定できるような経験を伝えることは不可能である」（Polanyi 1957, p.66. 邦訳二六三頁 ; p.70. 邦訳二七〇頁）。

★7　Henderson 2000, chap. 4.

ウェダーバーンとW・ゲルショム・コリングウッドに依頼して『オイコノミコス』の英訳版（そのタイトルは *The Economist of Xenophon* である）を一八七六年に刊行している。ラスキンは、英訳版に書き下ろした序文のなかで、クセノフォンのテクストから三つの主題――「富の誤りのない定義」、「王にふさわしい人格と統治のもっとも完全なる理想」、そして「家の生活の理想」――を学んだと述べる。★9 それが暗示するように、『オイコノミコス』は、たんに家政論にとどまらず、家政をとおしての国政論、統治・統率の方法を論じている点に特徴がある。善き生はポリスにおいてのみ十全に営まれ、オイコスはポリスを物質面で支える陰にすぎないというようなアリストテレスの見方とは異なって、クセノフォンは「オイコス」と「ポリス」を種別性ではなく、あくまで規模のみが異なるものと捉えた。それゆえ『オイコノミコス』はヴィクトリア時代に家政、またはこれを営む主婦の意味を再考するうえで重要な意味をもちえたのであった。★10

『芸術経済論』において、ラスキンはまず「経済」という語を再定義することからはじめている。経済という語が本来それとまったく関係のない別の意味、すなわち金銭や時間の「節約 sparing あるいは貯蓄 saving」の意に曲解されてきたことが批判される。そうではなく、経済という語の正しい意味とは、なによりも賢明なる「家 oikos の統治」あるいは「管理 stewardship」を指すのであって、具体的には「労働を合理的に適用すること」、「その生産物を大切に保存すること」、そして「その生産物を適切な時期に分配すること」の三つから構成される。★11 それは明らかに、「家長」による労働、財産、富の指導と管理を、そのまま社会ないし国家全体の統治の問題系へと適用することを企図していた。★12

ポリティカル・エコノミー（国家もしくは市民の経済）は、ただ有用なもの、もしくは心地よいものを、もっとも適切な時期と場所で生産し、保存し、分配することにある。ちょうどよい時期に草を刈る農夫も、堅牢な木材に十分深くボルトを打ちこむ船大工も、よく練った漆喰で良い煉瓦を積む建築工も、客間の家具を大切にし、台所の浪費を慎む主婦も、自分の声を正しく訓練し、けっしてむりに出すことをしない歌手も、みな正しい究極の意味においてポリティカル・エコノミストであって、たえず自分たちの属する国民の富裕と福利を増大させているのである。★13

★8　Ruskin vol.37, p.550.『オイコノミコス』は、師ソクラテスとクリトブロス（プラトンの対話篇『クリトン』に登場するクリトンの長男）との対話篇であるが、ソクラテスが周囲から尊敬される立派な一家の長イコマコスから聞いた家政の定義やすぐれた財産の管理に関する話を、クリトブロスに話して聞かせるという対話内の対話という形式になっている。

★9　Ruskin vol.31, pp.27-28.

★10　Garnett 2000, pp.206-207. また、レシェムによれば、古代のオイコスは、ポリスと厳格に弁別されるアレント的な理解に見られるよりも、はるかに複雑かつ多様な関係——夫と妻の友情、子ども教育、暴力以外のさまざまなコミュニケーション手段の活用など——を含んでいたという（Leshem 2013, p.47）。

★11　Ruskin vol.16, p.19.

★12　「家の経済が家の行為や習慣を取りしきるように、ポリティカル・エコノミーは、社会あるいは国家の諸行為や習慣を、これを維持する手段にかかわってこれを取りしきるのである」（Ruskin vol.17, p.147）。シャーバーンはこの点でラスキンとドイツの官房学（カメラリズム）や重商主義との思想の重なりを指摘している（Sherburne 1972, pp.101-102）。

★13　Ruskin vol.17, p.44.

古代ギリシャの哲学者たちによって論じられたオイコノミアの知の形態を考察した論考のなかでドタン・レシェムは、オイコノミアの知はエピステーメー（理論知）に属すると同時にテクネー（技術・実践知）でもあり、さらにそうした知にふさわしい思慮深さといった気質・性格を含みこむものであったことを明らかにしている。★14 さらにレシェムは、クセノフォンのオイコノミアの定義は、i）理論知の一部門としてのオイコノミア、ii）人の財産の全体を指すオイコス、iii）生にとって有用なものとして財産、iv）生にとって有用なものを増進させる知としてのオイコノミア、という四つの側面からなると述べているが、これらはラスキンのポリティカル・エコノミーにもそのまま妥当する。彼にとって、ポリティカル・エコノミーとは、「科学にもとづき、技術・技芸 art を導く行為ならびに立法の体系であり、ある一定の道徳文化のもと以外では成立不可能なもの」★15 といわれるとおり、国民を富の正しい理解に導く知であり、これにもとづいた富の賢明なる管理運営の技術であり、そしてまたそのような知と技術に相応しいモラルにかかわる問題であった。

2　生と富の科学

ヴィクトリア中期の経済的繁栄のただなかで、ラスキンが自らに寄せられた猛烈な非難をものともせず、強い確信をもって剔抉したのは、「経済」の名のもとで進行する「生（命）life」の徹底した衰弱という事態である。それゆえに彼のポリティカル・エコノミーは一貫して「生」の問題を軸に構築される。『この最後の者にも』や『ムネラ・プルヴェリス』の中心をなすラスキンの課題は、「ポリティカル・エコノミー」を「健康にして、幸福なる生の持続」を目的とする真の科学として立てなおすことにあった。[★16] そのさい、彼は彼の時代に支配的であった労働価値説にも、あるいは後にこれにとって代わった効用価値説にも与せず、あくまで「生の増進」を基底に据えて、富、価値、所有、労働、資本、消費といった相互に連関する経済学のカテゴリーを徹底的に吟味しなおしていくのである。

ラスキンのポリティカル・エコノミーは、「生命に導くようなものを望み、かつそのためにはたらくこと、また生命の破壊に導くようなものを軽蔑し、破棄すること」、そして「なにが虚栄であって、なにが実質であるかを国民に教える」科学と定義される。[★17]「生命に導くようなもの」は「富 wealth」を、「生命の破壊に導くようなもの」は「害物 illth」を指す。したがってこの科学の根本問題は、「富の正確にしてゆるぎない定義を示すこと」[★18] に置かれる。なおラスキンのいう「生」とはたんに生物学的生存の意味には尽くされない。そこには「身体と魂からなる全人間本性の幸福と力」の意味が込められている。[★19]

★14 「ソクラテス派、ペリパトス派、ストア派のあらゆる論者が、理論知と実践知の双方としてエコノミーを分類し、それが思慮の性格を含むものと理解していた」(Leshem 2013, p.57)。

★15 Ruskin vol.17, p.147.

★16 ibid., p.149.

★17 ibid., p. 85.

★18 ibid., p.19.

★19 ibid., p.149.

ラスキンの富の定義をもっとも端的に示していると思われるのは次の言明である——富とは「われわれが使用することのできる有用なものの所有」である。[★20]ここにはそれぞれの言葉に独自な意味が賦与されており、一瞥して考えられる以上に複雑である。

まず注目すべきは「有用な useful」という形容詞の意味である。ラスキンは富の性質を、交換価値と混同あるいはそれに還元する見解をしりぞけ、[★21]価値 value の語源をラテン語の「ヴァレーレ valere」にたどらせて「生に対して役に立つ avail towards life」、「その全効力をもって生につうじる leads to life with its whole strength」ものという観点から規定する。すなわち、「ものが生につうじない程度に比例して、あるいはその力が損なわれる程度に比例して、そのものは貴重でなくなり、またそれが生から遠ざかるにつれて無価値に、あるいは有害になる」。[★22]そのうえで生に対する有用性、すなわち「価値」は二つの観点から考察される。

一つは、ある対象物にそなわる生に寄与する絶対的な力、「生命賦与力 life-giving power」である。たとえばそれは「一定の質と重量を有する小麦」に内在する計量可能な「身体の物質を維持する」力であり、「一立方フィートの清浄な空気」がもつ「身体の温度を保つ一定の力」であり、「美しい一群の花」が有する「人の感覚と心とを引き立たせ、あるいは活気づける一定の力」であり、そして「書物」や「芸術作品」がもつ知を保存し伝え、また情緒を刺激する力、等々である。[★23]「空想の力では石を栄養ある食物とすることも、毒を無毒なものにすることもできない」ように、これは人の判断や思惑、あるいは量からは独立した、対象物の「内在的価値 intrinsic value」だといわれる。[★24]

内在的価値とは生命を維持するためのモノの絶対的な力である。〔…〕人がそれらを拒絶しようが、軽蔑しようが、小麦や空気や花の内在的価値には少しも影響することはない。使用しようが、されまいが、それ自身の力はそれらのもののうちにあって、その特異な力は他のなにもののなかにも存在しない。[★25]

しかしながら、内在的価値をもつだけでは、それはまだなお富とはいえない。この対象物の有する力が有効 effectual となるかどうかは、その有用性を正しく用いることのできる使用者の能力や知識、志向や願望――すなわち受容能力 acceptant capacity の有無――に依存するからである。富は「もつ」と同時に「できる」にも依存し、「所有は使用のなかだけにある」[★26]。先の富の定義において「物の有用性」や「所有」とともに、「使用する能力」が含まれるのはこのためである。

有効価値の生産はつねに二つのものを必要とする。第一に、本質的に有用なものの生産であり、

★20 ibid., p.87. 強調原文。
★21 ラスキンは「人びとにとって欲望の対象であり、かつ量が限られ、そのため交換に値すると見なされるものはなんでも富と呼ばれ、あるいは事実上、富となるという観念」を明確に否認する（ibid., p.164）。
★22 ibid., p.84.
★23 ibid., pp.153-154.
★24 ibid., p.164.
★25 ibid., p.153.
★26 ibid., p.168.

ついで、それを使用するための能力の生産である。内在的価値と受容能力が一体となるところに、有効価値あるいは富が存在するのである。内在的価値、あるいは受容能力がないところには、有効価値はなく、すなわち富も存在しない。[★27]

この富の定義に「使用する能力」を含める見方はクセノフォンからの影響が端的に現れている点といえる。クセノフォンは富の定義において、馬にせよ土地にせよ、また貨幣でさえ、これらを所有していても、それらをどう扱い使用すればよいかわからない者にとって、これらは富ではありえないことをソクラテスに語らせている。[★28]クセノフォンにとって、富が真に富でありうるのは、その富を使用する者においてふさわしい気質や能力が成熟する場合のみであったように、ラスキンにとってもそれが「有用に用いうる人の手中になければ」富は富たりえない。「あるものに生じる質が有用性となるか、あるいは悪用性 ab-usefulness となるかは、そのものによるというよりはむしろ人による」。[★29]

富はこれを正しく使用し消費することのできる者の手に分配され使用されてはじめて完成するものである以上、富の科学たるポリティカル・エコノミーは、「人間の能力と志向に関する科学」としての性格を本質的にそなえている、ということになる。[★30]それは、「蓄積の科学」として見れば、物質とともにこれに相応しい能力の蓄積にかかわり、[★31]「分配の科学」として見れば、「適切なものを適切な人に分配する」ことにかかわる。「国民の富に関するあらゆる研究の第一のものは、国民がいかに多くの富をもっているかではなく、その富が使用できる形態にあるかどうか、また使用できる人びとによって所有されているかどうかである」。[★32]それは算術を越えた科学である。富の獲得はつまるところ、ある道徳的諸条件のもとにおいてのみ可能なのであって、富をその科学の主題であることを自称しながら、この点を理解せず、道徳的考察を排除する通俗的な経済学は総じて批判されることになる。「富の道徳的起源の考察とは無関係に、その獲得を指導できるとか、あるいは購買や利得の一般的および技術的法則が、国民的実践に対して定められるとかいう観念は、人間の悪徳に乗じて人びとを欺いてきたあらゆるもののなかで、おそらくもっとも不遜で無益なものである」[★33]。

このような生命を基底とした富の定義から、経済学のさまざまなカテゴリーが論じなおされていく。たとえば労働である。富の価値が、それが人間の生に対して有用であるか否かによって決まるのと同様に、「労働には生の要素を多く含むか少なく含むかにおうじて高低の順」があり、創造的で享楽的でさえある「プラスの労働」(opera)はそれ自体が、感覚を鍛え思考の自由を高め、生を増進させるが、「破壊的」な「マイナスの労働」(labour)はひたすらに生を消耗させ、「死を生ずる」という[★34]。

★27 ibid., p.154. 強調原文。
★28 Xenophon 1994, p.106.
★29 Ruskin vol.17, pp.87-88.
★30 ibid., p.81.
★31 ibid., p.88.
★32 ibid., p.161.
★33 ibid., p.53. ラスキンの富と価値の分析(とくに「価値に従って」と題された第四論文)は主にJ・S・ミルへの批判とともに展開されている。ラスキンはミルが『経済学原理』において「経済学の主題は富である」とし、さらに富を「交換価値を有するすべての有用にして快適なものからなる」と定義しながら、生との関係においてしか意味をもちえない「有用」と「快適」の意味について十分な考察を欠いている点をさまざまな例を挙げながら繰り返し批判している。

ラスキンの建築批評を代表する著作『ヴェネツィアの石』に収められた「ゴシックの本質」においてラスキンはすでに、スミスの分業論を人間の分割・断片化として批判し、ゴシック建築の装飾に現れる職人の「荒々しい思考法と粗削りな仕事ぶり」や「生命力に満ち」た労働と、「数多の人びとの活力が工場の煙を養うための燃料として送られ、体力が織物の精巧さに浪費されるべく日ごと使われ、一本の線の正確さのために搾り取られている現在の英国」の奴隷的労働とを対比させている。そのうえで、富裕層や貴族層に対する労働者の抗議の叫びが、貧しさよりもむしろ「パンを得るための仕事に喜びがまったくない」こと、「自分自身を侮辱することに耐えられない」ことから生じているのだと観察している。★35

加えてラスキンは、マイナスの労働の象徴が戦争や殺人であるのに対し、「直接にもっともプラスの労働」として「子どもを産み、かつ育てること」を挙げ、にもかかわらずそれが「非常に控え目に」しか評価されていないことを批判する。★36 ラスキンがこれを当然に女性の役割と見なしている点は批判されるべきとしても、人の生を育むこと rearing こそもっとも意義ある労働と捉えていたことは重要であろう。ラスキンにとって、「生」がエコノミーの中心にある以上、直接に生命を身体および精神の両面で育てあげること（経済学においていわゆる「再生産」に属すると見なされる活動）こそ、もっとも生産的な営みであるといわれなければならない。★37

また、労働とならんで検討の対象となるのが資本である。資本は「なんらかの派生的ないし二次的財が生産されるところの材料」、「富の水源 well-head」と定義されるが、資本が意味をもつのはそれが（食べものの種が育つ）「地のための生産」、そして究極的には「口のための生産」あるいは「口の利得」（生の持続と増進）に資するかぎりにおいてである。★38 ラスキンは蓄積を自己目的化した資本の運動について、「球根と花」になぞらえて次のようにいう。「資本は根であるが、根とはちがうもの、すなわち実を生ずるまでは、生きた機能を発揮しない。その実はやがてふたたび根を生じ、そうしてすべての生きた資本は、資本を再生産する。しかし、資本以外になにものも生産しないような資本は、ただ根が根を生ずるだけである。球根が球根を生んでも、けっしてチューリップの花は咲かず、種が種を生んでも、けっしてパンにはならない。ヨーロッパの経済学はこれまで、すっかり球根の増殖に、あるいは(さらにつまらない)集積に没頭してきた。それはチューリップの花のようなものを見たことも、また考えたこともなかったのである」と。[39] ラスキンの焦点はあくまで結果の質――どのような生を可能にするのか――にある。資本家に対しては、その「資本は生の役に立つどんな実質をもたらすのか」、「生を保護するためにどのようなはたらきをするのか」こそが問われなければならない。[40]

★34 ibid., pp.95-97. また別の箇所でラスキンはミルの『経済学原理』から労働の定義――「ある特定の職業に自分の思考を用いることに伴うあらゆる不愉快な感じ」――を引用し、「なぜ「快楽の感覚」をもそのなかに含めないのだろうか。労働を阻害する感情が、労働を促進する感情よりいっそう本質的な要素であるとはほとんど考えられない」とこれに批判を加えている(ibid., p.67)。

★35 Ruskin vol.10, pp.189-194. 川端訳二一六―二三七頁。

★36 Ruskin vol.17, p.97.

★37 ヘンダーソンは「ラスキンは性別役割分業を想定しているが、彼のパートナーシップとバランスの概念ゆえに、女性の役割に対するいかなる経済的な過小評価をも回避している」と指摘している(Henderson 2000, p.78)。夫婦間の役割の対等性の強調もまた一部にはクセノフォンに由来するように思われる。

★38 Ruskin vol.17, pp.98-101.

★39 ibid., p. 98.

3　賢明な消費のわざ

これまで確認したように、ラスキンのポリティカル・エコノミーにおいて、富やこれを生みだす資本や労働が有意味でありうるのは、それらがおのおの「生につうじている」限りにおいてである。したがって事の本質からして、ラスキンの体系においては、「生産」ではなく、むしろ「消費」――しかも資本や物的富の増大につながるような生産的消費ではなく、生そのものに直結した「絶対的消費consumption absolute」――が決定的な重要性をもつことになる。ジェームズ・クラーク・シャーバーンが『ジョン・ラスキン、豊饒さの両義性』（一九七二年）においていちはやく強調したように、ラスキンのポリティカル・エコノミーは「稀少性 scarcity」とそこから必然的に生じる「競争・闘争」の経済学ではない。賢明なる富の生産と分配が実現されるなら、世界は自然的な富――清浄な大気、水、大地――の面でも、芸術的富 art-wealth という面でも、本来「豊饒さ abundance」に満ちているのであって、そのような条件において必要とされるのは、より多くを生産・蓄積する術ではなく、もっと賢く消費し、使用し、ときに修復したり保存したりしながら、いわば世界を味わいつくす術なのである。「ポリティカル・エコノミーの究極の目的は、良い消費の方法と多量の消費を学びとることである。いいかえれば、あらゆるものを用い、しかもそれをりっぱに用いることである。その用いるものが、物質であろうと労役であろうと、あらゆる物質を完全にするような労役であろうとさしつかえない」。★41

ここで消費は二重の意味で重要である。ひとつには、「絶対的消費こそ生産の目的であり、極致であり、完成である」といわれるように、いかにして消費するか（あるいは、いかにして貨幣を支出するか）こそが、なにが生産され供給されるべきかを左右し、したがってまたそこにおいて支出される労働の質を左右するからである。貨幣の支出はつねに他人になんらかの労働を強要する。「われわれはその一ギニーを使うことで、ある一定の期間、他の人びとの労働を完全に左右することができ」、また「彼ら〔労働者〕の主人または女主人となり、ある一定期間内に、一定の品物を生産することを強要する」[42]。ラスキンは、財の供給がそれ自身に対する需要をつくりだすという古典派経済学の「セイの法則」を事実上しりぞけ、逆に「需要」こそが供給を駆動するエンジンであることを強調する。すなわち、生産のありようは消費の慣習と文化に依存し、したがって労働とその生産物もまた、消費者の側でのこれを求める志向（需要）の強さと使用する能力とによって規定される[43]。こうした見方からすれば、生を衰弱させるマイナスの労働の蔓延に抗して、創造的で享楽的なオペラを拡げるには、消

★40 ibid., p.99.

★41 ibid., p.102.

★42 Ruskin vol.16, p.49.

★43 セイの法則への批判はマルクスやケインズによるそれが有名であるが、ラスキンは直接にセイの法則に言及してはいないものの、彼の経済論は全面的にその否認として読むことができる。この点については、Ruskin vol.17, pp.166-167; Sherburne 1972, p.151 を参照。またラスキンは「需要」という語を、「経済学者が使うのとはやや異なった意味で使用している」点に注意を向けている。すなわち、彼において需要は価格によって事後的に固定される「売られたものの数量」ではなく、むしろ価格それ自体を左右する「買い手の買おうとする有効な志向の強さ」を指している（Ruskin vol.17, p.84）。

費者が賢明な消費のわざ、賢明な支出のわざが学ばれ実践されなければならない。ふたたび「ゴシック の本質」から肝となる文章を引いておこう。

さて、ここで読者には、自分のいるこの英国式の部屋を見回していただきたい。その部屋のつくりがよく堅牢だというので、また装飾の仕上がりがよいというので、たびたびあなたが自慢してこられた部屋である。あの正確なモールディングを、完璧な艶出しを、また十分に乾燥させた木材と鍛えられた鋼鉄の狂いのない納まり具合のすべてを精査していただきたい。何度となくあなたはそれらに大喜びし、些細な仕事においてもかくも徹底してできているというので、なんと英国は偉大であることかと思ってこられた。悲しいかな。正しく読むならば、こうした完璧さはわが英国における奴隷制の兆候なのであり、鞭打たれるアフリカ奴隷やギリシャの奴隷よりも一〇〇〇倍もひどく下劣なものなのだ。人はたとえ打たれ、鎖につながれ、責苦にあい、家畜のようにくびきにかけられ、夏の蠅のように殺されることはあっても、ある意味で、しかも最上の意味で自由を保つことができる。しかし、彼らの魂をそうした仕事でもって窒息させること、人間の知性という若枝を枯らし、切り取って腐った刈り込み木にしてしまうこと、虫に食われ朽ち果てたあとで神を見ることになる身と皮を機械につなげる革ベルトにしてしまうこと――これは、まさに奴隷の主人となることなのである。そしてむかしの英国は、封建領主が何気なく口にした言葉で人びとの命が左右され、苦しめられた農夫の血が畑の畔道に流れたのではあっても、現在の英国――数多くの人びとの活力が工場の煙を養うための燃料として送られ、体力が織物の精巧さに浪費されるべく日ごと使われ、一本の線の正確さのために搾り取られている現在の英国――に比べてもっと自由があったのではないか★44。

ここでは商品の華やかさ——正確なモールディング、完璧な艶出し、木材と鉄鋼の狂いのない納まり具合、織物の精巧さ、一本の線の正確さ等々——が、すべて「英国における奴隷制の徴候」として、また数多くの人びとの活力energyを搾り取った「工場の煙」、すなわち生産の副産物として読むように読者を誘っている。エントロピー増大則が「秩序」と表裏一体となった「無秩序」を暴露したように、ここでは実現された商品世界の秩序は、環境の劣化と労働者の活力の消耗というカオスと相即不離のものとして表象される。いわばイギリスの文化全体が、表向きの繁栄の裏でそうした浪費＝廃物を絶えずつくりだしながら駆動する「巨大なエンジン」として表象されるのである。

したがってラスキンが求めるのは、賢明な消費のモラルの涵養である——「それに対処する方途はただひとつ、どのようなたぐいの労働が人間にとって好ましく、人間を高め、幸福にするものであるかということをあらゆる階級の者が正しく理解することによってしかない。労働者の堕落によってしか得られぬような便利さとか美しさとか安価さとかを断固として放棄すること、そして健全で人を高める労働の産物と成果とをおなじく断固たる態度で要求すること」★45。こうした生産から消費（需要）

★44 Ruskin vol.10, p.193. 川端訳三四—三五頁。
★45 Ruskin vol.10, p.196. 川端訳四〇—四一頁。併せてvol.17, pp.113-114も参照。デヴィッド・クレイグが述べるように「ラスキンにとって、消費は「目的」、つまり経済生活の主要な倫理的決定因としてあらわれ、個々の消費者が購入する生産物が人びとの労働を方向づける最終的な権威となるのである」（Craig 2006, p.249）。この点でラスキンは消費者倫理の先駆と評される。

への重点のシフトはケインズの有効需要論の先駆ともいわれるが[★46]、ラスキンの場合、消費を「量」の問題ではなく、一貫して「質」――いかにしてゆたかな生に寄与するか――の次元で考えている点に決定的な違いがある。

消費が重視されるいま一つの理由は、「消費が生産の目的であり標的である」のと同様に、「生」こそが「消費の目的であり標的」であって、なにをいかにして食べ、飲み、着て、味わうかが人間の生のありようを直接に規定するという点にある。ラスキンは次のように強調する。「経済はたんに需要供給の原理に依存するだけでなく、より重要なことに、なにが需要され、なにが供給されるかに依存するものだ」と[★47]。ここで「経済」という営みに賭けられているのは、生産され消費されるモノの現実的な有用性であり、つまるところ、その生産と消費によって発展させるべき現在および将来の人びとの身体とモラルなのである。ラスキンにとって、「真の富の鉱脈」とは「人間自身」のなかにあり、したがってまた「富の究極の結果と完成」とは、「できるだけ多くの元気のいい、眼の輝いた、心の楽しい人間をつくりだすこと」にある[★48]。「生なくして富はない THERE IS NO WEALTH BUT LIFE」という有名なアフォリズムが意味するのはこのことであり、「生」を頂点とした意味の体系を含意している――すなわち、真の富も、真の生産も、また真の消費も、すべては「生」につうじてこそ完成にいたる。この体系にあって消費は、労働のみならず、人間の生を含む社会のあらゆる次元を変革する梃として現れる。人間の生を中心とした労働・生産物・消費のこの三位一体的把握[★49]は、後にウィリアム・モリスやパトリック・ゲデスなどの経済論に引き継がれるものであった。

4　統治としてのエコノミー

豊饒なる世界

すでに確認したように、ラスキンにあってポリティカル・エコノミーは、富にかかわる科学／知であると同時に、これによって導かれる統治の技術・技法でもある。消費のモラルから後者の側面に焦点を移そう。これを考えるうえであらためて手がかりとなるのがシャーバーンの議論である。すでに言及したように、シャーバーンはラスキンの経済思想のもっともオリジナルな特徴が、思考と認識における「参照の枠組み・準拠枠 frame of reference」としての、世界の「豊饒さ abundance」にあるのだと指摘している。そしてラスキンの苛烈な古典派への批判は、なによりこの枠組みの根本的な差異に由来するのだという。

リカードウやマルサスに典型的なように、古典派にとってあらゆる社会が必然的につきあたる普遍的問題は自然（土地、資源）の稀少性であった。そうした稀少で「物惜しみする」環境においては、そこから富を最大限獲得するという差し迫った必要が、経済主体の合理的な行為の原則となる。別の

★46　笹原 1997、一一一頁。
★47　Ruskin vol.17, p.178. 強調原文。
★48　ibid., p.56.
★49　これはシャーバーンの次の議論に依拠している。「生産と生産物と消費は、ラスキンの生命の経済学 vital economics において、相互に依存する要素の三角形を形成する。三角形の中心には人間がおり、構造全体が有用性ないし価値、つまり生命賦与力に潜在的に満たされている」（Sherburne 1972, p.129）。

いい方をすれば、稀少性という枠組みそのものが、生産物の量的な最大化を理論的にも実践的にももっとも理に適った目標へと仕立てる。他面でそれは消費（需要）の軽視を伴った。なぜなら稀少性の条件においては、セイの法則が示すように、商品の供給がただちに自らへの需要をつくりだす（生産されたものはかならず売れる）と考えるのがまったく合理的であるからである。だからこそ古典派は、「需要と供給の注意深い調整なしに、生産の増加が消費者の利益に跳ね返ると想定する」ことができたのである。★50

これに対してラスキンは、「世界はそのなかで人びとが不適者の層に落ち込まないように完璧に競争し、きびしい労働に耐え忍ばねばならない物的な稀少性の場であるというヴィクトリア時代の共通の前提をしりぞける」★51。ラスキンの豊饒さのヴィジョンが明確に示されているのは、『芸術経済論』の冒頭部分にある次のような言明であろう。

この世界は、神の摂理 the laws of Providence によって統御されているので、一個人の労働が正しく適用されるのであれば、その人は生涯のうちつねにすべての必需品だけでなく、多くの心地よい贅沢品が十分に提供されるだけでなく、なおまたそのうえに、長時間の健康的な休息と有益な閑暇とがゆたかに与えられるのである。そして、国民の労働も同様で、正しく適用されるならば、その全人口に対してよい食べものと住み心地のよい住まいが与えられるばかりでなく、さらによい教育や贅沢品や現にあなた方の身辺にあるような美術品をも供給して余りあるものがある。〔…〕この世の中において、欠乏、悲惨あるいは堕落のあるところにはかならずといってよいくらいに勤勉が不足しているか、勤勉が誤って用いられているかのいずれかである。街頭に悲嘆、墓場に犠牲が満ちるというのは、けっして偶然の出来事でもなく、天命の惨事でもない。それは人間本性の生来の避けがたい悪でもない。それは摂理 providence のあるべきときに浪費に流れ、労働のあるべきときに淫蕩に耽り、服従のあるべきときに我儘をはたらいたからにすぎない。★52

この豊饒さのヴィジョンはラスキンのオリジナルというより、彼が古代のオイコノミアから引き継いだものといった方が正確であろう。レシェムがポランニーに依拠して論じるように、「豊饒さの存在論」は古代ギリシャの哲学者たちによっても共有されていたものであった。彼らが共通に説くのは、自然はひとが賢明にこれを使用する場合、その欲求を満たすのに十分な生活物資（富）を惜しみなく差し出してくれるのであって、むしろ人間の側で富の生産や消費になんらかの抑制がかけられなければ、ひとは贅沢な生に溺れ、かえって善き生活への見通しを失ってしまうということであった。★53 同様に、ラスキンにとって、自然と人間のエコノミーの本質的な構成要素である「清浄な大気、水、大地」も、あるいは芸術的富 art-wealth も、可能性としては、万人に十分ゆたかに供給されうる。彼の見方ではむしろ「稀少性は神がもたらした豊饒さを異様なしかたで浪費することのあらわれ」なのである。★54 前章の議論に引きつけていえば、自然のエコノミーの劣化も人間の生の衰弱や欠乏も、有限

★50 ibid., p.125.
★51 ibid., p.73.
★52 Ruskin vol.16, pp.18-19.
★53 Leshem 2013, p.49; Polanyi 1957.
★54 MacDaffie 2014, p.149.

な石炭埋蔵量、あるいはエントロピー増大則といった自然の不変の条件そのものにあるわけではない。そうではなく、ポテンシャルとしての豊饒さを実現できずに、かえって浪費し劣化させ、稀少性に満ちた世界へと変えている責任は、レッセ・フェール（なすがままにさせよ）の名のもとで「蓄積のための蓄積」、「労働のための労働」[★55]を奨励し、労働を適切に配置・適用することを怠り、むしろ不必要な贅沢品や軍需の生産[★56]のために労働力と資源をひたすらに消耗する誤った経済の管理と統治の方にある。したがって真のポリティカル・エコノミーが既存の「商業のエコノミー mercantile economy」に取って代わるべきであるように、正しいタイプの経済統治が一九世紀型のレッセ・フェールに取って代わらねばならない。

ラスキンは、完全競争下での需給法則がア・プリオリな科学としての経済学の抽象的な理論モデルであるのか、あるいはこの法則をゆがめる人為的介入への批判を企図した実践的な要求であるのか、経済学者たちのあいだにすら意見の一致がないことを指摘しつつ、自らは「政治的あるいは家政的のいずれかを問わず、すべての賢明なる経済 wise economy は、需要と供給とのあいだに、本能的ないし（直接に）自然的な関係とは異なるある一定の関係を、断固として維持することにある」と力説する。[★57]ラスキンは、競争と他者への無関心にもとづいた「なすがままにさせよ Let-alone」の原理を「死の原理 the principle of death」とし、これにあらゆる人間の力の根源たる「規律と干渉 discipline and interference」を、あるいは「統御と協同 government and co-operation」を対置する。[★58]ラスキンは『この最後の者にも』のなかで、自らのポリティカル・エコノミーの原理がすべてそこに要約されているとして『近代画家論』（第五巻）の以下の文章を参照するよう求める。

どのようなものであれ、純粋で神聖な状態は、そのすべての各部分が互いに助け合い、あるいは調和している場合である。各部分は同質的な場合もあれば、そうでない場合もあろう。最高度の有機的純粋さは、すべての要素が完全に助け合っている状態である。したがって、万物（ユニヴァース）の最高の第一法則は、「助け合い・互助 help」である——これは生の別名に他ならない。死の別名は「ばらばら・分離 separation」である。あらゆることがらには統御と協同があり、それらは永遠に生命の法である。無秩序と競争 anarchy and competition は、つねにあらゆることがらにおいて、死の法である。★59

ラスキンによれば、絵画における「構成 composition」とは、「絵画のなかの要素の一つひとつが、他のすべての要素によって支えられている」状態に他ならない。まったく同様に、生あるものにとっても、各々の異質な要素が他を助けつつ、自らも助けられている、こうした互助、相互依存の状態こ

★55 Ruskin vol.16, p.21.

★56 「世界のもっとも熱心にして発明の才に富んだ産業の大部分（読者はその統計の詳細を見るまでいかにそれが大きなものかを信じないであろう）は、軍需品の生産に、すなわち祝祭的な材料ではなく、焼き尽くす火の材料をかき集め、その倉庫をあらゆる苦痛を与える手段の力と、あらゆる死を与える豊富な手段でもって満たすことに費やされている」（Ruskin vol.17, p.175）。

★57 ibid., p.137.

★58 Ruskin vol.16, p.26; vol.17, p.75.

★59 Ruskin vol.7, p.207.

そが生の証であり、生の力強さはこの互助や協同の強さによって決まる。互助にもとづく生の法則はラスキンの芸術論と経済論を貫く中核的な観念であるといってよい。

ラスキンの統治としてのエコノミーは、かくして、規律、干渉あるいは協同や互助といった原理によって特徴づけられる。しかし、ここにラスキンの政治思想上の位置づけの難しさがあらわれているともいえる。ラスキンは『フォルス・クラヴィゲラ』において一方で自らを「旧派の激烈なトーリーa violet Tory of the old school」(第一〇書簡)と称し、また別のところでは「赤のなかでももっとも赤い、旧派のコミュニスト a Communist of the old school」(第七書簡)を自称した。[★60] 規律や干渉に重心を置いて解釈するなら、ラスキンの統治はカーライルにもつうじる国家の父権的パターナリズムや権威主義にかぎりなく接近していくことになる。すぐ後で見るように、たしかに人びとは教育や訓練、意味と喜びのある仕事、ギルド組織において生産された良質で公正な価格で販売される必需品、高齢や病気の際には救済などに対する権利をもつが、しかしそのような諸権利は、正統な権威に対する「服従」と引き換えにのみ与えられることを、[★61] ラスキンはあくまでも強調した。これらはたしかに後の福祉国家形成につながる主題であるものの、なにより受け入れがたいのは、ラスキンがしばしば、危険で苦痛な「汚い」「機械的」労働——たとえば鉱山労働——を、道徳的な逸脱者(すなわち正統な国家やギルド組織によって与えられた労働を忌避する者)や罪人に懲罰的に強制することを求めた点である。ここにラスキンの理想とした、あまりに道徳主義的な「穏やかな経済 calm economy」と表裏一体となった(ほとんどディストピアといってもよい)陰鬱な暗部がある。[★62]

しかしながら他方で、もっと自発的な互助や協同に重心を置くなら、ラスキンの思想は、後のモリスやゲデス、あるいは労働党やフェビアン協会と対立した二〇世紀初頭のギルド社会主義者に見られるように、分権的な社会主義や協同組合主義、さらにはアナキズムに近い立場にさえ接近することができた。もっともウィンチが指摘するように、「多様なヴィクトリア末期やエドワード時代の知的・政治的趨勢の預言者としてラスキンの死後のキャリアを引き受けるこのプロセスにおいて、当初のラスキンのメッセージは、主人〔ラスキン〕自身にとっては認められない、受け入れがたいであろう質や色彩を帯びていた」ことは否めない。[★63] ラスキンの経済や社会改革にかかわるテクストは、同時代の経済学とは異なる視点から人間のエコノミーを原理的に思考する重要な手がかりを与えたが、なにがいかにしてなされるべきかについて、わかりやすいプログラムを与えたわけではない。江本はラスキンの建築論の受容史に関して、「「ラスキン」は無定形であり、掴んだと思っては逃げ続ける、煙のような存在」[★64] であったと述べるが、ことは社会思想や経済思想の文脈においてもそう変わるものではない。

★60　Ruskin vol.27, p.167; p.116.

★61　Winch 2009a, p.104. 二〇世紀前半のイギリスにおける公衆衛生、社会改良、社会政策へのラスキンの思想的影響については Harris 1999; Cockram 2007 を参照。

★62　Ruskin vol.17, p.22; p.234. またこのことは、ラスキンがいわゆる「四元素」のうちの三つ「大気、水、大地（土）」の重要性を語りながら、残る「火」については完全に沈黙していることとも深くかかわっているように思われる。「火」は石炭で駆動する産業とこれに関連する工場労働のメタファーともいえるが、その存在はラスキンの理想社会ではたんに禁じられるか、あるいは逸脱者や犯罪者の背後に隠されてしまっているように見える。なお、この点についてはピンクニー 2009 から示唆をえた。

★63　Winch 2009a, p.115.

★64　江本 2019、二頁。

視点を戻して、ラスキン自身のいう賢明なる統治の内実についてもう少し踏み込んで考察を加えておこう。ここではラスキンのマルサスの人口原理への批判——マルサスの名に直接に言及しているわけではないが——が手がかりとなる。ラスキンは、世界（地球全体）という視点で見た場合、「実際上の過剰人口はなく、なおこれからも久しくないであろう」としつつも、「地域的な過剰人口」「地域的に手には負えない程度の人口」の存在を認め、それが「現存の諸事情のもと」で競争という圧力として表れていること、さらにまた「買手がこの競争に乗じて、貧民の労働を不当に安く獲得しよう」としていることを認めている。★65 けれどもラスキンは人口問題をけっして「量」（食糧と人口の差分）の問題としては論じない。ここでも問題は量ではなく質の観点から捉えなおされる。

> 根本的な問題は、居住できる土地が世界じゅうにどれだけあるかではなくて、居住できる土地の一定空間に、どれだけの人間が扶養されるべきかということである。
> どれだけが扶養されうるかといわずに、扶養されるべきかといったことに注意せよ。★66

ラスキンはここでリカードウの「賃金の自然率 natural rate of wages」、すなわち「労働者を扶養するであろう率」の問題を取り上げる。★67「労働者を扶養する！　そうだ、しかしどんなふうにか。〔…〕まず第一に、その寿命の長さはどうであろうか。一定数の扶養される人のなかで、何人が老人で——何人が若者であるべきか。すなわち、彼らの扶養をとりきめるのに、彼らを若くして——病身の子どもや栄養不良の子どもをも含めて、平均三〇歳ないし三五歳で死なせるようにすべきだろうか――、あるいは彼らを天寿をまっとうするようにすべきか」★68。「賃金の自然率」は本来、「どんなふうに扶養されるべきか」（生物学的生存の水準なのか、もっと人間らしい暮らしであるのか）に答えることなく導きだすことはできないはずである。

ここでのラスキンの批判は、人口問題をある環境のなかで「どれだけの人間が扶養されうるか」という、食物の量と人口数との相対的関係の量的問題に切り詰める見方に向けられており、とりわけリカードウの「賃金の自然率」に見いだしたものこそ、事実上「人間を動物として考える」ような観点であった。すなわち「蚊の増殖」が「燕の空腹によって制限され」、また「燕の増殖が蚊の不足によって制限される」ように、「動物の増殖は、ただ食物の欠乏と種族間の敵対によってのみ妨げられる」。人口の増大についてもまた同様に考えて、「飢餓、疫病、戦争」によって制限を課すことも可能であるし、じっさいある意味ではそのように処置すべきとされてきた。しかし、それは一つの選択であって必然ではない。貧困と窮乏は自然の稀少性からただちに導かれる帰結ではない。なぜなら「人

★65 Ruskin vol.17, p.73.

★66 ibid., p.108. 強調原文。

★67 なおリカードウの「自然な賃金」の定義はこうである。「労働は、売買され、また分量が増減されうる他のすべての物と同様に、その自然価格と市場価格とをもっている。労働の自然価格は、労働者たちが、平均的に見て、生存し、彼らの種族を増減なく永続することを可能にするのに必要な価格である」（Ricardo 1951［1817］, p.93. 邦訳一三五頁）。

★68 Ruskin vol.17, pp.108-109.

界の法則」は「動物界のそれはまったく異なる」ものとすることも可能だからである[★69]。「人間の思想のあらゆる範囲にわたるなかで、人口問題に関する経済論者たちの思索ほど憂鬱なものをわたくしはまだ知らない[★70]」という批判は、この経済学による、いわば「ヒトという種」への生物学的還元に向けられている。

それゆえラスキンは、労働者に公正な賃金の保障を擁護し、逆に彼らを救済することに対する経済学者や富者からの批判を徹底してしりぞける。たとえば富者はこのようにいう。「いやいや、あなた方がもし労働者の賃金を引き上げれば、彼は〔いたずらに子どもを増やし〕以前とおなじ悲惨な境遇に落ちるか、あるいはあなた方の与えた賃金を飲みほすであろう」と。しかし、かりに彼らがいうように労働者が怠惰で道徳的に堕落していたとしても、それは「遺伝による」ものというより、「教育」の欠如や否認に由来するとラスキンは切り返す[★71]。なにより「富者の最悪の欠点」は「人びとに食べものを与えない」だけでなく、さらに彼らが貧者に「知恵を拒み、徳を拒み、救済を拒む」ことにある[★72]。

「長い法衣も着ず、浄めの油もぬらず、粗末な着物をまとい、荒々しいことばを使い、名もない卑しい職についている人びとに、なにが高徳だ！　おぼつかない目をし、手のしびれた、心のはたらきの鈍い人びとに――なにが完全だ！　あさましい欲望と卑屈な思想をもち、不潔な肉体、下劣な心の彼らに――なにが純粋だ！」。それはそうかもしれない。しかしそれにもかかわらず、彼らはそのままで、こんにち地上にあるもっとも高徳で、もっとも完全で、もっとも純粋な人びとなのである。彼らはあなた方のいまいったとおりの人間であるかもしれない。しかしそうであるとしても、彼らをこのまま置き去りにしているわれわれよりは、まだ高徳である[★73]。

ラスキンの経済統治の目標は、富者であるか貧者であるかにかかわらず、「最大多数の崇高にして幸福な人間 The greatest number of human beings noble and happy」[★74]をつくりだすことである。繰り返すよ

★69　ibid., p.105.

★70　ibid., p.106. なおポランニーは『大転換』において、この人間的なものを動物性へと還元する見方を「自然主義」と呼び、その誕生をマルサス『人口の原理』（第一版）に先立つジョセフ・タウンゼントの『救貧法論』（一七八六年）に見いだしている。いわく「本質的に、経済社会は本質的に「自然」の冷酷なリアリティにもとづいている」と（Polanyi 2001［1944］, p.131）。また、重田が指摘するように、ポランニーとともに、「ヒトという種」すなわち人口という対象の出現を、自由主義的統治（政治経済学）の出現と結びつけて理解したのはミシェル・フーコーである。重田によれば、「人口の発見は、人間を生殖し繁殖する生き物として、生まれ、子どもを産み、やがて死んでいく集合体として捉えることを意味した。数量化・統計化を通じて、表へとまとめられ抽象的な数として表象されるようになった人間は、他の生物やあるいはあらゆる他のデータとなんの区別もなく数学的な計算と処理の対象となり、「科学的」「客観的」に分析されるようになる。これが人口という人間の捉え方が、統治に与えた衝撃であった」（重田 2018、二三四頁）。

★71　「彼［ラスキン］の見方は、きわめて環境論的なものであり、本来的に「退歩した」階級など存在せず、健全な社会政策が用いられるなら、数世代のうちに、受け継がれた心理的な衰弱のあらゆる痕跡は消えるだろう、というものであった」（Harris 1999, pp.13-14）。ただし他方でラスキンは、いかなる教育システムのもとでもなお残る人間の生来の性格や能力の不平等を認めてもいる（Ruskin vol.17, p.236）。

★72　ibid., p.107.

★73　ibid., pp.107-108. 飯塚＋木村訳一六二頁。

うに、問われるべきは、どのような生が実現されるべきかであり、ラスキンは貧者に向けてこう呼びかける。「テーブルから諸君のパンをとることを求め」「食わせてもらう諸君の権利」を「犬のよう」ではなく「子どものように」に求めよ、しかしそれ以上に「高徳で、完全で、純粋であるべき諸君の権利を、さらに声高らかに主張せよ」と。[★75] たんに生物学的生存の水準ではなく、もっと人間らしい生、「眼の輝いた、心の楽しい」生に対する権利。賢明なる統治が保障すべきはこのような権利である。

しかしながら、こうした「豊饒な世界」の到来を、「豊饒な生」の実現を、なにより地球の物質的限界（土地の生産性の限界）を理由にしりぞけたのが、社会制度の改革をつうじた人間の完成可能性を説くウィリアム・ゴドウィンやコンドルセに対するマルサスの批判の眼目であり、そのためにこそ『人口の原理』が書かれたのではなかったか。「必然、すなわちあの厳然とした、すべてを支配する自然の法則は、さだまった限界内にかれら〔生命の種〕を制限している。植物および動物は、この偉大な制限的法則のもとで、ちいさくなっている。そして人類は、理性のいかなる努力によっても、この法則から逃れることはできない」[★76]。いくら「人界の法則」は「動物界のそれはまったく異なる」ものとすることも可能とはいえ、マルサスが説くように、人間もまた不完全な生き物の一種にすぎないこともまた明らかである。

けれどもラスキンが人間身体の物質性や自然の有限性にかかわる問題を置き去りにしたり、自然の束縛からの解放を単純に讃美したりしているということはできない。というのも、すでに前章の最後で確認したように、彼にとって「ポリティカル・エコノミー」が「一つの科学」となりえた場合、それがまずもたらさねばならないのは、自然のエコノミーの回復、すなわち「清浄な大気、水、大地」

であることは自明であったからである。それゆえ、「どのような生が実現されるべきか」という問いには、人びとの生のもっとも基本的な物質的条件である、大気、水、大地の管理運営が、なによりもまず不可欠なパーツとして含意されている。別のいい方をすれば、「人間がどのように扶養されるべきか」という問いは、人間の生にとって「有用」であるだけでなく、「必須のもの」とされる生態環境の諸条件を問うことなしにはありえない。ただし彼にあって問題の焦点は、マルサスのように人口と食糧の量的差分ではなく、したがって生殖の抑制や植民その他の方法をつうじた人口の調整でもなく、人口とその環境的諸条件とのあいだの、もっと複雑で繊細な関係の意識的な管理・統御へと移行する。これがラスキンの経済統治にとって決定的なポイントであるように思われる。『この最後の者にも』において彼が富の統治について「海にそそぐ河流」のメタファーを用いて描きだしている箇所を取り上げよう。

わたくしは先に、富の作用の部分的なイメージとして海にそそぐ河流のことを述べた。ある点で、それは部分的なイメージではなく完全なイメージである。〔…〕雲の往来も河の流れも人間の意思ではとめることはできない。しかし水の配置や管理は人間の熟慮によって変えることができる。河流が災いとなるか祝福となるかは、人間の労働とその管理上の知恵にかかっている。何世紀にもわ

★74 ibid., p.105.
★75 ibid., p.107.
★76 Malthus 1986, p.9. 邦訳二六頁。

たって、土壌がゆたかで、気候温和な世界の大地域が、自らの河川の暴威のために不毛のままになっている。いや、不毛なばかりでなく、疫病に襲われている。正しくしむけてやれば、河流は畑から畑へ穏やかに灌漑しながら流れ――空気を清浄にし、人間と動物に食べ物を与え、人間や動物の負うべき重荷をかれらにかわってその胸で運搬する――その河流も、いまは平野を沈め、風をけがし、その息吹は疫病を、その作用は飢饉を起こしている。これとおなじようにして、この富も「その求められるところへいく」。人間のいかなる法則もその流れに逆らうことはできない。人間にできるのはただそれを導くことだけである。しかしこれは、水を導く溝と、これをしきる土手とできわめて徹底してなされうるのであるから、それは生命の水――知恵の手中にある富となるのである。あるいはその反対に、水をその無法な流れにまかせ、しばしばそうであったような、国家の災厄のなかで、最後の、しかも致命的なもの、すなわちメラの水――あらゆる害悪の根源をそそぐ水とすることもできるのである。[★77]

ここでは、ただ河流（富の流れ）を管理することなく、ただ「需要供給の道」にまかせ、結果としてこれを人間にとって「災い」とし、「メラの水――あらゆる害悪の根源をそそぐ水」としてしまうレッセ・フェールに対して、河流を巧みに導き、「畑から畑へ穏やかに灌漑しながら」「空気を清浄に」し、「生命の水」とする賢明なる統治の原則が対置されている。「いかなる国の王であっても、まずなすべき最初のことは、河川の流れを管理すること」でなければならない。[★78]もっともこれらは賢明なる統治についての一つの喩えであるが、ラスキンの意図からして、それは文字どおりの意味でも読まれなければならないはずである。

じっさいラスキンはこう強調していた。「ある一定の面積に、最大限の人口がある」ということは、これに相応しい「人間や畜牛のために最大限の食用に適する植物」や「最大限の新鮮な空気や清浄な水」が与えられ、また「空気を浄化すべき最大限の森林と緑草によって太陽の酷熱から保護し、流れに水を供給すべき傾斜地」が与えられなければならないと。というのも、「人間は蒸気を飲むこともできず、石を食べることもできない」からであり、また「世界じゅうが工場となることもできなければ、鉱山となることもできない」からであり、さらにまた「いくら器用であっても鉄によって万人を養うこともできず、水素でもってぶどう酒の代用をすることもできない」からである。[★79]

「清浄な空気、水、大地」は、いかなる人工物によっても代替不可能な人間のエコノミーの可能性の条件であり、したがってまたそれを絶対的に限界づけるものである。ミルが『経済学原理』[★80]のなかで示した将来の懸念――ひたすらの産業化によって自然の自発的活動が消滅した世界の到来――に対して、ラスキンが「このことは心配しなくてよい」と（あまりに素っ気なく）応えるのは、端的にいってそのような事態がひとの住まうオイコスにはまったく不可能だからである。そもそも「人間はただパンだけにたよって生きる」ものではない以上、「生活の術が学ばれるにつれ」、「音のしない大気」に快いものはなく、「小鳥の高声、昆虫のうなり声や鳴き声」に満ちている必要があること、「路傍の野草の花も栽培された穀物と同様」、「森の野鳥も生き物たちも、飼い慣らした家畜とおなじに必

★77 ibid., pp.60-61. 飯塚＋木村訳七六―七七頁。
★78 ibid., p.547.
★79 ibid., p.110.

要である」ことを人びとはおのずと理解することになるからである。[81]

もっともこのような楽観的なヴィジョンはしだいに打ち砕かれ、『一九世紀の嵐雲』はそのような本来は不可能であるはずの世界が現出しはじめたことを、彼自身が認めざるをえなくなった証左として読まざるをえない。けれども、それに二〇年以上先立つ『この最後の者にも』、あるいは『フォルス・クラヴィゲラ』においてラスキンはまだそのようには考えていなかった。賢明なる統治は、「不潔な疫病が街頭に猖獗をきわめる」ならば、「われわれは山間から清らかな流れをゆたかに引き、街路中に新鮮な空気を送りとどけ」るものでなければならない。そして「腐敗したあらゆる物質を迅速かつ適切に処理し、有害な製造業者たちを絶対に禁止し、大地と大気を浄化し活力を与えることのできる木々をあらゆる土地に植えることで、空気をきれいにする力」をもたなければならない。[82] そしてそれは困難であるにせよ十分に可能である。

したがって、富の科学であると同時に統治の技術であるポリティカル・エコノミーは、それが道徳科学の一部をなすのは当然のこととして、同時に「事物の本質的諸属性 essential properties」を取り扱う自然科学的な知と技術とを欠くこともまたできない。たとえば、「食糧と機械動力を生みだす手段としての土地の価値は、その形状（山や平地）、その土壌の質（地味や鉱物含有量）、およびその気候に応じて変化する」のであって、これらに「有効価値を賦与するためには、これらすべての〔富の〕内在的価値の諸条件が、それを取り扱うべき人によって知られ、対処されなければならない」からである。だからこそラスキンは、たとえば、彼自身が称賛を送ったカール・フォン・リンネがそう強調したように、農学・農芸や地質学や化学が「経済科学の第一の根底 the first roots of economical science」でなければならないと断じる。

わたしのいう地表の取り扱いとは、一般に理解される農学・農芸以上のものを指している。わたしは土地と海の耕作・培養、すなわち固定され、あるいは流動する領野に対する統制力のことを意

★80 この懸念は「停止状態」と題された有名な章のなかで表明されており、際限のない経済成長に対する先駆的な批判として注目されてきたものである。「自然の自発的活動のためにまったく余地が残されていない世界、すなわち人間のための食糧を栽培しうるようすべての土地が耕作されており、花の咲く未墾地や自然の牧草地はすべてすき起こされ、人間が使用するために飼育されている以外の獣や鳥はすべて人間と食物を争う敵として根絶され、生垣や余分の樹木はすべて引き抜かれ、野生の灌木や野の花が農業改良の名において雑草として根絶されることなしに育ちうる土地がほとんど残されていないような世界を想像することは、けっして大きな満足を与えるものではない」(Mill 1965 [1848], III, p.756. 邦訳(4)一〇八頁)。ミルに対してときに不当なほど攻撃的なラスキンにしてはめずらしく、この主張には肯定的に触れている。この点についてウィンチは、競争にとらわれ続ける世界に対する嫌悪、肉体労働からの解放ではなくむしろ富者と貧者の格差を拡大し続ける機械化への不信、そして量よりも質が優位するような成長なき社会への志向をラスキンがミルと共有していたと指摘する(Winch 2009b, 120)。

★81 Ruskin vol.17, p.111.

★82 Ruskin vol.27, pp.91-92. ラスキンは財産所有権の廃絶をけっして認めず、少なくともこの一点において社会主義に一貫して批判的であったが、土地(および水、大気)の所有や使用についてはむしろ権利の法的規制や制限を重視している。「土地はみだりに荒廃させてはならないとか、水流はその貫流地の所有者によって毒されてはならないとか、また大気は一定限度以上に汚染してはならない。〔…〕この種の法律はすでに未成熟なかたちでは現存しているものの、おおきく発展させる必要がある」(pp.239-240)。環境にかかわる法的規制に関するラスキンの議論については MacDonald 2012 を参照。

図しており、所与の大地や海洋の広がりにおける、気候や植物ならびに動物の生長の諸法則、あるいはそれらと他の地域のそれとの関係、とりわけそれぞれの特異な区域において可能な最高度の食糧生産を規制する諸関係について完全に知り尽くすこと[★83]。

ラスキンにとって、人間の生の秩序（エコノミー）は自然のエコノミーと適切なしかたで接続されてはじめてその健全さを維持することができる。そして、両者の接続において統治には自然にかかわる賢明な知と技術が不可欠となる。もちろん彼のことばは、いささか抽象的であることは否めない[★84]。けれども、生命と富の関係を軸に展開されたラスキンのポリティカル・エコノミーが、ゲデスやソディのような自然科学者の関心を強く刺激したのはある意味で自然なことであったように思われる。では、ラスキンから進んでもっと具体的に、二つのエコノミーの連接と統一はいかにして可能なのか、そのために自然にかかわる知はポリティカル・エコノミーとどのようなかたちで関連づけられるべきか。彼らがラスキンから引き継いだのはこのような問いである。

★83 Ruskin vol.17, p.155.

★84 とはいえ、このような関心はラスキン自身が「マスター（親方）」となった「セント・ジョージのギルド St. George's Guild」（一八七八年設立）の実験的プロジェクトに直接に反映されていた。このプロジェクトは土地の取得を目的とした七一年のセント・ジョージ基金創設によりはじまった。『フォルス・クラヴィゲラ』で断片的に語られたラスキンの構想によれば、それは荒廃した不毛な土地を適切な知識に裏打ちされた労働によって耕作し、よみがえらせ、動力は蒸気力を禁じ、風力と水力、畜力によって賄い、学校や図書館、博物館などの教育機関をそなえた、ラスキンの理想を体現する封建的な農村共同体の建設を企図したものであった。しかし、基金への寄付はほとんど集まらず、いくらかの土地の取得には成功したものの、その十全な実現にはほど遠い状態に終わった。このプロジェクトにおいて元の構想に近いかたちで実現したのが、彼自身の絵画、版画、石膏像、鉱石や地質学標本などのコレクションを寄贈して一八七六年にシェフィールド郊外に開館した労働者教育のための博物館 St. George's Museum である（数回場所を変えながらも現在も存続）。セント・ジョージのギルドにかかわる活動についてはさしあたり、川端 2008; Albritton and Jonsson 2016 を参照。

第3章

植物学者が見た生命都市（ビオポリス）のエコノミー

1　科学からラスキンを語りなおす

パトリック・ゲデス Patrick Geddes（1854-1932）。彼の名は、植物学・動物学者としてというより、彼を師と仰いだルイス・マンフォード（1895-1990）の影響も手伝って、地理的・歴史的な地域調査 regional survey にもとづく生態学的あるいは「生命地域主義的」都市計画を理論化した先駆的な人物として言及されることが多い。[★1] また近年では、二〇世紀初頭のイギリス社会学黎明期の忘却された、しかし重要な系譜として、フランシス・ゴルトン（1822-1911）とレオナルド・ホブハウス（1864-1929）とともに、一九〇三年の社会学会 Sociological Society の設立におけるゲデスと彼の仲間（ゲデス・サークル）の足跡が少なからぬ関心を集めている。[★2] たしかに二〇世紀以降のゲデスの知的な努力の多くは、「応用社会学」としての「都市学 Civics」の練り上げに注がれた。彼にとって、理想の都市とは人類がそれまでに経験した最高度の「協同 cooperation」をつうじて創出され維持されるものであり、都市学は都市とこれを含む地域 region 全体の進化を導く知と技術を担うものとして構想された。

ゲデスが重要な足跡を残した領域はきわめて多岐にわたる。フランスでの植物学・動物学の研究にはじまり、エディンバラ旧市街 old town における労働者住宅の改装やエディンバラ大学の学生寮（ユニヴァーシティ・ホール）の整備、景観や歴史的建造物の「保存的手術 conservative surgery」の運動、芸術と科学のための大学拡張運動の組織化、ケルト文化の復興運動のための雑誌『エヴァーグリーン――北方の季節』（一八九五―六年）の刊行、スコットランド、キプロス、インドなどでの都市計画への参加等々。そのいずれも、彼にとっては異なる角度からの都市（と地域）の再興と進化に向けた実践であった。また、都市学を練り上げるにあたって、自然科学と社会科学の区別なく、多種多様な知を旺盛に摂取し、動員した。主だったものとして、オーギュスト・コント Auguste Comte（1798-1857）の実証主義哲学、ハーバート・スペンサー Herbert Spencer（1820-1903）の社会進化・社会有機体の思想、フレデリック・ル・プレイ Frédéric Le Play（1806-1882）に端を発するフランス社会地理学・地域主義の伝統、そしてともに活動的なアナキストであった友人エリゼ・ルクリュ Élisée Reclus（1830-1905）やピョートル・アレクセイヴィッチ・クロポトキン Pjotr Aljeksjejevich Kropotkin（1842-1921）の地理学などが挙げられる。しかしいずれにせよゲデスを論じる文献が一様に強調するように、彼の関心と活動は無数にあり、特定のカテゴリーに一挙に枠づけることは困難である。

しかしながら、このような都市をめぐるゲデスのさまざまな思索と実践は、一八八〇年代に集中的に進められた経済学の批判的検討とその原理の再構築に端を発するものであり、この作業が若き生物学者ゲデスが社会問題へと本格的に足を踏み入れていく決定的な契機に他ならなかった。そして、こ

★1　さしあたり Meller 1990; Welter 2002; Davis 2010 を参照。

★2　たとえば Renwick 2012; Scott and Blomley 2013. ゲデスはとりわけ自らの理念やプランを実践する際に多くの学者、若い芸術家や建築家、プランナーなどと広く協働した。主要な人物として、ヴィクター・ブランフォード（会計士・社会学者）とその伴侶シヴェラ、アーサー・トムソン（博物学者）、ギルバート・スレイター（ラスキンカレッジの校長）、アンドリュー・ハーバートソン（地理学者）、ハーバート・ジョン・フルア（動物学・地理学者）、ジョン・ダンカン（画家）、レイモンド・アーウィン（建築家）、パトリック・アバークロンビー（建築家）、チャールズ・アシュビー（建築家・デザイナー）、そしてマンフォードなどである。

の経済学の批判と再建という作業を進めるにあたって欠くことのできない導きの糸となったのが、ラスキンのポリティカル・エコノミーのヴィジョンであった。ほとんど注目されてこなかったが、思想史的な観点から見れば、たしかにゲデスはウィリアム・モリスやジョン・アトキンソン・ホブソン（1858-1940）とともに、ラスキンのポリティカル・エコノミーを特異なやり方で引き継いだ一人といってよい。★3

ラスキンが「一九世紀の嵐雲」の講演を行ったその同じ年に、彼は『ジョン・ラスキン——経済学者』（一八八四年）と題するパンフレットを刊行している。ウィンチは、このテクストを「ラスキンを日和見的に摂取した」「もっとも矛盾した例」として言及するが、それはウィンチにとって、「ラスキンが多くの近代科学とともにダーウィンを否認したことについて、ゲデスが無知であったか、あるいは知ろうとしなかった」と映ったためである。★4けれどもゲデスは当然に、ラスキンの同時代の科学（とくにダーウィンの学説）や機械技術に対する嫌悪に十分に自覚的であった。「物理学や数学はたんなる鉄道と電信機を造るための助けにすぎない。化学と生物学は臭気と骨に対する嫌悪すべき好奇心にすぎない。そして近代商業と金融の壮麗な発展は、せいぜい複雑な手口の窃盗にすぎない。蒸気機関は汚れた不快なものであって、セント・ジョージ〔のギルド〕の土地を走ることはけっしてない」★5。このように「中世に生まれた芸術家」のごとく、科学・技術・産業という一九世紀の文明の所産をことごとく嫌悪し蔑視する「経済学者気取りの」ラスキンからいったいなにを期待できるのか——そんな人物になにも学ぶべきものはない。少数の例外はあれ、これが当時の一般的なラスキン評であろうとゲデスはいう。

こうした評価に抗って、きわめて感傷的なもの、道徳主義的なものと受け取られていた、経済学に対するラスキンの過激な批判が、じつのところ自然科学の知見と十分に整合するものとして彼は評価しなおそうとする。すなわち、ラスキンの経済学批判を、〈感情・対・科学〉という仕方で解釈するのではなく、ラスキンの批判がいかに科学的に正当なものであるかということ、「帰納的論理学と統計学、物理学と化学、生物学と医学、心理学と教育、これらすべて、本質的に、ラスキン氏の側にある」こと、これを示すことがゲデスのねらいであった。★6

正統派の政治経済学の要塞は、ほんの一息の科学的批判によって瓦解してしまう中世の形而上学の空中楼閣にすぎないが、これに対してラスキン氏は求められる新たな建物に堅固な資材をたっぷりと与えてくれる。〔…〕物理的な事実についての的確な把握、そして生産と生命の質についての洞察と批判において、他のあらゆる経済学者を凌ぐラスキンは、どの論者にもまして、フィジオク

★3 思想史の分野において、ゲデスは社会進化思想や社会学史、人文地理学や生態学史、環境思想史の文脈で言及されることはあるものの、経済思想史上の位置づけについてはほとんど考察がない。ゲデスを含むイギリス社会学の形成と経済学方法論争とのつながりに視野に入れたRenwick 2012は例外といえるが、ラスキンからの影響についてはまったく考察を欠いている。そのなかにあって安藤1998は、綿密なアーカイブワークにもとづいてゲデスの複雑な知的・実践的活動（ライフヒストリー）を幅広く読み解いた重厚な研究である。なお、Curtin 1940はラスキンの「芸術と社会」という問題系の継承という観点からゲデスをモリスとホブソンとともに論じている。

★4 Winch 2009a, p.115.

★5 Geddes 1884b, p.2.

★6 ibid., p.36.

ラートの正当な継承者であり、物理科学と生物科学の力によって経済学を組み替えなおした先駆者といってよい。実践的経済学の目的を生命の質の観点から述べ立てたこと、生命の質の観点から芸術批評や生産の他の諸側面を取り扱ったこと、演繹的な術策として造られた経済学とモラルとの不一致を批判して、両者の本質的な統一を明快に宣言したこと、とくにこれらは永久に古典としてとどまるだろう。★7

ゲデスは経済学者ラスキンを、「自然の諸事実」に対する明晰な観察眼の持ち主（フィジオクラートの正当な継承者）として擁護する。文学や言語、歴史や芸術に関する教養のみならず、ラスキンの遠近画法や地質学、鉱物学、植物学における観察と描写の巧みに見られる自然の秩序への深い洞察、卓越した鋭敏さとひらめきは、セルボーンの博物学者ギルバート・ホワイト（1720-1793）のそれに比肩するものであると。多くの経済学者がラスキンをただ嘲笑してきたのは、彼らが「幻想的な抽象」によって「有機体、機能、環境という人間と社会生活の現実的な諸々の事実に対してまったく盲目」であったからにすぎない。だからこそ彼は、ラスキンの経済学のテクストを「文学批評の方法」ではなくむしろ「科学的態度」でもって読み込む必要があるという。そこには「ただ眼を開いておけば、氷晶のように明晰で完全な多くの思考が見いだせるのである」と。★8

ゲデスのアプローチに際立っているのは、ラスキン的なヴィジョンを一貫して科学のことば、とくに生物学や物理学といった自然科学の概念と言語によって徹底的に語りなおすという問題意識である。ラスキンのポリティカル・エコノミーを構成する重要な論点——すなわち、生にもとづいた富・労働・消費の再定義、そしてこれを通しての自然のエコノミーと人間のエコノミーの調和——を、彼は一貫して物理学と生物学を中心とする自然科学の観点によって解釈し、またその言語や概念によって語りなおそうとする。都市の理論に関する彼の主要なモノグラフである『進化する都市 *Cities in Evolution*』（一九一五年）に次のように書いている。

伝統的な旧技術経済 paleotechnic economy は、たとえそれが貨幣統計のきらめく蜘蛛の糸に覆われていようとも、本質的にはエネルギーの浪費であり、また塵埃と灰燼をつくっただけにすぎないと批判する科学は物理学だけではない。生物学もまた語るべきことばをもつのである。ちょうど物理学者が、現に存在し保存されているエネルギーと物質の他に富はないと語るように、〔…〕進化生物学者は、まさしくかつてのラスキンのように、「生なくして富はない」と語るのである。★9

ゲデスの思索と実践はモリスともさまざまな重なりが見いだされる。★10 とりわけモリスがラスキンから引き継いだ「環境における美」や「労働における喜び」の回復というテーマはゲデスにとっても

★7 ibid., pp.41-42.

★8 ibid., p.25; p.36; p.4; p.25. なおゲデスはこのパンフレットをラスキン本人に送っていたが、自らの議論を「進化」の問題と結びつけるやり方にラスキン本人の共感を得ることはなかった。安藤はこの点を両者の書簡から明らかにしている（安藤 1998、二三〇—二三二頁）。

★9 Geddes 1915, pp.109-110.

★10 ゲデスはモリスとも八〇年代に交流する機会をもったが、とくに「革命」についての評価において両者は意見を異にしていたという（Cumming 2004, p.17）。

きわめて重要な意味をもっていた。ただし、「科学」へのこだわりという点においてゲデスは彼らとは異質であり、しかしそのことが、ただでさえ飛躍や省略の多いゲデスのテクストをいっそう近寄りがたいものにしていることは否めない。彼の著作や活動が従来の思想史においてモリスやホブソンのような関心を集めることができなかった一因もそこにあるだろう。本章では、ラスキンのヴィジョンがいかに引き継がれ、変奏されていったのか、その一つの現れを一八八〇年代に書かれた経済をめぐるテクストを主たる対象としながら考察する。

2　イギリス経済学方法論争

ゲデスが経済学研究や社会改良の実践に足を踏み入れていった時期（七〇年代末から八〇年代）は、経済学の歴史においてきわめて重要な転換期、すなわち科学としての経済学の地位と方法、あるいは「エコノミー」の認識そのものが根本から問われた時期とちょうど重なっている。シュンペーターのことばを借りるなら、それはいわゆる経済理論における「限界革命」にとどまらず、「社会改革への新しい関心」や「歴史主義」の新しい精神」を含む「伝統との断絶が明確に現れた」時代であった。★11このイギリスに生じた「伝統との断絶」のはっきりとした現れが、いわゆる経済学方法論争であり、それはジェヴォンズ革命として知られる限界効用理論を基礎とした経済理論の台頭だけでなく、二〇世紀初頭のイギリス社会学の形成を準備するものでもあった。ここではまずゲデスが経済研究に取り組んだ時期の経済思想史上のコンテクストを確認することからはじめたい。

方法論争に先立って生じた古典派経済学の凋落は、J・S・ミルによる賃金基金説の撤回（一八六九年）、第二次選挙法改正（一八六七年）、労働組合法（一八七一年）、共謀罪および財産保護法（一八七五年）といった一連の法制上の改革、そしてとくに世界的な恐慌に端を発した一八七三年以降のおよそ二五年間にわたる「大不況 Great Depression」など、複合的な要因を背景としていた。賃金基金説の撤回は古典派経済学の現実の説明力に対する懐疑を招き、都市労働者への参政権拡大や労働組合の合法化を含む法制上の改革はイギリスの政治環境と階級関係を大きく変えていく契機となった[★12]。さらにアメリカ合衆国のような新興国に加え、ドイツ、フランス、ベルギーといったヨーロッパ大陸諸国の工業化の進展によって、イギリスの覇権は次第に後退を余儀なくされていった。一九世紀末には世界の工業生産・工業製品輸出に占めるイギリスのシェアは確実に低下し、逆に総輸入に占める工業製品の比率は上昇を続けた。他方で小麦をはじめとする安価な農産物が海外から大量に流入した結果、イギリス農業は壊滅的な打撃を被り、世紀末に向けて農業人口も激減していった。「世界の工場」としてイギリスが一九世紀半ばに獲得した経済的覇権が古典派経済学の名声とレッセ・フェールへの信頼を大きく支えていた以上、経済状況の悪化が古典派への世論の信頼失墜を招いても不思議ではない。「一九世紀の半ばには、政治経済学は道徳科学のなかでももっとも「発展」し、かつ広範囲の政治問題を議論しうる独自に体系化され洗練された語彙の供給源」と見なされていたが、その「誇るべき地位」は、「一八七〇・八〇年代には全面的に疑いの目で見られるようになっていた」[★13]。ラスキンが

★11　Schumpeter 1994, p.753. 邦訳（下）三頁。
★12　Renwick 2012, pp.30-34.

『この最後の者にも』の連載を開始した時代からおよそ一〇年後、リカードウやミルの名はかつての求心力を急速に喪失していっていたのである。

当時の経済学の混乱を示す象徴的な出来事が、一八七七年に生じたイギリス科学振興協会（British Association for the Advancement of Science、以下ＢＡＡＳと略記）における経済科学・統計学部会（Ｆ部会）の存続問題である。一八三一年に創設されたＢＡＡＳは一九世紀ヨーロッパにおける科学の制度化・組織化の趨勢を象徴する組織である。科学に対する大衆の関心を高め、科学の進歩の妨げとなる障害を除去することを目指したＢＡＡＳは、実質的にはアマチュアの科学愛好家の私的団体にすぎなかった王立協会 Royal Society に代わって、あくまでも専門科学者たちによる専門の垣根を超えた学術交流のプラットフォームとして構想された。三一年の設立時に、①数学・物理学、②化学、③鉱物学等、④地質学および地理学、⑤動物学・植物学、⑥機械技術の各専門部会が設置されていたが、マルサスやリチャード・ジョーンズ、ウィリアム・ヒューウェルやチャールズ・バベッジなど、ケンブリッジ大学出身の反リカードウ派が主導して一八三三年（第三回大会）にＦ部会が新設された。★[14]

科学の統合や調和を目指した協会は、政治や道徳にかかわる党派間の論争や対立を回避し、科学の中立性を維持すべく、Ｆ部会の役割を「経済学や政治哲学に対する生の素材」となる事実と数を提供することにあくまで限定することを求めたが、しかし現実にはＦ部会はさまざまな社会・経済問題が論じられる場となっていった。★[15] こうした事態を受けてＦ部会に対する批判の論陣を張ったのが、優生学 Eugenics の立役者であり、後の社会学会の設立にも深く関与した統計学者フランシス・ゴルトンである。ゴルトンは「Ｆ部会の存続に反対する見解」（一八七七年）において、同部会は「科学者の全体的連携において無視されてはならない人間についての知識の重要部分」にかかわるものとして期待されたにもかかわらず、一八七三年から七五年のあいだにF部会で報告された論文の多くが賃金や労働問題など社会問題を扱い、「統計学の数学理論」を扱った論文は皆無であって、「正確な測定と確定的な法則」に限定されるべき「科学」の名に値するものではないと断じた。非科学的な論文をすべて除外するならば、BAASにおけるF部会の存続はもはや不可能だというのがゴルトンの見解であった。★16

これに対しF部会存続の論陣を張ったのが疫学者・統計学者のウィリアム・ファー（1807-1883）である。ファーは、すでに有力な統計学者や経済学者がF部会に参加し、公衆衛生や公共の福利に実践的に寄与する科学研究を行っているとして部会存続を主張した。★17 ロンドン統計協会の幹事であったギッフェンとチャブもファーの見解を基本的に支持した。彼らによれば、F部会は、日常生活にかかわる問題群を取り扱っている以上、「政治家や慈善家」といった科学的訓練を受けていない人びとを引きつけるのは避けがたく、むしろF部会はそうした専門外の人びとに、「科学的方法の考え方やその価値、科学研究の結論を伝える」という点で他の部会よりも優れている。そもそも政治家や慈善家に科学的方法や知識の重要性を理解させせなければ、「科学振興」という協会の目的は達成しえない。

★13 コリーニ＋ウィンチ＋バロウ 2005、二一四頁。
★14 なお設置時は統計学部会であり、一八六五年に経済科学・統計学部会に変更された。F部会設置については井上 1989; 久保 2018 に詳しい。
★15 井上 1989、四六三頁 ; Renwick 2012, p.28.
★16 Anon 1877, pp.469-471.
★17 ibid., p.473.

「社会における人間の生活には探究可能な科学的な秩序が存在するにもかかわらず」、これを対象とする部会が排除されてしまえば、ＢＡＡＳの「後退を招くであろう」と主張したのである。[★18]

かくして最終的にはＦ部会の存続に議論は落ち着いたが、経済学のあり方やその科学性をめぐる論争はこれ以後かえって加速することになる。その直接の発端となったのが、七八年にダブリンで行われた、経済学者ジョン・ケルズ・イングラム John Kells Ingram（1823-1907）のＦ部会会長講演である。イギリス歴史学派運動の先導者の一人といわれるイングラムは、「経済学の現状と展望」と題された上記の講演において、ゴルトンの告発に象徴されるＦ部会への不信や軽視は「一回性の孤立した現象ではなく、協会外部の多くの意見と関連することは明白である」と述べ、前年に生じたＦ部会の危機を、古典派衰退にはじまる同時代の経済学の混乱の一つの現れと捉えていた。[★19]そのうえでイングラムは、適切な科学的方法を構成するものはなんであり、またそれはどの程度厳密に経済・社会現象の取り扱いに適用されうるのかについて、新たな合意が必要であると訴えた。

イングラムの標的はリカードウ以来の演繹的経済学にあった。彼は、ドイツ、イタリア、ベルギー、イギリスなどヨーロッパ内で引き起こされた正統派の政治経済学に対する「反乱」に言及しつつ、「社会学の方法を論じたもっとも偉大な巨匠」オーギュスト・コントに大きく依拠し、旧正統派が抱えている相互に関連した四つの欠陥を指摘した。すなわち、①「富の諸事実に関する研究を、他の社会現象の研究から孤立させる試み」、②「経済学者が用いる多くの概念の形而上学的、あるいはひどく抽象的な性格」、③「研究過程における濫用といえるほどの演繹の優位」、そして④「結論が考察され表明されるさいのあまりに抽象的な方法」である。[★20]とくにイングラムの眼から見て、「経済学に向けて提起されるもっとも根本的で枢要な問題」は、第一の点、すなわち経済現象を知的・道徳的・政治的側面から分離し孤立させ、これに分析を限定し、独立した科学として経済学を構成する点であった。[★21] むしろイングラムは、コントあるいはスペンサーの言葉を引きながら、これからの経済学が目指すべき方向を、アプリオリな演繹的方法から、経済現象を社会のさまざまな諸現象との相互連関において体系的かつ歴史的に考察する帰納的・歴史的方法への転換に求めた。[★22] そのさい、彼は社会・経済現象を、ミルの演繹法に現れるような孤立した力学系とのアナロジー（「諸力の合成の法則」）ではなく、有機的な生物界とのアナロジーによって研究されるべきだと強調する。

有機的世界の研究は無機的世界の研究を前提し、またこれを引き継ぐものであるが、無機的世界

★18　ibid., pp.474-475.
★19　Ingram 1962 [1878], p.43.
★20　ibid., pp.47-48.
★21　ibid., p. 48. なお、この点についてイングラムは「見事な視野の広さ」を有するアダム・スミスの業績を高く評価しつつ、同じく「イギリスの後継者のなかでもっとも広い視野と一般教養を備えていた」Ｊ・Ｓ・ミルについては、父ミルやベンサムの影響から「彼に植え付けられた社会学的方法にかんする悪しき習慣から完全には抜け出せなかった」として両義的な評価を与えている（p.64）。
★22　具体的にはイングラムが提示するプログラムは次のようなものである。「（1）社会の経済現象の研究は社会的存在の他の諸側面の研究と体系的に結びつけられるべきであること、（2）抽象化や非現実的な単純化への過度の傾向は抑制されるべきであること、（3）アプリオリな演繹的方法は歴史的方法に代えられるべきであること、（4）経済法則およびこの法則にもとづく実践的な処方箋はあまり絶対的ではない仕方で考察され表明されるべきであること」（ibid., pp.68-69）。

の研究から有機的世界の研究へと進む場合、われわれは生きている全体 a living whole という新たな観念にたどりつく。そこでは、特殊なはたらきを割り当てられた諸々の構造体、それらすべてが相互に影響し合い、協同することで、有機体の健康な生という一つの結果を生みだしている。そのため、一つの器官の研究を、他の器官や全体の研究から孤立させることができないのは明らかである。〔…〕これらの考察は、多くの点で生物学に類似している社会の研究にも準用可能である。社会的なシステムと呼ぶことができるもののもっとも特徴的な事実は、そのさまざまな機能の調和である。これらの機能を独立したものとして取り扱うならば、間違いなく理論的・実践的な誤謬に陥ることになる。社会学というひとつの大きな科学が存在し、そのそれぞれの諸章が社会的実体のそれぞれの側面を研究する。これらの側面のひとつが、社会の物質的な福利やその産業の構成と発展にかかわっている。これらの現象の研究は社会学のひとつの章なのであり、その他の章と密接に関連づけられなければならない。★23

イングラムの会長講演はあくまでもF部会存続を擁護するためのものであった。「社会における人間の生活には認識可能な科学的な秩序が存在するにもかかわらず、この対象全体を除外してしまえば、協会〔BAAS〕の後退を招くだろう。人類にふさわしい研究対象が人間であるならば、この部会を放逐した後の協会の研究は、主人公不在の演劇のようなものとなろう」と彼はいう。ただし先の引用の後段に見られるように、F部会存続には重要な条件が付される。すなわち、経済科学を独立した科学ではなく、「真の社会の科学」たる総合社会学（社会科学）のプログラムに包摂あるいは吸収されるべき一分枝として相対化するという条件である。「理に適った提案であると思われるのは、社会学

全体を包含するようF部会の領域が拡大されるべきだ、というものである」。★24

イングラムの議論は古典派隆盛の時代であればほとんど無視された類のものであったが、すでに道徳科学において古典派経済学がかつての求心力を失っていた時代にあって、イギリス社会学史上の画期と後に評されるように、一九世紀末にアカデミアの内外でかつてない影響力をもちえた。経済学方法論争が本格的に幕を開けるのもここからである。イングラムに対しては、グラッドストーン自由党内閣で閣僚を務めたロバート・ロー（1811-1892）やケンブリッジの道徳哲学教授ヘンリー・シジウィック（1838-1900）などが相次いで批判の論陣を張り、またこれに歴史学派の立場からクリフ・レズリー（1825-1882）がさらなる反論を加えていった。さらに同じケンブリッジ大学に属したアルフレッド・マーシャルとウィリアム・カニンガム（1849-1919）との論争へと拡大しつつ、八〇年代から九〇年代初頭にいたるまで継続的に科学としての経済学の地位や性質、またその妥当な方法論が争われたのである。★25

ジェヴォンズの『政治経済学の理論』第二版序文（一八七九年）からも当時の混乱した状況が推察される——「[イングラムの講演以後]きわめて活発な批判の精神が広がりつつあることは明らかであり、ついには誤った旧い教義の威信を打ち破らないはずはない。しかし、なにがそれに取って代わるのか。せいぜい、旧い正統派の信条の崩壊は種々の異なる意見の混乱を残すだけであることが認めら

★23 ibid., pp.49-50.
★24 ibid., p.69.
★25 イギリス経済学方法論争で取り上げられた論点の全体像については、佐々木 2013 を参照。

れなければならない」[26]。歴史学派に近い経済学者ハーバート・フォックスウェルの「イギリスにおける経済学の動向」(一八八七年)によれば、一八八〇年代のイギリス経済思想は三つの思潮へと分岐しつつ展開されていった。(1)ジェヴォンズからマーシャルにいたる理論的・数理的研究、(2)レズリーやカニンガム、ヘンリー・メインらの歴史的方法に加え、コント、スペンサー、ダーウィンによって促された進化思想、プルードン、マルクスの社会主義からの影響、そして(3)F・D・モーリスのキリスト教社会主義、あるいはラスキンの思想に刺激され多様なかたちで展開された道徳的・人間主義的な経済学批判の方向である。フォックスウェルによれば、これらは独立し個別化しつつも相互に一定の影響を及ぼしながら、「新しい経済学派」の形成を支えていた[27]。ヘンリー・ハイドマンを中心に結成された社会民主連盟(一八八一年)、同連盟を脱退したウィリアム・モリスがマルクスの娘エリノアなどとともに設立した社会主義同盟(一八八四年)、あるいは中流階級の若い知識人たち(J・B・ショー、H・G・ウェルズ、ウェッブ夫妻など)によるフェビアン協会の設立(一八八四年)など、「社会主義の復興」を象徴する政治結社が相次いで立ち上げられたのもちょうどこの時期である。またフォックスウェルが同時代の経済学徒にもっとも影響力をもった著述家として、マーシャルやジェヴォンズ、シジウィック、レズリー、ドイツの社会主義者などと並んでラスキンの名を挙げていることからもわかるように、およそこの時期にはラスキンの評価はしだいに好意的なものへと変わっていたことがうかがえる[28]。

さて、一八八〇年代をつうじて集中的に進められたパトリック・ゲデスの経済学研究は、このような科学としての経済学のヴィジョンが根底から揺らいだ時代のなかで展開されたものといえる。そしてそれはおよそコントに依拠してイングラムが提示した方向性——とくに「有機的思考」にもとづく社会学の一つの分枝として経済学を相対化するという方向――にそくして展開されていくことになる。フォックスウェルは先の論考のなかでゲデスの経済論について、「生物学上の影響力を持続させつつ、最近の生物学的アナロジーの視点から経済学の方法と帰結を批判する」ものと評している。[★29] ただし以下で見るように、ゲデスの研究は方法論の水準における生物学的アナロジーの使用を試みるものであるというより、経済学の分析対象それ自体に大きな修正を迫った点にこそ注目すべき特徴がある。その意味ではイングラムによる言及の方がより正確である。彼は『政治経済学の歴史』（一八八八年）の結論部分で次のようにゲデスの研究に触れている。

政治経済学は、一部の論者がそれに還元しようと望んだ交換の科学 catallactics よりはるかに広大なものである。フィジオクラートの特別な功績は、自らの研究と外的自然の研究とが密接な関係にあることを、漠然とではあるが認識していた点にある。そこでわれわれも彼らの知見に立ち戻り、現在発展している物理学や生物学のうえに経済学を基礎づけなければならない。〔…〕この主題は生物学者としてよく知られるパトリック・ゲデス氏の一八八一年およびその後のエディンバラ王立協会に寄稿された諸論考で巧みに論じられている。[★30]

★26　Jevons 1888, p. xv. 邦訳 xviii 頁。
★27　Foxwell 1887.
★28　ibid., p.100.
★29　ibid., p.94.

3　エコノミーの自然化

一八五四年、ゲデスはスコットランド東部のアバディーンシャーに生まれた。二〇歳のとき、エディンバラ大学で植物学の勉強を志すことを決心するも、その形式主義的なスタイルに魅力を感じることができず、入学してすぐにそこを離れ、ロンドンの王立鉱山学校 Royal School of Mines で教鞭を執っていた解剖学者トマス・ヘンリー・ハクスリー（1825-1895）に師事して比較形態学を学ぶことを決意する（七四年─七七年）。その後、ハクスリーの人脈を頼りに、フランスの動物学者アンリ・ド・ラカーズ＝デュティエ（1821-1901）が率いるロスコフ生物学研究所で海洋生物の研究を集中的に行い、この時期の研究で生物学者として高い評価を得ることとなった（第5節にて詳述）。しかしその後、BAASの援助を受けて、メキシコで古生物学のフィールドワークに出かけるも、メキシコ滞在中に眼病を患い、以後、顕微鏡を用いた研究の継続は困難となった。しかも彼は王立鉱山学校を含め、いかなる正式な学位を収めることもなかったため、大学で正規のポストを得るのはきわめて難しく（事実、彼は大学とつねにかかわりをもちつつも終生アカデミアの周縁にとどまった）、一八八〇年からエディンバラ大学で植物学講座の実験助手として働いた。幸運にも一八八九年にゲデスの友人であり彼の支援者であった篤志家マーティン・ホワイトの寄付により設置されたユニバーシティ・カレッジ・ダンディーの植物学講座の教授として職を得ることになる（一九一九年まで）。ゲデスが植物学者として、経済学についての方法や哲学的問題に精力的に取り組んだのは、この八〇年代である。

この時期に発表された経済にかかわる主要なテクストには次のようなものがある。BAASのF部会およびエディンバラ王立協会で報告された「統計の分類とその帰結」（一八八一年）、『ネイチャー』誌に寄稿された上記の報告の要約版といえる「経済学と統計学――予備的諸科学の観点から」（一八八一年）、エディンバラ王立協会の会報に掲載された「経済学原理の分析」（一八八四年）、そして『ジョン・ラスキン』、『資本家と労働者の進歩の条件について』（一八八六年）、『協同 対 社会主義』（一八八八年）という三冊のパンフレットである。タイトルからも推察されるように、「統計の分類」や「経済学原理の分析」は経済学の方法論上の問題が主として扱われ、残る三つは社会・経済問題へのその応用――彼のいう「実践的経済学 practical economics」――がより意識された内容となっているが、これらは相互補完的に関係し、またほぼ同一の主題が力点を微妙に変えながら反復されている。

他方、これらの論考とほぼ並行して、生物学に属する論考も継続して書かれた。七〇年代末にフランスで行われた研究の成果が八二年に『ネイチャー』誌などに相次いで発表され、また眼病が原因で顕微鏡を要する研究から離れた八〇年代後半にも、『ブリタニカ百科事典』（第九版）や『チェンバーズ百科事典』に「進化」、「変異と選択」、「生物学」、「ダーウィン理論」など複数の項目を執筆している。八九年にはエディンバラ大学で教えた学生の一人であり、後にアバディーン大学の博物学教授となるジョン・アーサー・トムソン（1861-1933）とともに『性の進化』を上梓し、さらに九三年に『近代植物学概論』（こちらは単独で）を刊行している。

さて、イングラムが書いたように、物理学や生物学（心理学）の知を動員して経済学の原理を練り

★30 Ingram 1888, p.295.

上げること、これがゲデスの経済学研究の根本的な課題であった。しかし、このような問題意識そのものはなにに由来するのか。ゲデスが経済学について論じた最初のテクストは、一八八一年に報告された「統計の分類とその帰結」であり、彼はこのなかで経済学方法論争に触れている。ゲデスによれば、イングラムが主張したように、方法論争の根本問題は「演繹」か「帰納」かという方法論上の問題以前に、それぞれの学派が経済学の分析対象である経済現象の存立機制としてなにを重要なものとして対象化するかという点から生じる──分業か、交換ないしはそこで生じる価値か、政府（国家）が保護すべき財産所有の権利か、あるいは生産・分配（交換）・消費の一連のプロセスなのか[★31]。ゲデスは明らかに、この最後の観点を重視するが、しかしそこにおいてもなお見落とされているのが、生産・分配（交換）・消費の一連のプロセスが自然界との複雑な相互作用というより広い枠組みにおいて現象するという点であった。そこで彼は生物学者の眼で社会を眺める。人間もまたヒトという一つの生き物＝有機体である以上、人間社会の「一般的真理」もまた、アリやミツバチ、ビーバーといった他の有機体の社会と共通にもつ性質を根本にすえて理解されなければならない。ゲデスは「形而上学的な原理」に依拠することのない「社会学的公理 sociological axioms」を次のように措定する[★32]。

① 社会は一定の時空間の限界内に存在する
② 社会は多数の生きた有機体から構成される
③ これらの有機体は、主として物質とエネルギーの一部を領有することで、社会をとりまく自然を改変する
④ これらの有機体は、この物質とエネルギーをその生命の持続、すなわちその生理学的機能の維

持に利用する

⑤　これらの有機体はその環境によって変化させられる

もちろん人間の社会・経済現象がこのような有機体（人間）とその環境とのエネルギーと物質の代謝の水準に還元されるわけではありえない。けれども、いかに社会が高度化し複雑化しようとも、その基底部において、一方では周囲の環境から「物質とエネルギー」を取り込み、これを自らの「持続」に役立てつつ、他方では周囲の状況を変化させながら、また自らもその過程において変容していくという、有機体と環境の複雑な相互作用において存立していることに変わりはない。この事実は、他の生物社会と分有する、あらゆるタイプの人間社会の基本的な存在論的条件なのであって、その根源的な自然性をあらわしている。ゲデスは経済の分析の基点をひとまずこの水準に設定し、先の「社会学的公理」と対応させつつ社会科学の知が依拠すべき諸事実を以下のように提示する。

A　社会が占有する時間・空間の範囲にかかわる事実
B　社会が利用する物質とエネルギーにかかわる事実
C　社会を構成する有機体にかかわる事実
D　所与の社会が自然から捉えた物質とエネルギーの利用にかかわる事実

★31　Geddes 1881a, p.303; p.315.
★32　ibid., p.304; 1881b, p.524.

CLASSIFICATION OF STATISTICS. SOCIETY .... DATE ....

A.—TERRITORY. I. QUANTITATIVE.			TERRITORY. II. QUALITATIVE.			TERRITORY. III. DECREASE.	
Existent at last recorded time.	Increase.		Unused.	Used.		By social agency.	By geologic agency.
	By social agency.	By geologic agency.		Unspecialised.	Specialised.		

B.—PRODUCTION. I. α. SOURCES OF ENERGY IN TERRITORY.							II. DEVELOPMENT OF ULTIMATE PRODUCTS.			III. LOSS. (PREMATURE DISSIPATION OF ENERGY AND DISINTEGRATION OF MATTER.)	
Primitive chemical affinity.	Earth's internal heat.	Earth's rotation.	Solar radiation.				Energy.	Exploitation, manufacture, and movement (trade and transport).	Ultimate products.	Agency.	In
			Kinetic.	Potential.			See Table I. α.			Physical, Biological, Social.	Exploitation, manufacture, movement, remedial effort, &c.
				Earth's crust.	Organisms.						

β. SOURCES OF MATTER USED FOR OTHER PROPERTIES.			Matter.				
Mineral.	Vegetable.	Animal.	See Table I. β.				

C.—ORGANISMS. I. QUANTITATIVE.			ORGANISMS. II. QUALITATIVE.			ORGANISMS. III. DECREASE.	
Existent at last recorded time.	Increase.		Biological.		Social.	Emigration.	Death.
	Immigration.	Birth.	Structure.	Function.	Mutual relations.		

C.—ORGANISMS. OCCUPATIONS. I. (OPERATIONS ON MATTER AND ENERGY.)			OCCUPATIONS. II. DIRECT SERVICES TO ORGANISMS.			OCCUPATIONS. III.			
Exploitation.	Manufacture.	Movement.	Of non-cerebral func'ns.	Of cerebral functions.	Of co-ordination.	Unemployed.	Disabled.	Destructive.	Remedial.

D.—PARTITION (MEDIATE AND ULTIMATE) TO CLASS I.			PARTITION TO CLASS II.			PARTITION TO CLASS III.			

D.—USE BY CLASS I.			USE BY CLASS II.			USE BY CLASS III.			

E.—RESULT TO CLASS I.			RESULT TO CLASS II.			RESULT TO CLASS III.			

図2　ゲデスの経済表（Geddes 1881b, p.525）

E　これらの利用が有機体に対してもつ諸結果にかかわる事実

社会科学を支える統計データは上記の諸事実とその相互の連関を把握するものであり、蒐集されたデータは——フランソワ・ケネーから部分的に着想をえた——巨大な経済表 Tableau Economique に書き込まれなければならない（図２）[33]。すなわち、所与の時空間の地理的・地勢的条件、各種のエネルギー源（地熱や太陽放射、潮力）と種々の資源（鉱物・土壌・植物・動物）の賦存量、これらの諸資源の採取から最終生産物の消費にいたる経済過程全体をつうじた物質・エネルギーのフロー（利用されたものと散逸・浪費したもの）、人口とそのさまざまな職能・機能の分類[34]、資源・中間生産物・最終生産物の各々の職能・機能への分割とその帰結に評価にいたる、膨大なデータである。ゲデスの経済表が描きだそうとするのは、このような「有機体」と「環境」の相互作用として現象する一社会のエコノミーの全体性、すなわちその個々の諸要素の相互連関であり、またその歴史的動態である。もっともこのようなほとんど際限ない事実・データの蒐集による経済表の作成がただちに可能であると考え

★33　「予備的諸科学〔自然科学〕からの推論、すなわち製造業や商業が最終生産物をそこからのみ引き出しうる物質やエネルギーを産出する領土の概念は、職能の分類とともに、経済のルネサンスの主導者、医師で生理学者のケネー博士の考え方である」（Geddes 1881a, p.317）。

★34　ゲデスは職能・機能を、ケネーが行ったように三つの階級に区分・分類するが、彼の分類はかなり特異である。（Ⅰ）物質・エネルギーの採取や加工にかかわる職能、（Ⅱ）他者の身体または精神上のサービスにかかわる職能、（Ⅲ）失業や労働不能、および破壊（戦争や犯罪）、物的修復・身体の治療・精神的手当にかかわる職能、という三つである。

ていたわけではない。彼自身が認めるように、いうまでもなくその遂行には地質学・物理学・化学・生物学・生理学・地理学・人類学などあらゆる科学的な知が動員されなければならない。

むしろここでのゲデスの議論の要点は、社会科学の知の対象そのものが自然の物質的秩序と地続きのものである以上、「自然と生命の諸事実」に関する知によって補完されることのない、あるいはそれと適切に関連づけられることのない知はどこまでいっても経験科学の名に値するものでありえず、形而上学の水準にとどまる、ということにあった。そのかぎりで「政治経済学の体系」と中世の博物学や占星術、錬金術の研究とを類比することは容易である、というほどにゲデスは辛辣である。[★35] 政治経済学が一つの科学たろうとすれば、それは「自然と生命の具体的な諸事実と確証された諸法則に基礎づけ」られる必要があり、自然にかかわる知の総体、すなわち「先行する諸科学 the preliminary sciences」と有機的に接続されなければならない。

社会科学を適切に扱うためには、一部の者が考えているように、たんに数学的鍛錬でもなければ、ましてや、多くの者が研究に持ち込んでいる形而上学や弁証法の鍛錬でもなく、生き物についての、また生き物が従わざるをえない物理法則についての、健全な知である。[★36]

この時期、ローザンヌのレオン・ワルラスからゲデスのもとに『純粋経済学要論』（一八七四―七七年）が届けられていたのであるが、興味深いことに、ワルラスに宛てた書状（一八八三年一一月）においても、統計学やウェイトリーのいう「カタラクティクス」には還元できない「一国の物質的資源あるいは住民の生活状態についての研究」の必要性に触れ、そのためにはワルラス本人やジェヴォンズが推し進める解析学の応用以前に、経済学と生物 - 物理学的な知との連接が重要であると書きつけている。[37]ゲデスが目指すのは、従来の経済学の諸概念を「予備的諸科学の有機的全体」――とりわけエネルギーの保存と散逸および生きた有機体の機能という物理学と生物学の根本的な教養――から批判的に分析し、両者の「調和」を図ること、そうして「経済学の諸原理の解明につながる道を指し示す」ことである。[38]八〇年代の経済問題にかかわるテクストはいずれもこの主題を軸に展開されている。「経済学の諸原理の分析」（一八八四年）にそくして、まずはその概要のみを確認しておく。

物理学原理

ゲデスが経済学原理の練り上げにさいしてまず取り上げるのは、ヒトという種を含む生き物一般がそれに従属せざるをえないところの法、すなわち物理学原理である。[39]この分析の水準において、経済現象は「物質の結合と分解」、「エネルギーの変換と散逸」を伴う「一つの巨大な機械装置」として把握され、また同様に経済主体（生産者 - 消費者）も、物質とエネルギーの絶えざる新たな供給に依存する「自動機械 automaton」として現れる。この生産と消費の巨大な機械装置としての経済は、「地殻の物質から構成され、太陽のエネルギーによって作動」しており、「絶えず摩耗し、そのエネル

★35　Geddes 1884b, p.16.
★36　ibid., 1884b, p.6.
★37　Walras 1965, p.794. なおこの書簡についてはMatinez-Alier 1987による考察も参照。
★38　Geddes 1884a, pp.947-948.

ギーを使い果た」し、「こうした浪費を、新たな物質とエネルギーの断続的供給を環境から取得することによって修復している」[40]。

したがって分析されるべきは、全経済過程――採取から製造・輸送・交換・消費の諸段階――をつうじた物質とエネルギーの流れであり、包括的な「物理経済学 physical economics」は「エネルギー源および農業、漁業、鉱業等々における採取のプロセスに関する精密な統計調査」にもとづいて、「消費に先行するあらゆる段階における〔物質とエネルギー〕の喪失」を体系的に評価し、残された最終生産物（＝純生産 the net product）を分類しなければならない[41]。このように物理学原理の適用において事実上、試みられているのは、「エネルギーの教義」、とくにその第二法則にもとづく経済過程の分析である。ゲデスがジョージェスク＝レーゲンのエントロピー論にもとづく生物経済学 bioeconomics の一つの起源とされる所以はここにある。熱力学の社会・経済現象の適用は、ドイツの化学者ヴィルヘルム・オストヴァルト（1853-1932）の「エネルギティーク」、あるいは次章で取り上げるソディにも先立つものであった。

生物学原理

続いてゲデスは議論を生物学原理の水準へと上向させる。

生物学者は、昔ながらの「人間本性」あるいは「経済人 economic man」の理論の権威に特別な敬意を払うことなく、誤った「人間と自然との比較」もしりぞけて、現実に生きる「自然における人間とその位置」から前進しなければならない。経済の物理的側面から生物的側面に移行するなら、生産者と消費者はもはや自動機械とは見なせず、機械のように一般化できるものでもない。生産者も消費者も、その他の有機的自然 organic nature とともに一般化されるべき、生きた有機体 living organism のひとつの種と捉えられる。[★42]

ここでは経済主体が自動機械から「生きた有機体」として捉えなおされ、経済学者がマルサスによって導入された人口法則、またその延長に生まれた「生存闘争」（競争）という生物現象の限定的な一面だけを切り取って受容した点が主たる批判の俎上に載せられる――経済学者は「「粗悪で劣悪な」貧しいマルサス的存在」を抜け出せないでいる。[★43] これに代わって、生産（また消費）という経済行為一般が〈有機体 organism―機能 function―環境 environment〉という生命の概念枠組みにおいて分

★39 ibid., pp.950-963. なおゲデスは物理学的分析の萌芽を、フィジオクラートおよびジェヴォンズの『石炭問題』や太陽活動と景気変動の相関についての研究「商業危機と太陽黒点」（一八七八年）に認めている（p.952）。別のテクストではジェヴォンズについてはこう評している。「故スタンレー・ジェヴォンズ氏は、同時代の多くの人びとや彼の死後も生きた人びとよりもはるかに知的な才能の持ち主であり、彼らには見えない事実を垣間見ることができた点は、彼の名誉ある記憶のなかでも重要なものである。すなわち、彼はイギリスの無駄の多い石炭供給に注意を喚起し、その節用を要求し、かくして石炭がたんに主観的価値や交換の対象ではなく、現代の産業活動に厳格かつ計算可能な限界を課す、有限量の貯蔵エネルギーの具現物であるという本質的な事実をつかんだのである」（Geddes 1884b, p.27）。

★40 ibid., pp.951-952.

★41 ibid., p.953.

★42 ibid., p.964.

析されることになる。

ここで「機能」と呼ばれるものは、有機体－環境の相互作用を直接に媒介する生産（職能）と消費の様態として主に考察される。一方で、生物学において「機能が器官をつくる」といわれるように、「機能が有機体をかたちづくり、有機体を進化または退化へと方向づける」[★44]。いいかえれば、どのようなタイプの生産と消費が実現されるか、またそのさまざまな機能分化（分業）の度合いが、その社会における有機体（人間）と環境の相互作用の質を決定づけるのだとされる。他方では、「環境による有機体の変態・変形」の重要性が指摘される。すなわち、食糧や住居だけでなく、大気や光や水の質もまた直接に有機体の質に大きな影響を及ぼすのであって、こうした「いっそう複雑な環境的諸条件」[★45]も含めて経済学の教える「必需品」のカテゴリー、あるいは生産や消費の方法が再考されなければならない。生産とは「人間の諸機能に環境を適応させること」に他ならず、それゆえ「いかなる与えられた環境もしくは機能が、一見するといかに「生産的」であっても、有機体に破壊的な影響を伴うときには、その修正が試みられなければならず、修正が失敗するなら、その放棄も考えられなければならない」[★46]。このように生物学原理の分析において主として問題とされるのは、有機体と環境との相互作用を規定する生産と消費の形態や性質にかかわるものであって、後述するように、これらの分析は先の物理学原理の分析とともに、社会改良の問題へと接続されることになる。

なお、付言しておけば、ゲデスが一貫して重視する「有機体とその環境との相互作用」という視点は、コントおよびスペンサーに由来するものであり、自然のエコノミーの観念とならんで「エコロジーの前史」の中核をなすものである。トレヴァー・パースによれば、英語の「環境 environment」という語は、トマス・カーライルのゲーテ著作集の翻訳において、ドイツ語の Umgebung（取り囲むものの意）の訳語として一八二〇年代末にはじめて用いられ、続いてカーライルの著作に親しんでいたハリエット・マルティーノがコントの『実証哲学講義』の抄訳において milieu の訳語として生物学の文脈にこの語を導入し、さらにこの抄訳を読んだスペンサーが『心理学原理』（一八五五年）以降の著作において普及させたのだという。コント以前からすでに、ビュフォンやラマルク、あるいはG・キヴィエによって、光や気温、湿度、水、大気といったさまざまな「外的な諸状況 circonstances」が有機体におよぼす影響が注目されていたが、こういった複数形で表現される諸状況を、「それぞれの有機体の生存にとって必要な外的な状況の全総体」を意味する「環境 milieu」という単数形の抽象的な観念で新たに表現したのがコントであった。コントはここから生命の根本条件を有機体と環境との相互的な関係として捉えたが、スペンサーはこの生命の観念をコントから直接に引き継いで、さらに自らの進化思想に接続したのである。[★47] ここでのゲデスの議論はまさにこうした知的背景のもとで展開されている。

★43　Geddes 1888a, p.302.
★44　Geddes 1884a, p.967.
★45　なおゲデスの「環境」という語は、文脈に応じて、大気・光・水といった自然環境だけでなく、いわゆる建造環境や身体の内的な環境をも含んでいる（Studholme 2007, p.445）。
★46　Geddes 1884a, p.971.
★47　Pearce 2010b. なおコントの環境の概念についてはカンギレム 2002、一五二—一五三頁も参照。

最後に検討されるのが心理学原理である。ここで主に論じられるのは、物理学と生物学、二つの原理から見た、ジェヴォンズやエッジワースの主観的価値論の心理学的基礎、すなわち欲求・欲望の問題である。すでに生物学原理において経済主体である人間は、「a)自己と他者の生命維持や進化（あるいはその逆）に適用できる一定の諸機能をもち、b)進化ないし退化の方向において環境へのなんらかの適応を求める一定の欲求をそなえた有機体」として把握された。それゆえ人間の欲求・欲望の問題もまた、ホモ・エコノミクスの「利己心」のような「真空における思考」という抽象の次元ではなく、この有機体の客観的実在に対応した主観的・心理学的側面として考察されなければならない。ゲデスはここで地質学者ジョセフ・ルコント（1823-1901）の生物の二つの原初的な欲望の形態――自己保存にかかわる「栄養的なもの the nutritive」と家族やより広い共同性の形成を支える「生殖的なもの the reproductive」――にたどらせ、利己心の仮説から演繹的に構築された従来の経済学の体系が、「絶えず増大する有機体の構造的・社会的複雑性とともに」発達する欲求と欲望の問題を捉え損ねているとして批判する。むしろ原初的な生物（ウミヒドラやクダクラゲ）の群体にも観察されるように、人間社会においても機能分化（分業）の高度化や多形性 polymorphism の進展と並行して、さまざまな諸機能の相互依存もまた進展するのであって、個体においてもそれに応じた心理的な適応、すなわち「共感 sympathy」の発達が生じるのだとされる。★48

さて、以上の一連の理論的検討はイングラムが提示した総合的な社会科学の構築という課題に呼応するものであり、ゲデスの後年のテクストで図示されるように、念頭に置かれていたのは、コントの

「階梯の法則」のようなものであったと考えられる（図3）[★49]。それはコント自身が強調したように先行科学への還元論ではないものの、「先行する」[★50]自然諸科学によって社会科学あるいは人文学を原理的に基礎づけるという形式において、きわめて科学主義的な立論であることは明らかである。経済学というにはあまりに特異な体系に見えるとしても、F部会追放劇や経済学方法論争といった当時の知的コンテクストからして、経済学の実証科学化という同時代的な課題が強く意識されていたことは間違いないだろう。

しかしながら、ゲデスにとって本質的な問題はまた別のところにもあった。すなわち、化石燃料の燃焼と安価な生産物の大量生産・大量消費によって駆動する表向きの「進歩」、そしてこれと表裏一体となって進む廃物の蓄積に伴う環境の劣化と人間の生の衰弱という現実である。まさしくラスキン

★48　Geddes 1884a, pp.974-975.

★49　この図はエディンバラ時代にゲデスに学んだ弟子の一人で、当時アバディーン大学の博物学教授であったトムソンとの共著『生物学』（一九二五年）に描かれている。左下のブロック（三次元の軸と渦巻き）は「数学・論理学」を、中央部左下のブロック（秤）は「物理学・化学」を、中央部右上のブロック（黄金虫と蝶）は「生物学・心理学」を、右上のブロック（書物と十戒）は「社会学・倫理学」をそれぞれ表象している。

★50　コントの「階梯の法則」は、数学、天文学、物理学、化学、生物学、社会学という六つの基本科学の関係を示すものである。これらの諸科学の関係において、先行する科学は後続の科学に影響を及ぼし、後者は前者に依存しつつも、けっして還元関係にはならないことが強調される（北垣 2011、二九九―三〇一頁）。なお、市野川 2012は、コントの社会学は一九世紀の生物学において生じた無機的思考から有機的思考への転換を土台として成立するものであって、この意味で彼の physique sociale を「社会物理学」と訳すのは誤訳に近いと指摘している（一五一―一二二頁）。

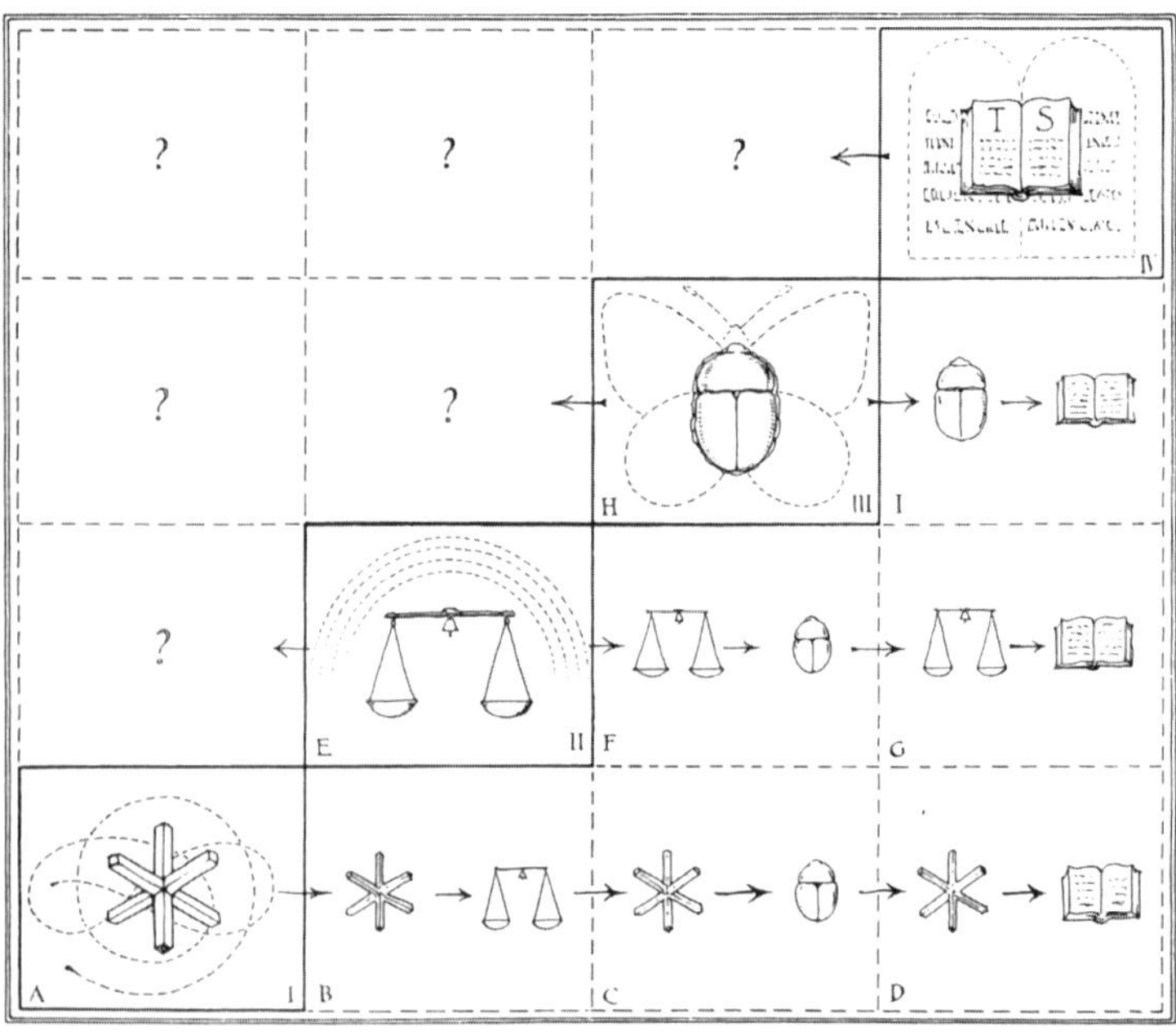

図3　ゲデスの諸科学の分類と関係（Geddes and Thomson 1925, pp.144-145）

がヴィクトリア時代に向けて投げかけたこの問いに応えることのできる、新たなポリティカル・エコノミーを探究すること、ここに彼にとっていっそう重要な課題があったといえる。「産業や商業のより広い見方」を獲得し、「自然と生命の諸事実」に根ざす知を構成することは、「ポリティカル・エコノミーがそこから生まれ出発した構想、すなわち家の管理と法（オイコス・ノモス）の研究への回帰」というラスキン的課題を前進させるうえでの前提的な作業として、あるいは「諸国民の富の本質」について考えぬく作業として、彼のうちでははっきりと意識されていたのである。★51

4　スラム化する世界——生の衰弱、環境の劣化

エディンバラ大学で植物学講座の実験助手として仕事をしていた一八八五年、ゲデスは自らが中心となって「エディンバラ社会連合 Edinburgh Social Union」というアソシエーションを組織し、ここを拠点に旧市街 old town に広がるスラム改良の実践に着手している。スコットランドの首都エディンバラでは、一八世紀後半から新市街 new town の建設が進展し、富裕層の多くがそこへ移り住むにつれ、一九世紀中葉にはかつての中心地は貧しい労働者や移民の家族が密集して住む劣悪な居住地（スラム）へと変貌していた。いわばエディンバラの都市そのものが階級的に二分された状態にあった。エンゲルスの『イギリスにおける労働者階級の状態』（一八四五年）が記録するところでは、一九世紀半

★51　Geddes 1881a, pp.316-317.

ばの旧市街は「ダブリンの最悪の地区と同様にきたなくて醜悪」であり、グラスゴーとならんでイギリスの他の地域よりもひどい状態に置かれていた貧民の住居には、「途方もない不潔さと悪臭、そしてまたありとあらゆる害虫の大群が存在」していた。[★52] しかし一八四〇年代頃から、公衆衛生改革や労働者住宅改革の気風のなかで、イギリスの諸都市ではスラム全体をスクラップ化するスラム・クリアランスが次第に進められており、一八六七年の議会法による都市改良トラストの設立以後、それはエディンバラ旧市街にも及んでいった。

ゲデスはこうした行政が主導する上からのスラム・クリアランスに対抗して、八六年には妻のアンナとともにスラムの中心部に居を構え、当地の建築家や芸術家と協働し、この地域の改良をさまざまな側面から試みていた。労働者住宅の改良、庭園の整備、屋内での園芸活動の推進、音楽や絵画、料理や工作や読書といった主に子どもたち向けの娯楽関連のイベントの開催、成人労働者向けの小芸術や手仕事の教室、病院や孤児院の装飾活動、古建造物の修復・保全など、エディンバラ社会連合が旧市街のスラム改良のために組織した実践は多岐にわたった。[★53] これら旧市街でのゲデスのスラム改良の実践は、八六年のクロポトキンのエディンバラ来訪を皮切りに、フランスのエリゼ・ルクリュ、ルクリュの甥パウル、オーギュスタン・アモン（1862-1945）のようなアナキストたちの関心を引きつけ、実際に彼らとの交流もはじまっていった。[★54] なお、ゲデスは九〇年代に入るとエディンバラ社会連合を離れるが、その後、新たに「タウン・アンド・ガウン連合会社 The Town and Gown Association Limited」を立ち上げ（一八九六年）、労働者住宅と大学寮の拡充を軸に旧市街の再生を継続していった。

また、これらの活動と並行して、ゲデスは八七年から「大学拡張 university extension」事業の一環として、一般市民向けの科学と芸術のエディンバラ夏期集会 Edinburgh Summer Meeting を組織していった。これは九九年まで継続され、夏のエディンバラを代表するイベントの一つとして定着していったという。[★55] 当初は植物学や動物学を中心する講義から開始されたが、それは次第に生物と環境、人間の社会生活と環境の関係へと関心を広げ、地理学や生理学、さらに社会学、人類学、経済学、歴史学、文学、芸術を含む多彩な講義が展開されていった。ここには一九世紀をつうじて加速した科学の専門分化に対するゲデスの明確な批判意識が反映されている。[★56] また多くの講座においてフィールドワーク・地域調査に時間が割かれ、夜にはリサイタルや演劇が催された。九〇年代には百数十名ほどが参

★52 エンゲルス 1990、八一―八二頁。

★53 エディンバラ社会連合の活動については、安藤 1998、第二部第一章；MacDonald 2020 を参照。

★54 ルクリュは「都市の進化」（一八九五年）においてエディンバラ社会連合の試みにこう言及している。「愛するスコットランドの首都エディンバラで、もうひとつの仕方で敬虔な手が作用していることを教わった。生き生きとした、しかし汚れた路地に闖入し、それらを次第に変貌させている。一軒一軒、すべての住民に以前の家に、しかしもっときれいで、もっと美しい家へ住まわせている。そこに空気と光が通り抜ける。友人と友人を集まらせ、彼らに社交と芸術の楽しみのための再会の場所を与えている。少しずつ、街路全体が、その当初の個性を保持したまま、汚れや悪臭もなく、新鮮さとすがすがしさが現れてくる。まるで足元からきれいな芽を出す花のようである」（Reclus 1995, p.20）。

★55 エディンバラ夏期集会ついては、安藤 1998、四七〇―五五〇に詳しい考察がある。Cumming 2004 も参照。

★56 ゲデスは夏期集会の目的を、専門化した大学の教育とは一線を画した、自然・社会・人文諸科学の「一体化されたカルキュラム」をつうじて、参加者が「生活の諸技術」を身に付けることに定めていたという（安藤 1998、四九〇―四九二頁）。

加し、またこの活動に共感する学者や知識人、芸術家や実務家が講師として地元エディンバラのみならず、広く国内外から招かれた。その顔触れは、経済学者イングラム、動物学者・人類学者アルフレッド・ハッドン（1855-1940）、ゲデスの実験助手を務め後にオックスフォードで地理学教授となったアンドリュー・ハーバートソン、エドモンド・ドゥモラン（1852-1907）をはじめとするル・プレイ学派のメンバー、フランス連帯主義にも影響を及ぼした『動物社会』（一八七七年）の著者アルフレッド・エスピナス（1844-1922）、フライブルグ大学の美術史家エルンスト・グロッセ（1862-1927）など大学の著名な学者から、ルクリュのような在野のアナキストたちまで多彩である。一八九二年にはエディンバラ城の城門近くに立つ「展望塔 outlook tower」を借り、ここをエディンバラの地理と歴史の研究所・博物館として機能させ、夏期集会を含む多様な活動の拠点に用いた。★57

確認すべきは、経済学にかかわるゲデスの論考の執筆が、このようなエディンバラでの実践とほぼ並行して進められたことである。先に見た彼の経済学原理の分析がいかに抽象的（ともすれば衒学的）にみえようが、そのねらいは同時に眼前に広がるエディンバラをはじめとする都市の現実を具体的に改革することにあったといえる。

いかなる近代の産業都市でも、机上ではその富がどれほど巨大であっても、眼に入ってくるのは、外側は下品でけばけばしく、内側は不健康で、永続的な価値をほとんど含むことのない不気味に建てられた住宅のみすぼらしい集積だけである。後はいたるところ、いまわしい塵と暗黒、煙と汚物にまみれており、あたかも住民はみじかく陰鬱な生の観念にすっかり象られ、それに満足しきるほどに愚鈍であるかのようである。★58

明らかにラスキンにつうじる、こうした彼の同時代の産業都市に対する眼差しを明快に語っているのが、『労働の要求』と題されたシリーズとして刊行されたパンフレット『労働者と資本家の進歩の条件について』(一八八六年)である。『労働の要求』は、一八八五年にロンドンで行われた「産業報酬会議」の成果を伝えるためエディンバラ、グラスゴー、ダンディーのスコットランドの三都市において開かれたジョン・バーネット(合同機械工組合 amalgamated society of engineers 書記)、ベンジャミン・ジョーンズ(協同卸売組合 co-operative wholesale society 理事)、生物学者アルフレッド・ラッセル・ウォーレス、ウィリアム・モリス、経済学者フォックスウェル、そしてゲデスを含む六名の講演の記録を収録したパンフレットである。[★59] この講演は、ゲデスが同時代の人口 - 貧困問題を正面から論じた成果であり、彼の経済学の理論的探究が実践的にどのようなねらいをもっていたかを知るうえで重要なテクストである。

ここでのゲデスの批判対象はきわめてはっきりしている。それは同時代の支配的な「進歩

★57 一八九七年にエディンバラ夏期集会に講師として招かれたシカゴ大学の社会学者チャールズ・ズウェブリンは、ゲデスの展望塔についてこう書いている。「学校であるとともに、博物館、アトリエ、展望台でもある展望塔は、まさしく世界最初の社会学的実験室と呼ぶにふさわしい」(Zueblin 1899, p.592)。

★58 Geddes 1884b, p.37.

★59 産業報酬会議はエディンバラの篤志家による拠金をもとに、王立統計協会の協力を得て一八八五年一月にロンドンで開かれ、資本と労働のあいだのより平等な分配を実現する方法について議論された。ゲデスはこれにエディンバラ社会連合の代表として参加している。

progress」の観念である。ゲデスは、同時代の人口‐貧困問題の根本を、安価で低質な消費財の大量生産と、そのように生産された消費財によって扶養される安価な労働者の増殖という負のスパイラルに陥った「社会的なマシン」の問題として捉える。産業革命以来、蒸気機関をはじめとする機械装置によって膨大な資源とエネルギーを採掘・採取し、未曽有の人口増大と彼らに食糧と衣服を与えることに成功した。けれども、このような量の観点から定義された「進歩」の観念が、一方で「多量の安価な食べ物」の生産と、これによって養われる「あり余るほどの過剰な有機体〔下層の労働者〕」の生産をイデオロギーとして支える。ゲデスは、この現実こそが「貧困と進歩との本質的なつながり」を証拠立てていると強調する。[★60] このマシンは、粗悪な大量の商品の生産と消費に労働者＝消費者を巻き込むことで、「生命の徹底的な退化 utter degeneration」を招くだけでなく、消費財を大量生産するために域内および域外の膨大な自然資源の採掘と採取を必要とするがゆえに、生態環境（鉱物資源や土壌環境）を急速に枯渇、劣化させ、物理学（エントロピー）の法則が示すように、究極的には破滅を運命づけられている。

カナダやアメリカ合衆国からきわめて頻繁に耳に届けられる進歩は、より安価な労働者を養い彼らに衣服を供給するため、より安価な穀物と綿花を栽培することのうちに認められ、ますます多くの労働者を養うため、さらなる穀物を生みだし続ける。それはついになんの食べものももたない際限ない人口を抱えるまで継続される。〔…〕当然、功利主義の経済学者――彼は真の功利主義者とは逆の、俗流功利主義者――は、石炭が枯渇したとき、西洋の穀物農地が埋め尽くされたとき、いったいなにが起こるのかと問われれば、「それが私の最後の日になろう It will last my day」と冷静

な態度で答えるだろう。ようするに〔…〕「わが後に洪水よ来たれ」である。★61

安価な人口の増大とその扶養を自己目的化した進歩観が、あるいは「胃袋の欲求 the wants of the belly」の充足しか考えることのできない誤った功利主義が、一方では巨大な人口と巨大な貧困をつくりだし、西洋の穀物農地のみならず、ついには世界全体を「愚か者の楽園の穀物倉 the granary of a fool's paradise」へと変貌させていく。そしてそれは、深刻な土壌劣化をもたらし、終極的には自然の有限性という限界に突き当たる。こうした量的進歩の観念とシステムを変更することがなければ、「石炭や綿花」「牛や穀物」の供給をいくら増やそうが、あるいはそうした財のより平等な「再分配」を推し進めようが、結局のところそれは「膨れ上がった貧困のよりいっそうの生産」という「災厄」を招くものでしかない。「新たな資源の開発は、悲惨さの限界をさらに押し下げ、ついには悲惨さを増幅させるにすぎない」★62。しかも、彼の見るところ、「徹底した退化」の状態にあるのは労働者だけでなく、資本家もまた「病理の状態 ill-being」にある点で大差はない。「労働者と資本家にとって生はともに空虚である。大きいだけで醜悪な家に住む資本家が、小さく醜悪な家に住む労働者よりもいっそう幸福というわけではない」からである★63。

後のテクストでゲデスは、こうした量的進歩の観念にとらわれたシステムを「旧技術経済」あるい

★60 Geddes 1886, p.101.

★61 ibid., p.103.

★62 ibid., p.102; Geddes 1888a, p.285.

★63 ibid., p.107.

は「旧技術秩序」と呼ぶ。

われわれの産業時代〔旧技術経済〕は、そのはじまりにおいて、そしてその後もあまりに長く、ただやみくもに蒸気を立ち昇らせ、やみくもに機械を動かし、きわめて安価な人口を維持するため安価な生産物をつくりだすために、ただやみくもに石炭を採掘してきた。そしてこれらは、ますます多くの石炭、蒸気、機械、人口をまたやみくもに獲得するためのものなのである。そしてその帰結を「富と人口の進歩」と呼んだ。こうした生命量のすみやかな増殖と、したがってまた、この生命が依存する物質資源のすみやかな枯渇は、石炭の経済学者がときどきわれわれに容赦なく想起するように、ジャムのつぼに生えたカビのようにあまりに急激であった。カビはその繁殖期になると驚くばかりに広がり、ついには、乾燥し無数の胞子でいっぱいの菌 - 都市 fungus-city の混乱しもつれた固い外皮となるが、そこにジャムは残されていない。〔…〕そこでは大多数の人口があまりに低い生の水準にとどめ置かれている。レンガや灰に覆われていない場所でも、農業向けというには土壌はあまりに制限されている。ようするに、貧弱でみすぼらしい都市が、使い尽くされた鉱山のうちに沈みこんでいるのである。★64

旧技術経済は、石炭と蒸気機関、これらから派生した製造業と鉄道、そして「ごみごみした単調な産業都市」★65によって特徴づけられ、つまるところそれは、a)エネルギーの散逸とb)生活の質の劣化とに集約される。ここでのゲデスの分析は一貫して熱力学的、より正確にはエントロピー論的である。旧技術経済は「途方もないエネルギーや物質といった諸資源、そしてそれらを利用する力の浪費と散逸」[★66]を伴いつつ駆動するエンジンである。「旧技術的人間 paleotects」は「市場の拡大」を目標としながら「石炭を掘りおこし、機械を動かし、安い綿花を生産し、人びとに安価な着物を与え、さらに多くの石炭を採取し、より多くの機械を動かす」ことにひたすら腐心する。[★67]それは一方では、ロンドン・シティが体現するように、株や配当金、「貯蓄」からなる膨大な貨幣的な富 money-wealth を蓄積しはするが、しかし他方でそれは大衆のなかに生と環境の徹底的な劣化を必然的につくりだす。「際限なく成長するみすぼらしい街路、みすぼらしい家々、みすぼらしい裏庭」[★68]、「絶え間なく進行する煙雲 smoke-cloud、機械の不快な響き」[★69]、「みすぼらしいバラック、背中合わせの家屋、スラム街、長屋、割れ目だらけの路地、その他の忌まわしいものの群れ」[★70]、そして「全般にわたる負債」[★71]といった形態においてである。そのような旧技術的な生活も労働も「まもなく物質的に散逸」し、「貨幣賃金がどうであろうとも、塵埃 dust や灰塵 ashes へとかたちを変えていく」[★72]。そして彼にとってこの旧技

★64 Geddes 1915, p.52-53. 邦訳八五頁。
★65 ibid., chap. 4. Geddes 1912 も参照。
★66 ibid., p.72. 邦訳九九頁。
★67 ibid., p.74. 邦訳一〇一頁。
★68 ibid., p.69. 邦訳九八頁。
★69 ibid., p.92. 邦訳一一八頁。
★70 ibid., p,148. 邦訳一六三頁。
★71 ibid., p.70. 邦訳九九頁。
★72 ibid., p.74. 邦訳一〇三頁。

術経済がその見せかけの成功とは裏腹に不断につくりだす廃物を端的に具現するものが都市＝スラムなのである。「旧技術の産業、同様にその経済学の、この具体的な到達点と究極的な概括、またその主要な振る舞いと思考の総合的な成果やコンセプトとは一体何であろうか。たった一つの言葉で表せば、それはスラムである」★73。ゲデスはここでもスラムを極貧の生活者や炭坑労働者の生活状態に限定すべきではないと強調する。貧者の住まいも含めた都市全体が、これを準スラム Semi-slum と呼ぶか、超スラム Super-slum と呼ぶかにかかわらず、スラム的なものを本質としているからである。

旧技術的な進歩はこのような世界のスラム化、「破滅 ruin にむけた競争」に他ならないのであって、これを回避するには、「富の量と人口数から理解されるこの卑しい進歩の観念を乗り越えること」が必要である★74。ゲデスにとって、そこにこそ物理学（熱力学）と生物学の果たすべき役割があった。

5 生命の法としての協同

ダーウィニズム批判

マルサス『人口論』は一八三四年の救貧法改正にいたるイギリスの貧困をめぐる知と言説にきわめて大きな影響を及ぼしたが、ダーウィンの登場以後、かつての自然神学的な枠組みはしだいに影響力を喪失し、ハクスリー、スペンサー、アルフレッド・ラッセル・ウォーレス、他方ではクロポトキンやルクリュなどのあいだで異なる社会進化思想が展開されていった。ピーター・ボウラーが「非ダーウィン革命」という言葉で強調したように、『種の起源』初版（一八五九年）刊行後、生物進化の理解の点でもかならずしもダーウィンの学説が定着したわけではなく、環境の直接的作用や器官の用不用、獲得形質の遺伝など自然選択以外の進化のメカニズムに対するダーウィン自身の評価も版を重ねるごとに揺れていった。★75

ゲデスもまたこうした論争的な状況のなかである種の社会進化の思想を練り上げたが、彼自身の議論は、生物学におけるダーウィンの理論（生存闘争あるいは自然選択）を人間社会に素朴に適用し、そこからレッセ・フェールの資本主義、あるいは帝国主義や人種理論、さらには人為選択を重視する優生学等々を導くという、一九世紀末に隆盛した（とされる）「社会ダーウィニズム」の言説とは異質である。★76 というより、そのような意味での社会ダーウィニズムは、ゲデスが最たる批判の標的としたものであった。とくにゲデスのダーウィンの学説についての位置づけは興味深い。『チェンバーズ百科事典』の「生物学」の項目のなかで、彼はダーウィンの学説について次のような説明を与えている。

★73 ibid., p.116. 邦訳一三六頁、強調原文。

★74 Geddes 1886, p.105.

★75 Bowler 1988.

★76 一九世紀末の進化思想と社会思想との結合は、歴史家でニューディールの支持者であったリチャード・ホフスタッターの『アメリカ思想における社会ダーウィニズム』（一九四四年）によって流布された「社会ダーウィニズム」のイメージ（これはとくにスペンサーに向けられた）よりも、はるかに複雑であったことはすでに多くの研究によって指摘されてきた。たとえばホフスタッターへの批判としては Bannister 1979 が著名である。Jones 1980 もまたイギリス社会思想における社会進化思想の多様性について論じており、ゲデスにも言及している。社会進化思想の多様性については Bowler 1988; 北垣 2001, 2009; 阪上 2003 も併せて参照。

自然の秩序の主要の解釈者としての〔ウィリアム・〕ペイリーにダーウィンが取って代わったことは、擬人主義的 anthropomorphic 見地から純粋に科学的なそれへの置き換えであると現在では見なされている。しかしながら、少し考えてみればわかるように、じっさいに起こったのは、一八世紀的な擬人主義から一九世紀的なそれへのたんなる置き換えにすぎなかった。というのは、ペイリーの神学的・形而上学的な説明が明け渡した場所を新たに占有するようになったのは、マルサスがダーウィンとウォーレスに提示した、産業競争の一般的な熾烈さという観点にもとづく説明だったからである。現代の経済理論が認識可能なものとしてきた生存競争の現象は、この間、有機的進歩の完璧な説明にまでその地位を上昇させてきたのである。★77

ここでは、ダーウィンおよびウォーレスの自然選択の学説が、マルサスから「現代の経済理論」にまで一貫する「競争」の観念の産物であるかのように描かれている。トムソンとの共著『進化』（一九一一年）においては、よりはっきりと、近代の進化思想が「一八世紀末に普及」し、「一九世紀初頭には、意識的あるいは無意識的に、ナチュラリストや物理学者を進化の探究や教説へと刺激した」「進歩 progress の社会理論」に由来するものであると科学社会学的な理解が示されている。彼らによれば、進化思想が「社会的な興奮」を引き起こした二つの波があるという。ひとつは、啓蒙思想やフランス革命を支えた「一八世紀の「人類の進歩 Progress of Humanity」」の言説であり、いまひとつの波は、「イギリスの産業革命」、すなわち「一九世紀の製造業と商業の世界支配」の時代に生じた。そしてダーウィンの「自然選択説」こそ、この競争的な産業社会の時代精神の現れであるという。★78

ダーウィンがマルサス『人口論』をはじめとする古典派経済学からけっして小さくない影響あるいは刺激を受けたこと、そして『種の起源』において、「あらゆる生物が高率で増加する傾向をもつことの不可避的な結果」たる生存闘争の概念が「マルサスの学説を全動植物界にたいし何倍もの力で適用したものである」と論じたことは、いまでは常識的なことがらに属すだろう。[★79] じっさいダーウィンの『種の起源』の形成はマルサスにかぎらず、古典派経済学から広く影響を受けていた。ゲデスにとって、ダーウィンの例が象徴するように科学理論がその時代の政治経済的コンテクストと無関係ではありえないことは明らかであり、生存闘争にもとづく自然選択説もまたマルサス学説を自然界に投影した一種の「自然マルサス主義」であって、そのかぎりで一九世紀の旧技術秩序の精神の所産なのであった。[★80]

★77 Geddes 1888b, p.162.

★78 Geddes and Thomson 1911, p. xi. こうした科学的知識の社会的文脈を強調する議論は、たとえば一九二〇年の「経済学との関係における社会学の本質」でも反復されている。「純粋理論が、理論家が一般的に自覚している以上に、彼自身の生活や状況に多くを負っていると考える証拠も増え続けている――ダーウィンやウォーレスの自然選択理論が証拠立てている。いずれの場合も、先行する時代の主要な経済・社会思想家であったマルサスに由来している。そして、この起源――および方法――は後のナチュラリストによってあまりにも見過ごされているが、それでもなお、彼ら自身の精神がその社会生活や環境によって彩られていることは明らかである」(Geddes 1920, p.20)。

★79 Darwin 1998 [1859], p.51. 邦訳(上)八九―九〇頁。ダーウィンとマルサス『人口論』を含む古典派経済学との関係については松永 2000、第三章およびシュウェーバー 1994 を参照。

そもそも、戦争は、競争を生の進歩の本質的要因として捉える現行の理論の一般化に他ならない。というのも、われわれが教えられているように、競争が商業取引 trade の生活であるならば、競争はまた生命 life の商業取引でもあるに違いないからである。ダーウィンや彼の弟子のように、単純なナチュラリストたちはこれを信じる以外に何かできたであろうか。さらにそこから、彼らは新たな権威でもって、競争を〈自然〉と人間の生活に投影する！　かくして、旧技術の哲学 paleotechnic philosophy は完成する——商業における競争、自然における競争、そして戦争における競争は、三者が一体となって、その崇拝者たちに失敗することなく報いてきたのである。★81

とはいえ、ゲデスがダーウィンの学説やその素朴な人間生活への適用を旧技術時代のイデオロギーとして批判したからといって、生命と社会の進化の探究そのものを放棄するわけではない。ゲデスは八〇年代に自らの進化思想を、ダーウィンの自然選択説とは異なる潮流にはっきりと位置づけていた。『チェンバーズ百科事典』に収録された「ダーウィン理論」では、冒頭から「進化」と「ダーウィニズム」との「ありふれた混同」への注意が促され、ダーウィニズムを「宇宙のドラマのメカニズムとプロットのひとつの特定の解釈に限定」すべきことが強調される。そのうえで、ラマルク的進化（用不用説や獲得形質の遺伝）をいっさい排して自然選択説への純化を図るアウグスト・ヴァイスマン（1834-1914）の「ウルトラ・ダーウィニズム」（いわゆるネオ・ダーウィニズム）の新興勢力に触れつつ、これら「機械論」と対抗するネオ・ラマルキズムを含む「非ダーウィン的 non-Darwinian」進化論の系譜のなかに自らの立場を位置づけている。★82 ゲデスは、自然誌における自然選択の役割を認めながらも、進化における有機体自身の積極的・能動的な役割を重視するとともに、その積極性が利己的なものだけでなく、むしろ協同や相互扶助の性質であることを強調する。「進歩の大いなる諸段階は、事実上、個体の競争の生殖的ないし社会的役割への従属、そして種間競争の協同的結合 co-operative associations への従属の、度合いの高まりと結びつけられる。〔…〕競争はけっして完全には取り除かれることはなく、進歩はその理想に完全に到達することはないにちがいないが、けれども「万物の究極法則」は闘争ではなく愛であると認めることが、純粋な自然誌にとっていっそう重要である」[★83]。そして「生きた世界を主として駆動し造形しているのは、飢えと生存闘争ではなく、存在における愛と結合である以上、そこにこそ経済学の新たな科学的基礎が見いだされるのである」[★84]。

互恵的適応

後のクロポトキンにもつうじるこのようなゲデスの非ダーウィン的な生命と進化の見方は、たんに

★80 「自然マルサス主義」という表現は北垣 2009 に拠る。北垣はダーウィン『種の起源』の仏訳出版（一八六二年）に注目し、初版の訳本の出版がスミスやリカードウ、マルサスなど経済学の書物を中心に扱うギヨマン社であり、またその出版広告にマルサスの人口法則を自然界全体に適用するものと紹介されていた事実を指摘している。つまり、少なくとも当時のフランスにおいて、ダーウィン理論は「自然マルサス主義」として認識されうるものであったという（一八四―一八五頁）。

★81 Geddes 1915, p.77. 邦訳一〇四頁。

★82 Geddes 1888c, p.659; p.690. なおゲデスの進化思想については安藤 1998、六六―一一二頁も参照。

★83 Geddes and Thomson 1889, p.286; Geddes 1888c.

★84 Geddes 1888a, p.293.

抽象的な観念のレベルでのみ論じられているわけではない。それは彼が眼病を患う以前の一八七〇年代末に主にロスコフ海洋生物学研究所を拠点に行った生物学研究に直接由来している。ゲデスはそこで、エルンスト・ヘッケルによって美しく描かれた海生無脊椎動物を対象として、植物と動物との分類学的差異にかかわる重要な研究を残していた。「コンボルタ・シュルツェイ（緑色プラナリア）の生理学と組織学の観察」（一八七九年）、「動物の葉緑素と緑色プラナリアの生理学」（仏語、一八七九年）、「放散虫と腔腸動物における「黄色細胞」の性質と機能について」（一八八二年）、「葉緑素を含む動物に関する研究」（一八八二年）などがそれである。[★85] これらの研究で彼はダーウィンやヴァイスマンなど当時の著名な科学者からも高い評価を得ることができたのであった。

ゲデスの研究の背景にあったのは、当時の生物学における「共生 symbiosis」をめぐる論争であり、とくに顕微鏡技術の改良によって明らかとなった、複数の有機体の結合をめぐる解釈の問題である。[★86] ジャネット・サミンによれば、「共生の概念は、ある有機体が終わり、別の有機体がはじまる地点を判別するのがしばしば困難となるような複雑な生物学的諸関係を理解する方法として一九世紀に生まれ」、「共生体は、生物学的な個体性、依存と相互依存、界と種の性質や部分と全体との関係について疑念」を生み、またゲデスにとってそうであったように、「人間の社会生活のモデル」として重要な意味をもつようになっていた。[★87]

この議論の引き金となったのがスイスの植物学者ジーモン・シュヴェンデナー Simon Schwendener（1829-1919）が一八六七年に提示した「二重仮説」である。これは地衣類 lichen が「無数の個体」、すなわち菌類と藻類の二つの種から構成された「群体」であり、菌類を主人あるいは寄生者として、藻類を「永遠に囚われの身である」奴隷として解釈するものであった。シュヴェンデナーの二重仮説は実験植物学者によって広く支持されていく一方、彼の主人—奴隷、捕食者—被食者という一方向的な寄生的関係に疑念をもつ科学者は、「かならずしも一方に危害をもたらさないような多様な種の親密性を記述するための新たなターミノロジー」を求めていた。★88 これに symbiosis や commensalism、mutualism といった概念でもって応じたのが、ドイツの実験植物学者アントン・ド・バリー Anton de Bary（1831-1894）、ベルギーの動物学者ピエール・ジョセフ・ファン・ベネデン Pierre-Josef van Beneden（1809-1888）、そして「菌根 mycorrhiza」（菌類と植物の根の共生体）の研究で有名なドイツの菌類学者・植物学者アルバート・ベルンハルト・フランク Albert Bernhard Frank（1839-1900）などであった。彼らがいずれも強調したのは、地衣類の事例にかぎらず、動物や植物に見られる異なる個体の結合には一方の犠牲を伴う寄生には還元できない、もっと複雑で微妙なグラデーションが存在するということであった。

こうして一八七〇年代までに、ヨーロッパをつうじて「協同的親密性 cooperative intimacies」の研究が急増していたが、そのなかでとくに科学者の注目を集めたのが、もっとも単純な生物に見られた「動物葉緑素 animal chlorophyll」の研究である。早くも一八五〇年代には、一部の単純な海洋生物——原生動物 protozoa やプラナリア、イソギンチャク——について、動物のように動き、しかし植物のよ

★85 Geddes 1882a, b, c.
★86 Renwick 2012, pp.76-81; Samyn 2020.
★87 Samyn 2020, pp.243-244; Cf. Sapp 1994, chap.1.
★88 ibid., p.251.

うに栄養を摂取する、あるいは同一の種であっても状況に応じて栄養摂取の方法が変化する、つまり動物と植物それぞれの特徴を併せもつような生物の存在が知られていた。そうした生物が体内の葉緑素をつうじて自ら栄養を摂取しているのであれば、それは植物界と動物界とは異なる新たな「第三界」の存在を示しているのではないかという仮説が立てられ、イギリスのリチャード・オーウェンのProtozoaやジョン・ホッジのProtoctista、ヘッケルのProstistaなど、「葉緑素を含む有機体」は、「完全な動物でも完全な植物でもないあらゆる生物の祖先の例」(原生生物)として新たに分類され、従来の二界説(動物界、植物界)は疑われるようになっていた。★89

ゲデスの一九七〇年代末の研究は、ロシアのレン・チェンコフスキーやベルリン大学のカール・ブラントのそれとともに、こうした三界説に異論をさし挟むものであった。ゲデスの仮説によれば、すでに地衣類の例で明らかにされていたように、プラナリアや放散虫Radiolarieに見いだされる葉緑素はそれに内生するもの(すなわち動物葉緑素)ではなく実際には藻類の植物葉緑素であって、それゆえ動物から切り離すことは可能であり、むしろ「葉緑素を含む有機体」の存在は植物と動物の共生関係を示している。そこで彼は、フランス(ロスコフ)やイタリア(ナポリ)での実験をつうじて、プラナリアと放散虫に見いだされる緑色や黄色の細胞が、それらの動物において果たしている生理学的機能の分析を試みたのである。ゲデスの結論は、放散虫の細胞と放散虫に含まれる黄色細胞Philzoonはともに、両者の親密な関係から恩恵を得ている、というものであった。『ネイチャー』誌に発表された八二年の論考ではこう分析されている。

植物の無色の細胞がすべて、緑色細胞が形成したでんぷん質を共有していることはみな知っている。その場合、じっさいに植物細胞を取り囲んでいる内胚葉細胞あるいは放散虫が、同様にそのはたらきによって恩恵を受けていることは疑いえないように思われる。いいかえれば、植物細胞がそれ自身のでんぷん質を分解するさい、その一部は周囲の動物細胞へと浸透によって引き渡されるにちがいない。また、動物細胞が余分なアミロース分解性の発酵体を有することも忘れられてはならない。その場合、黄色細胞は動物の栄養機能に別の仕方でも寄与している。というのも短い生命を終えて死ねば消化されるからである。さまざまな観察者によって発展しつつあると考えられた黄色の身体は、分解と消失の進行において死んだ藻類に他ならない。ひるがえって、動物細胞は絶えず炭酸と窒素性の廃物をつくりだしているが、これらは藻類にとっては第一の生活必需品なのである。★90

すなわちゲデスの分析によれば、一方の藻類の植物細胞にとって、炭酸と窒素性の廃物によって自らに栄養を与え、なおかつ必要な光を与えるのに十分な透明性を有する動物細胞の身体以上に理想的な生存の場はない。また同様に、動物の細胞にとっても、継続的に酸素とでんぷん質を与えるだけでなく、自らの老廃物を取り除き、さらに死後には消化されてしまう植物細胞は理想的な共存の対象であった。彼はここに「もっとも単純で、もっとも密接と考えられる形態に還元された動物界と植物界の関係」を見いだし、この動物界と植物界の相互依存と協力の関係を「互恵的適応 reciprocal

★89 Sapp 1994, p.10.
★90 Geddes 1882b, p.304.

accommodation」という概念で捉えるのである。アントン・ド・バリーが異なる種のさまざまな共生的結合が自然選択にもとづく進化のメカニズムにとってもつ意味について慎重な姿勢をとったのに対し、ゲデスにとって地衣類や単純な生物における動物と植物の互恵的適応は、生存をめぐる闘争のなかにある動物にとって進化的適応の一種と見なすべきものであった。というのも、こうした植物と互恵的な関係をとり結ぶことに成功したイソギンチャクの種や放散虫の個体――ゲデスは地衣類の例と関連づけて「動物地衣類 animal lichens」とも呼んだ――は、そうではない種や個体に比していっそう繁茂するからである。

　ヤン・サップが共生の概念史研究において論じるように、このような動物界と植物界に見られる互恵的な結合関係をめぐる議論は、「歯と爪を赤く染めた」自然の観念へと複雑な生存闘争を還元する見方への対抗あるいは解毒剤となり、直接に政治・社会思想な意味合いを帯びていた。たとえばファン・ベネデンが「相互主義 mutualism」の語を生物学にもち込んだ背景に一八七一年のパリ・コミューンがあったというように。あるいは自然界の進化と人間の倫理を厳格に峻別したハクスリーに抗して、クロポトキンが動物にさまざまに見いだされる社会的本能や相互扶助から進化の原理を引き出し、これを人間社会にも適用したように。ゲデスもまた例外ではない[★91]。もっとも単純な生命においても無意識の相互扶助が発見されるように、あるいは「単細胞生物と多細胞生物とのあいだにある、有機的自然における最大の飛躍」が生存闘争というよりもむしろ、「集合体への細胞の結合のゆえ」であり、「個体の利得の観点からは解釈できないプロセス」[★92]であるように、ヒトという種を含む有機体の進化のメカニズムには、競争とは異なる協同や相互依存の契機が貫かれている。それがゲデスの依拠した生命の観念であった。そしてこれは、分離と競争は死の法であり、互助と協同が生命の法であると説くラスキンの思想とも明らかに重ね合わされていたと考えられる。

6　産業改革

第三の作用線

誤った進歩の観念によって造形されたスラム化した世界はどのようにして変革されるべきか。また物理学と生物学の原理はこの問題にいかなる視点を与えるのか。これまでの検討を踏まえて、あらためてこの問題に立ち返ろう。ゲデスは人口 - 貧困問題に対する種々の生物学的分析とその解決策を考察している。★93 第一はマルサス的な立場である。マルサスは貧困問題の根源を「人口法則」（すなわち、人口は等比級列的に増大するが、生活資料は等差数列的にしか増大しえず、ゆえに慢性的な生活資料の不足に陥る、という例の説）に求めた。ここから引き出されるマルサス的な解は、人口増大の趨勢を、①戦争や飢饉、病気といった積極的妨げ、あるいは②婚姻の引き延ばしなど予防的・道徳的妨げをつうじて修正することであり、より望ましいのは後者による人口調整である。

★91　Sapp 1994, pp.15-23. なによりゲデスやトムソンはクロポトキンの『相互扶助論』（一九〇二年）を、彼らの『性と進化』の結論的命題をさらに精緻化したものと考えていた（Geddes and Thomson 1911, p.175）。
★92　Geddes and Thomson 1898, pp.284-285.
★93　ここでゲデスはマルサス、ダーウィン、スペンサーの三者の議論を俎上に載せているが、それぞれの主張の忠実な解釈というより、あくまで人口問題に対するありうるモデル（いわば理念型）として展開している。

第二はダーウィニズム的な立場である。ゲデスの解釈では、マルサスを継承するダーウィニズムは人口法則を「生存闘争」へと位置づけなおし、マルサスのいう積極的制限と予防的・道徳的制限をそれぞれ「自然選択」と「人為選択」として読み替える。このダーウィン的な立場から引き出されるありうる実践的な解は、生存闘争と自然選択のはたらきが妨げられることなく発揮されるよう、つまりは不適者を死に追いやり適者の生き残りを可能にするよう「放任する」ことである。

しかし、ゲデスはマルサスとダーウィニズムを支える人口理論は、自然と生命の諸事実についての部分的な説明にすぎないとしてこれらをしりぞける。むしろより包括的・一般的な説明を与えるものとして彼が積極的に評価するのはハーバート・スペンサーのそれであった。スペンサーは『ウェストミンスター・レビュー』誌に匿名で掲載した「動物の繁殖力の一般法則から演繹される人口理論」（一八五二年）において、「個体の自己保存力」と「種の増殖力」が逆比例するという命題を打ち出していた。スペンサーによれば、現在は必要以上の生殖能力と個体の生命維持能力とが均衡していない過渡期にあり、マルサスの人口原理が妥当する状態にある。しかし、過剰な生殖力に伴う生存手段への不断の人口の圧力は、人類に改善への刺激を与え、文明化の原動力ともなり、その結果、個体の生命維持能力の向上とともに逆に種の増殖力（人口圧）は減退していくものと理解された。★94 また理想社会において実現される道徳原理を論じた前年の『社会静学』（一八五一年）において、すでにスペンサーはコールリッジの「生命の理念 Idea of Life」に依拠して、生物の進化をその機能の個別化（機能分化）と相互依存との総合にあると論じ、そこからの類推で人間社会の進化の究極的な目標を「完全な個別化 perfect individuation と完全な相互依存 perfect mutual dependence とを同時に生みだす」ことだと規定していた。★95 つまり、スペンサーにとって社会進化とは、個々人の生の個体化・個性化と相互依存性の強まりとの平行するプロセスであった。

ゲデスは、自らの互恵的適応の研究と一致するものとして、このようなスペンサーの人口と進化に関する命題――とくに機能分化（異質性の増大）と相互依存の深化の総合というモチーフ――を大枠として引き継ぐ。ただしスペンサーのように社会進化へいたる道をレッセ・フェールに委ねることを拒否する。代わりに彼が重視するのは、生存闘争（自由放任）とも予防的妨げ（人口調整）とも異なる「第三の作用線 the third line of action」、すなわち、より高次の個別化・個性化（個体の生の発展）を意識的かつ積極的に促進させる道である。「予防的妨げも生存闘争も主要な問題ではない。解決の鍵はますます高次化する個体化にある。すなわち過剰な種の増殖を抑制しようと思うなら、われわれは社会全体をつうじて平均的な個人の水準を発展させなければならない」[96]。

その場合、まず問題は「平均的な個人の水準」の発展とはいったいなにを意味するかである。すでに見たように、ゲデスはマルサスやスペンサーのように人口 - 貧困問題を過剰な繁殖力というヒトという種の自然必然性の問題としては捉えてはいなかった。むしろ貧困の問題は、量的進歩の観念とこれに支えられた大量生産と大量消費を追求するシステムがつくりだす世界の劣化の必然的な現れであり、問題がこのようなものである以上、より多くの人口を扶養するための「富の増大」、つまりいっそう多くの資源を開発し、より多くの消費財（食べものや衣服や住まい）を生産・供給することは

★94 Spencer 1852. 藤田 2009、二一一―二一三頁も参照。
★95 Spencer 1851, pp.437-442. 山下 2008; Pearce 2010a, p.245 も参照。
★96 Geddes 1886, p.100.

無意味であるどころか、むしろ問題を悪化させるだけである。また、そのようにして増大した富の国家をつうじた上からの「再分配」という方法も問題の根本解決にはならない。そうではなく、（ラスキンがそうしたように）問題は根本的に「質」にかかわるものとして捉えなおされなければならない。つまり、「胃袋の欲求」だけでなく、美の感覚や知性にかかわるより高次のニーズの充足にこそ照準を合わせる必要がある。「ひとはパンのみに生くるにあらず」という命題こそ「生命の諸事実」に一致する原理であり、したがってそれは経済学にとっても「欠くべからざる精密な科学」の原理であることをゲデスは強調する。★97

この「人間の向上 Ascent of Man」という問題は〈有機体―機能―環境〉という枠組みにおいて展開される。ゲデスは次のようにいう。「有機体が機能と環境とによってかたちづくられるというもっとも偉大な法則」（生物学原理）にもとづけば、目標とされるべきは「大気、水、光といった自然の諸要素をもっとも清浄に維持」しつつ、「健康かつ歓びに満ちた機能」を獲得し、「有機体」と「環境」とのよりすぐれた相互作用を実現することにあると。もっと具体的にいえば、必要とされるのは、有機体と環境の相互作用の洗練という目標にそくした、「生産物と生産過程を含む生産の再組織化」、すなわち「産業改革 the Industrial Reformation」に他ならない。★98 この産業改革の実質は物理学原理によってさらなる具体化が図られる。

第一に、熱力学法則の適用が明らかにするのは、経済学の対象とする富・有用性が、究極において自然界からもたらされるエネルギーと物質（いわゆる低エントロピー源）に由来する、という事実であった。あらゆる純生産物は、物質とエネルギーの支出に伴う「自然によって支払われる利子」★99と理解されなければならない。とくにフィジオクラートがすでに洞察していたとおり、太陽エネルギーを光合成のはたらきによって人間を含む動物（微生物も含め）にとって利用可能なエネルギーへと変換している植物界こそがあらゆる生き物にとってもっとも根本的な富の純生産者というにふさわしい。大気、水、光、土壌、森林といった自然の保全こそは真の意味での富の貯蓄であり、そこに産業改革が準拠すべきひとつの原則がある。ダンディー大学で行われた最終講義「生物学とその社会的意味——植物学者はいかに世界を見るのか」において彼はこう述べる。

〔植物の〕葉は生命の主要な産物であり現象である。この世界はひとつの緑の世界であり、そこに比較的少数の小さな動物たちが棲みついていて、そのすべてが葉に頼って生きているのである。葉によってわれわれは生きる By leaves we live。貨幣によって生きるなどという奇妙な観念に取りつかれている者もいるが、彼らはエネルギーが硬貨の循環によって生み出されると考えている。けれども、世界はたんなる鉱物の塊ではなく、そのほとんどは植物の葉の群集であり、葉で覆われた土壌のうえでこそ生成するのである。★100

第二に、熱力学法則は、ラスキンが直観的に捉えていた、産業社会の蓄積する膨大な富が、じつの

★97 Geddes 1886, p.98.
★98 Geddes 1884b, p.35; p.37.
★99 Geddes 1884a, p.958.
★100 Geddes 1949, pp.216-217.

ところ「エネルギーの浪費」であり、「塵埃と灰燼」の生産にすぎないという事態の意味を科学の言語によって示すものである。とりわけ産業化のなかで、「装置 apparatus」ないし中間生産物への物質・エネルギーの投入量が加速度的に増大し、最終生産物（消費財）の生産にいたるまでに、投入されたエネルギー・物質の圧倒的な部分が劣化し散逸していく。「最終生産物の量は、潜在的な生産物〔採取された物質とエネルギー〕の総量に対して不当なほど小さく」、「エネルギーと物質の莫大な消失は「生産物のしばしば何倍にもなる」」[101]。このように産業社会における生産には膨大な物質とエネルギーの不可逆的な散逸を伴う。そうである以上、採取から製造、輸送における物質・エネルギーの浪費や環境の劣化を可能なかぎり抑制し、あくまでも直接の消費または使用の対象となる最終生産物の最大化が問題とされなければならない。

ただし、最終生産物の最大化原理には加えて次のような重要な変更が付される。すなわち、人口をただ扶養するためだけの粗悪な食べものや衣服といった「一過性の transitory」必需品の大量生産から、芸術品や書籍、家具や家財、装飾や建築物など、「消費者の感覚（味覚、視覚、触覚）」を刺激する「真に必要な財 super-necessaries」の生産や保全へと漸進的な移行を図ることである。後者に属する財は、胃袋のニーズを超えた知的・美的な欲求を刺激し満たすだけでなく、「消費」というより「使用」の対象となる相対的に「永続的 permanent」な富である。それゆえこのような財への生産のシフトは、一方で物質とエネルギーの浪費を潜在的に抑制する効果をもち、またそこに労働者が要求する労働時間短縮の余地も開かれる[102]。熱力学法則に精通した経済学者は、「たんに既存の産業の継続的な発展を肯定し、一過性の生産物の採取・製造・交換を刺激して平均的な福利を増大させる」のではなく、「永続的な最終生産物の割合の拡大を擁護し、この理想に向けて産業プロセスを編成」しなおすこと

で「諸国民の富」を実現しなければならない。★103

この点について、さらに二つの注釈をつけ加えておこう。

第一に、「一過性の必需品」と「真に必要な永続的な財」は、財そのものの種類でもって弁別されるというよりはむしろ、それぞれの財が寄与する目的・機能に応じてなされるという点である――これは明らかにラスキンの財の分類を引き継ぐものである。★104 真に必要な財とは、ただ生きること（胃袋の欲求充足）のためではなく、生産者としても消費者としても善く生きること（機能の洗練化）に寄与するような財である。したがってそれはもちろん、芸術品や書物、家具や建築物だけを含むのではない。たとえば一過性の財の典型といえる食べものであっても、タンパク質、でんぷん、脂肪、水など最低限の栄養摂取を満たすが、しかし粗野な――健康を害する、あるいは劣悪な労働や自然環境への大きな負担に依存してつくられたという意味で――食もあれば、食べる者の舌に歓びを与え、なおかつすぐれた労働や土壌や動植物へのより少ない負担によって生産される「もっと複雑な」食もあるのであって、後者は生存維持以上の「美的な」要素を可能性としてもちうる。逆に永続的な富の典型といえるような美術品や家具であっても、ラスキンが強調したように、それが外観の美や稀少性のた

★101 Geddes 1884a, p.957.
★102 Geddes 1886, p.110.
★103 Geddes 1884a, p.963.
★104 ラスキンは『芸術経済論』において「生命そのものを生産ないし維持する財」（労働によっては生産できない大気・水・大地、および質素な食料・衣服・住宅、そして原材料や燃料、機械・道具のたぐい）と「生命の対象をつくりだす財」（知的・情緒的快楽を与える書籍や芸術品、標本や花など）とを峻別する（Ruskin vol.16, pp.129-134）。

めにだけ価値をもち、使用というよりただ所有される顕示的消費の対象となれば、生命を害する害物（イルス）にもなりうる。

第二に、このような産業改革は生産というよりむしろ、消費・需要の側の変化によって進められていく（べきである）。ラスキンと同じく、ゲデスもまた「セイの法則」を否定する。すなわち、市場において生産物や労働のあり方を決定づけるのは、「資本家」ではなく「消費者」の方である――「商品に対する需要が労働を率いる。つまりそれ〔需要〕が機能〔労働〕を決定づけ、そうして有機体の質を決定づける」[105]。消費者が欲求する対象、支払う対象が変われば、生産物も労働の目的も、労働の工程全体もまた変容していくのであるから、まずは「社会が消費するものを日々置き換えていかなければならない」。従来の経済学のいずれの学派においても十分に研究されてこなかったこの「社会進歩との関係における」「富の消費と使用」が探究されなければならない[106]。

まとめよう。ゲデスは同時代の人口‐貧困問題を、膨大な資源の浪費、生命と環境の劣化によって特徴づけられるシステムの問題として捉えた。この問題はさらなる富〔生産物〕の増大によっても、あるいはこれらの富の再分配によっても本質的な解決をみない。必要なのは生物学と物理学の知に根ざした生産‐消費システムそのものの改革である。それは、産業全体の重心を、生産と消費の量的拡大から、それらの機能・はたらきの質的洗練へと転換すること、生産と消費の領域に広義の「美」の次元を埋め込むことで、「芸術と自然の双方の面でもっとゆたかな環境」[107]の実現を企図するものである。「われわれの生産の理論は美の再生 the Rehabilitation of Beauty」へと、農村と都市双方における「自然の回復と芸術の組織化」へといたる。そのために経済学は「パンではなく芸術を拡充させるやり方と手段」をこそ考えなければならないし、「芸術批評 art-critic が生産と消費の実践的経済学の特別な研究分野」となる必要がある。[108] このようにして科学とラスキンのヴィジョンは合流する。「自然と生命の具体的な諸事実と確証された諸法則」こそが、「生なくして富はない」というラスキンのアフォリズムに実質を与え、また現在のシステム（旧技術秩序）を変革する指針を与えるのである。

アソシエーショニズム

しかし、このような産業改革を論じるにあたって、直接にはマルサス－ダーウィン流の闘争的な社会観を批判の標的としていたことは明らかであるが、他方でゲデスは議会政治や上からの政策の役割に対してもほとんど期待していなかった。エディンバラ社会連合の代表として参加した産業報酬会議においても、同会議での議論が「名目賃金」の如何に集中し、「実質賃金」、すなわち「労働者階級の生活を取り巻く現実の環境」がまともに取り扱われていないことを批判するとともに、そのような環境の改良という課題について議会をつうじた「法律上の変化」に期待をかけることに懐疑的な立場をとっている。[109]

★105　Geddes 1884b, p.37.
★106　Geddes 1886, p.110; 1888a, p.296.
★107　Geddes 1886, p.104.
★108　Geddes 1884b, p.35; p.30. Shaw 2018 によれば、ゲデスは芸術作品が「ナショナルな富にとってもつ特別な重要性」を強調し、「織工、坑夫、機械工、あるいは製造業者や商人、また金融業者や投機家」とは異なる、「永続的で貯蔵可能な富の至高の生産者」として産業改革における芸術家の役割をきわめて重視していた（p.169）。
★109　Geddes 1885, p.240.

このような姿勢は『協同 対 社会主義』(一八八八年)の議論にとりわけ顕著にあらわれている。[★110] このなかでゲデスは、「個人の干渉によっては変更することのできないもの」、「抗いがたい「自然法則」によって統べられた」ものとして社会を認識する経済的自由主義のレッセ・フェール政策を強く批判する一方、それとは反対に、ある確定的なかたちへと自由に改変可能なもの、「抗いがたい人為法則によって統治可能」なものとして社会を捉えるような見方を「レッセ・モア・フェール *laissez-moi-faire*」として、これにも同じく否定的な評価を下している。[★111] 彼によれば社会進化の問題は、ある地理的空間における有機体—機能—環境の相互作用全体の改良にかかわり、その関係づけは、そこに生きる個々人(有機体)によって遂行されるものであって、スラム・クリアランスがそうであるように、権力による上からの介入は多くの場合、その繊細な関係に対して破壊的に作用してしまう。彼が「社会主義」と呼ぶ勢力——とりわけ国家による産業統制を重視するそれ——に対する両義的な評価も主にはこの点にかかっていた。ゲデスは社会主義の理想に一定の共感を示しながらも、およそ次のような点を批判する。第一に、マルクスに典型的に現れるように、その理論がかつてのリカードウ経済学を「一糸乱れずに裏返した」ものにすぎないこと、第二に、そうした抽象的(ともすれば非実践的な)理論にそくして現実を変革しようとする、いわゆる設計主義的な志向、第三に、中世をあまりにも暗く醜い時代として描き、とりわけ一二、三世紀に開花した「コミュナルな生活」が新たな秩序においてもつ積極的な意味を見過ごしていること、である。[★112]

これに対しゲデスは、「現実生活の現在の実践を観察し、それに明確な言語的表現(理論)を与え、そこから自らの実践的行為をより理性的なものにするという視点」、あるいは「彼が生きている新しい社会から物事を考えること」の重要性を強調する。経済学者の役割も、「彼の内的な意識から新たな社会を進化させ」ることではない。そうではなく、「われわれをとりまく生活の意味を読み解き、その方向性を理解し、自らの理論をつくりなおす」ことである。[113] ようするにゲデスは、産業改革が要請する新たなタイプの生産と消費を志向する力はすでに現実のなかに萌芽しつつあるものと考えていた。

われわれは競争の時代 the age of competition から協同の時代 the age of co-operation へと、個人的な獲得のための個人的孤立から、公共の福利 the public weal のための社会的再結合 social reunion へと移行している。われわれは「闘争」から「生存の文化 the Culture of Existence」へと上昇するはっきりとした希望を見ているのである。[114]

ここで示唆される競争・闘争から協同への移行、あるいは「第三の作用線」の兆しとしてゲデスの念頭に置かれていたのは、同時代に広がりを見せはじめた「比較的小規模かつ散発的なアソシエー

★110　なお、このテクストが書かれた一つの背景として、エディンバラでの友人たち（グラスゴー大学やエディンバラ大学で教えた経済学者ジェームズ・メイバー、クロポトキン、そして『社会主義の歴史』の著者トマス・カーカップたち）との議論があったという（MacDonald 2004, p.87）。

★111　Geddes 1888a, p.304.

★112　ibid., p.291; p.302.

★113　ibid., pp.297-301.

★114　ibid., p.301.

ション」の動向である。彼自身の周囲にも、一八六〇年代にはじまったオクタヴィア・ヒル（1838-1912）の住宅改良運動や、オクタヴィアの姉ミランダが設立した「カール協会 Kyrle Society」（一八七五年）、ラスキン自身の手による「セント・ジョージのギルド」（一八七六年）の試み、八〇年代にはじまるウィリアム・モリスが主導したアーツ・アンド・クラフツ運動など、少数ながら産業改革の担い手は確実に存在した。なかでもカール協会は、「労働者の生活に美をもたらす」ことを目的に、装飾や音楽、図書、オープン・スペースの四つの部会がつくられ、モリスをはじめとする芸術家・工芸家なども加わり、ゲデスのエディンバラ社会連合の構想や実践にも影響を与えていた。他方で、「市場の拡大、生産の増大、個人的闘争という万能薬」がすでに失効しつつあるものと受け止められるなかで、協同組合運動は一八六〇年代末のマンチェスターやスコットランドでの卸売協同組合 Co-operative Wholesale Society の創設に見られる消費協同組合の地域的な組織化だけでなく、協同組合銀行 co-operative banking というかたちで金融にも広がりをみせていた。

このようなアソシエーションや相互扶助や組合組織は、それぞれの来歴や目的に応じて、有機体、機能、環境という三つの「属 genera」に便宜的に区分することができる。すなわち、教育や医療にかかわる組織・団体は〈有機体〉に、労働組合やギルド、協同組合組織は〈機能〉に、そして住宅や衛生、芸術にかかわる組織・団体は〈環境〉に。そのうえでゲデスは、エディンバラ社会連合やカール協会がそうであったように、これらアソシエーションがしだいにそれぞれの「属」を越境し、相互に連接・連合しながら、産業社会（旧技術経済）を内側から再編し、「新しい秩序、あるいは少なくとも過渡的な秩序を実質的に組織していく」可能性に期待をかけていた。彼がその先に展望するのは、さまざまな特異な機能を有するアソシエーションの重層的な連結によって構成される社会、さらには政治的境界によって分割されるのではない、機能的な諸組織の水平的連合体としての社会 Society of societies of societies のイメージである。★115

こうしたゲデスのアソシエーションをつうじた産業改革への志向は、ときに危ういほど権威主義的な家父長的国家による経済統治の理想を語ったラスキンとは大きく隔たっている。むしろこの点では、スペンサーのユートピア的な社会進化思想の影響も見られるが、ただしスペンサーが個性化と相互依存の総合を自由市場の発展のなかに求めたのに対し、ゲデスはギルドや相互扶助組織、協同組合に自発的協同の可能性を捉えるという点で異なっている。

あるいは、ともに亡命アナキストですぐれた地理学者あったエリゼ・ルクリュやクロポトキンとの交流も少なからぬ影響をもった点も注目されてきた。イギリスの都市計画史研究で著名なピーター・ホールは、「ルクリュとクロポトキン、さらにはプルードンの影響から、ゲデスもまた社会が私的所有権の廃絶のような全面的な政治上の措置によってではなく、大多数の個々人の努力をつうじて再建されねばならないという立場をとった」と評している。★116 あるいはピーター・ライリーは、「ゲデスをアナキズムの文脈で読むことで、彼のイデオロギーの根底が鮮明に示される」として、ゲデスをルクリュとともに「エコロジカルなアナキズム」の系譜に位置づけている。★117

もっともゲデスは暴力や革命志向とは明らかに無縁であったが、エディンバラその他での彼の実践

★115 ibid., pp.298-300.
★116 Hall 2014, p.160.
★117 Ryley 2013, chap.6. cf. Law 2005.

が体現したように、国家行政による社会改良への懐疑、議会政治の軽視、一貫した地域自治の重視などある種の政治的感性を彼らと共有していた可能性は十分に考えられる。とはいえ、直接に政治的なものよりも前に、ルクリュやクロポトキンからの直接の影響がはっきりと見いだされるのは、その地理学的思考の方であり、少なくとも後者が先行している。そしてそれは、たしかに九〇年代以降の人間生態学やその応用としての都市学の実践へとつながっていくのである。都市学について考察は本書の射程を超えるが、それがこれまで見てきた八〇年代の研究を土台にして展開されたものであったことを確認しておきたい。

7　人間生態学としての都市学

地理学への関心が明瞭に現れた最初期の成果といえるのが、一八九八年、王立地理学協会において報告された「社会発展に対する地理的諸条件の影響」と題する論考である。このなかでゲデスは、人間集団の分布やその社会史、あるいは社会組織の形態を、地形や気候、自然資源といった物理的・地理的諸条件と相互に関連づける広義の「政治地理学 political geography」が発展しつつあることを確認する。その同時代のすぐれた試みとして挙げられるのが、全一九巻にもなるルクリュの『新世界地理 *Géographie Universalle*』（一八七六—一八九四年）や、森林伐採の破壊的影響を先駆的に叙述したアメリカの外交官ジョージ・パーキンス・マーシュ（1801-1882）の『人間と自然』（一八六四年）、そしてル・プレイ学派の社会地理学的な仕事であり、ゲデスはこれらをアダム・ファーガソン、エドワード・ギボン、さらにビュフォン、アレクサンダー・フォン・フンボルト、カール・リッター、ヘンリー・トマス・バックル、イポリット・テーヌなど人文主義地理学の系譜の延長線上に位置づけている。★118 こうした仕事を発展させて、地球上のさまざまな地理的空間と人間社会の相互依存関係の歴史的変遷を体系的に研究する「人間の生態学 bionomics of man」あるいは「人類地理学 anthropogeography」に向かう必要があるというのがここでの彼の主張である。

ここで彼が「バイオノミクス」という語を用いている点について若干の補足をしておこう。バイオノミクスは、ゲデスと同時代を生きたイギリスの動物学者E・レイ・ランケスター（1847-1929）による造語である。博物学者の父をもつランケスターはユニヴァーシティ・カレッジ・ロンドンやオックスフォード大学で動物学や比較解剖学の教授を歴任し、その後、英国自然史博物館の館長（一八九八年―一九〇七年）も務めた人物である。著名な博物学者エドウィン・ランケスターを父にもつ彼は幼少の頃からダーウィンやハクスリーと深い親交があっただけでなく、マルクス『資本論』の熱心な読者となり、晩年のマルクスや娘エリノアとも親密な関係にあったことが知られている。

そのランケスターは、ヘッケルの『自然創造史』（一八六八年）の英訳版（一八七六年刊行）の監修・翻訳を務め、エコロジー ecology という語をはじめて英語圏に紹介していた。ただし彼自身は、『ブリタニカ百科事典』（第九版）に寄稿した「動物学」の項目で、有機体とその環境の関係を対象とした生物学の一分野として、エコロジーという語に代えてバイオノミクスという語を用いた。フォスターによれば、「ゲデスはランケスターのバイオノミクスの概念のもっとも著名な支持者のひとりで

★118 Geddes 1898, p.581.

あった」という。[119] じっさいにゲデスは『現代植物学の諸章』（一八九三年）において、「個体の機械ではなく、種を取り囲むあらゆる生命との関係における種の生理学」、すなわち「そのもっとも広い諸側面における自然誌の研究」を志向する同時代の動向として、ドイツの動物学者カール・ゼンパーの「有機体の生理学」、ウォーレスの「高次の生理学 higher physiology」とともに、ランケスターのバイオノミクスを挙げている。そのうえで、バイオノミクスという語を用いる利点は、とくに「この語の響きと形態とが、われわれが地球を分かち合っているところの無数の種それぞれの経済状態を表象するものとして、その意味を理解するのに資する」点にあると説明している。[120] いずれにせよ、上記の研究に共通するのは、有機体をその環境から切り離すことなく、「環境に向けた有機体のはたらき」と「有機体に対する環境のはたらき」をともに包含するような視点であり、ゲデスはこれを植物の研究のみならず、人間社会の分析においても継承するのである。

もっとも、このような試みは事実上、すでに八〇年代から彼が展開してきたものであり、ゲデス自身、展望塔を拠点に自らが組織してきたエディンバラ夏期集会の教育プログラムが人間生態学的なものであったと語る。いいかえれば、これまでの物理学と生物学を土台とした経済学の構想は、人間生態学という名の新たな枠組みのうちに相対化されるのである。

人間生態学を展開するにあたってゲデスが新たに大きく依拠したのはフランスのフレデリック・ル・プレイの仕事であった。ゲデスは一八七〇年代末の仏ロスコフでの海洋生物学研究の折にエドモンド・ドゥモランとの出会いをつうじてル・プレイ学派について深く知る機会を得ていた。[121] ル・プレイはパリ高等鉱山学校の冶金学教授であり、第二共和政下ではナポレオン三世の私的顧問として国家行政の中枢でも活躍したテクノクラートであった。ル・プレイは六巻からなる大著『ヨーロッパの労働者階級』において、綿密な社会調査によって、地理的環境とそれによってさまざまに条件づけられる職業・労働の形態が、多様な家族形態や生活様式、文化規範の重大な決定要因になっていると論じていた。ル・プレイの死後、ル・プレイ学派は「社会改革」派と「社会科学」派とに分裂したが、ドゥモランが率いた「社会科学」派は、人間の作用によって容易には変更しがたい「自然そのものの創造物」、基本的な「地理上の集団」として「地域圏 région」の概念を立て、社会分析における基本単位としてその重要性を強調した。★122 ゲデスはこうしたル・プレイ学派が社会分析の要とした〈場所 Lieu—労働 Travail—家族 Famille〉の相互関係を、〈環境—機能—有機体〉という生物学的枠組みを社会科学へと接続するものとして継承し、新たに〈場所 Place—仕事 Work—民衆 Folk〉という三連構造へと練り上げていったのである。

★119　Foster 2020, p.60.

★120　Geddes 1893, p.22.

★121　ちなみに、ゲデスはフランスの知識人たちと生涯にわたって活発に交流した。夏期集会に参加したドゥモランやモンペリエ大学のシャルル・フラオー、あるいは「連帯主義」の理論家で協同組合運動の旗手でもあった経済学者シャルル・ジッドなどである。とくに学問と政治の面でのフランスとの交流については Reynolds 2004 に詳しい。

★122　廣田 1992 によれば、ル・プレイの「理想とした全体社会モデルは、普遍的な法や規則によって一律に規制・管理される広大な集合的統一体としての一元化された社会ではなく、地方分権と地域自治に立脚する多元主義の社会」であり、ル・プレイ学派もまた、「統治形態の如何にかかわらず、中央集権国家が地域の生活に根ざす固有の習俗、慣習、制度を踏みにじり、それらを画一化するのを批判する」「熱心な地域主義の信奉者」であったという（九六頁）。

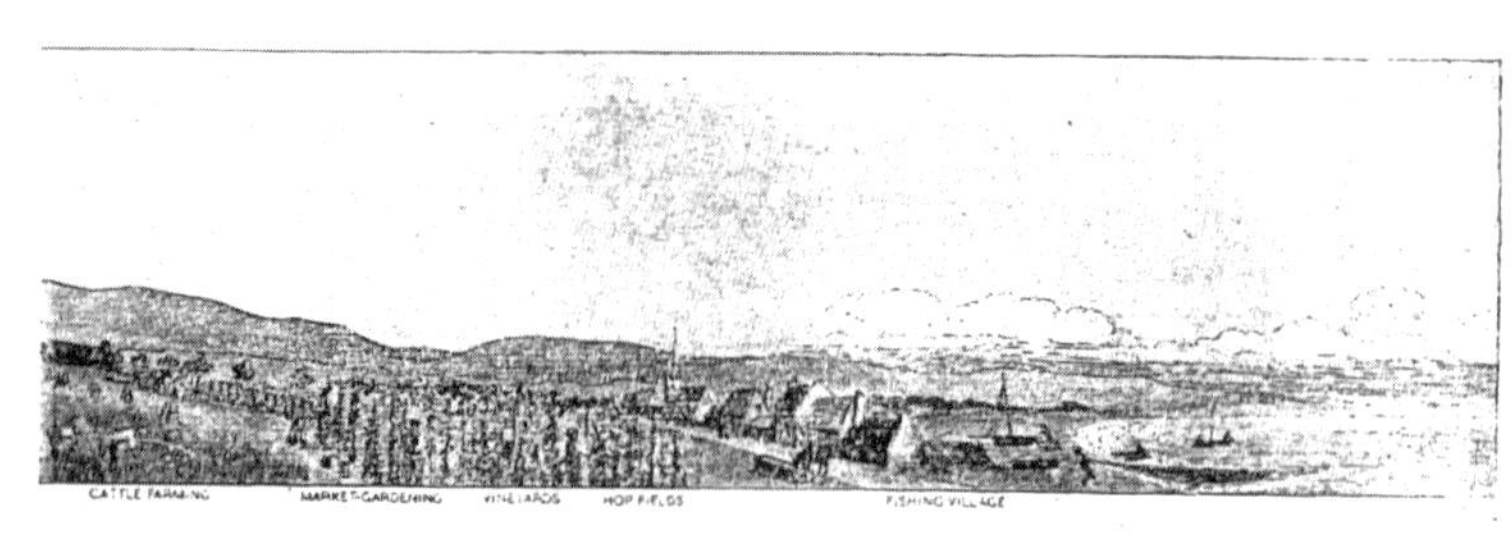

このなかで注目されるのは、ゲデスが、人文地理学の系譜、とくにフランスの二人の友人、ルクリュの地理学と植物学者のシャルル・フラオー Charles Flahault（1852-1935）の植生調査と植生図の研究に学んで、〈場所―仕事―民衆〉を、より具体的に調査・分析するための必須の空間単位として「ヴァレー・セクション valley section」と呼ばれる広域の自然地理学的なリージョンを設定したことである。★123 これは河川の源流から渓谷や森林のある傾斜地、緑の牧草地や肥沃な平野や沿岸をつうじて海へといたる流域全体を包括するものとして構成される。ヴァレー・セクションはその内部に形成されるあらゆる形態の生活の制約条件であると同時にその可能性の条件でもある。フラオーが植生図の作成において異なる環境的諸条件への最良の適応を示す植物群落 plant-associations の地域的分布とそこに生きるさまざまな種の結合を分析するのに対し、ゲデスは異なる気候や地形、地質や土壌、動植物相をそなえる場所との歴史的な相互作用をつうじて形成される民衆の仕事（自然的職能）や生活様式、文化の多様なかたちを、地理学（場所）、経済学（仕事）、人類学（民衆）それぞれの知を架橋して捉えようとした（**図4**）。

「都市を形成するにはリージョン全体が必要とされる」★124 と強調されるように、都市もまたヴァレー・セクションのうちに位置づけられ、そうして都市の来歴や、都市存立を物質的・文化的に支えるさまざまな外部

図4　ヴァレー・セクション（Geddes 1949, pp.166-167）

（後背地）との関係が浮き彫りにされる。ここで都市は農村その他の外部の環境から切り離されては存立不可能なひとつの有機体と理解されるだけではない。より正確には、都市というミクロコスモスは、自然地理学的リージョンというマクロコスモスに存在するさまざまな自然的・社会的諸要素の有機的な結合体として考察されるのである。したがってゲデスが「都市」の改良という場合、それはいわゆる都市中心地だけなく、つねに都市ーリージョンの全体が視野に入れられている。これは都市と農村とを二元論的に対立させる見方とともに、自然地理学的リージョンを分割する既存の政治的・行政的境界それ自体を徹底して相対化するようなヴィジョンでもあった。都市というミクロコスモスの可能性の条件であるリージョンは容易に都市や国家の政治的境界を越え出るからである。[★125]『ウェストミンスター・レビュー』誌に寄せた論考において、ゲデスは近代国家の「境界 boundaries」や「フロンティア frontier」といった概念を、「拡張」と本質的に結びついた「神聖な、帝国のことば！」、「消極的、潜伏的、潜在的な戦争の観念」として捉え、「このフロンティ

★123　Welter 2002, pp.60-66.
★124　Geddes 1979a［1904］, p.78.
★125　この点については、Welter 2002, chap.3 を参照。

アへの執念がアメリカ先住民の人びとにどれほどの犠牲を強いたことか」と批判している。[126] むしろこのような地理学的観点からの政治的境界への批判的視点にこそ、ゲデスに特異なアナキズム的契機が見いだされるといえる。

ゲデスが一九〇四年の第一回イギリス社会学会において立ち上げを宣言した「都市学」とは、このような地理的・歴史的な科学としての人間生態学を、社会改良事業という技術 art へと応用することを企図したものに他ならない。「都市の生命の地理的・歴史的要因を理解することが、現在を理解することの第一段階であり、それはいかなる未来の科学的予測にとっても欠くことのできないものである。それはたんなるユートピア主義の危険を可能なかぎり回避するものにちがいない」。[127] ゲデスが求めるのは、都市であれ農村であれ、民衆自身が自らの生きる場所を、自然地理学的なリージョンにおいて理解し、その歴史的変遷を踏まえたさらなる進化、すなわちリージョン内部の場所―仕事―民衆の相互的な関係を統治していくための知と力を獲得することにある。ゲデスはいわばそのような統治―自治の技術を「ジオ・テクニクス geo-technics」と呼んだ。それらは国家やその機関によって与えられるのではない。「逍遥する観察者」たる科学者と多様な職能をもつ民衆の手による徹底した地域調査と社会調査――地形や地質、気候、土壌と植物、河川などの場所の自然的条件から、文化や芸術、産業や商業、人口動態や密度、健康、教育の状態にいたるまで――をつうじて獲得される。「世界初の社会学的実験室」と呼ばれたエディンバラの展望塔において試みられたゲデスの社会改良や大学拡張運動のねらいはそのようなものであった。

★126 Geddes 1908, p.258; p.260.

★127 Geddes 1979a[1904], p.87.

第4章

富のエコノミー／負債の反エコノミー

本章の主人公、物理化学者フレデリック・ソディ Frederick Soddy（1877-1956）もまた、エコノミーの脱自然化の趨勢に批判的に対峙しながら、ラスキンのポリティカル・エコノミーのヴィジョンを自然科学の側から練り上げていった一人である。

ソディの思索と実践を特徴づけるのは、原子（核）という化石燃料とは異なる、まったく新たなエネルギー源の発見とその技術的制御をめぐる同時代の動向であり、なにより彼自身がこの発見に深くかかわっていた。パトリック・ゲデスとは専門も気質もかなり異なるタイプの科学者であるが、彼もまた一つのディシプリンに留まる生真面目さを備えてはいなかった。放射能研究のなかで発見された原子核内部に潜む巨大なエネルギーとその人為的解放の可能性が徐々に見え始めていた二〇世紀初頭にあって、ソディはその可能性にいちはやく着目し、アイソトープ（同位元素）概念の確立によって一九二一年にはノーベル化学賞を受賞した。ところが、しだいに原子力研究の軍事利用、兵器化に対する危機意識を募らせ、ついには科学者としての半生を熱力学にもとづく経済学の構想と貨幣改革に費やした、科学者の常識的な成功からは逸脱した経歴の持ち主である。それゆえに彼の熱心な努力に反して、あくまでもこの分野の素人にすぎないソディの経済にまつわる一連の研究は、同時代に十分な理解や共感を得たとはいいがたく、経済をエネルギー現象に還元する「科学主義」の信奉者（ハイエク）、あるいは後述するクリフォード・ヒュー・ダグラスやシルビオ・ゲゼルとともに「貨幣異端者 monetary heretics」や「偏屈 cranks」のひとりに数えられたすぎない★1。

他方で、二〇世紀後半以降、とくにジョージェスク＝レーゲンの『エントロピー法則と経済過程』の刊行に端を発して、いちはやく熱力学法則を土台に据えて構想されたソディの経済論は、この分野の先駆的な仕事として掘り起こされることとなった★2。原子エネルギー解放の政治・社会的意味についての洞察、人間の経済の科学的認識における熱力学の重要性への着眼、そしてこれにもとづく金融権力批判や貨幣改革論といった、彼が相互に関連させながら展開した主題は、たしかにアクチュアルかつ予言的であるようにみえる。グローバルな規模で繰り返される債務危機と深刻な自然破壊や汚染に苦しむ現代のコンテクストからの方が、彼の経済思想の核心がむしろ見えやすくなったことはたしかであろう。本章もこうしたソディ再評価の動向に掉さすものであるが、ただしここでは、彼自身の歴史的・知的コンテクストに重点を置いてより内在的な考察を試みたい。彼が一九世紀末以来の帝国主義とその帰結である世界戦争の時代にあっていかなる問題とぶつかり、またこれと向き合うさいにラスキンからどのような視点や思想を引き継いだのか、さらにエコノミーの脱自然化への対抗という観点から見て、彼の経済思想のポテンシャルと限界はどこにあるのか、本章ではこれらの問いを追究していく。

まずは、いかにしてソディが物理化学から経済学や貨幣改革への転向を遂げたのか、これを可能な

★1　Gaitskell 1933. ただし労働党党首（一九五五―六三年）も務めた経済学者ヒュー・ゲイツケルの「異端者」という評価はかならずしも軽蔑的なものではない。たとえばソディの貨幣改革論について、これを「高潔な道徳的な憤りと注意深い科学的探究心が混ざり合ったもの」（p.381）と評している。なお、ゲデスやソディをも標的としたハイエクの科学主義批判については桑田 2014、第一章で立ち入って論じた。

★2　エコロジー・エントロピー経済学からのソディ経済思想への注目は、四〇年以上前から現在にいたるまで、すでに一定の研究の蓄積がある。さしあたり Trenn 1979; Daly 1980; Martinez-Alier 1987; 泉 2004; Mayumi 2020 を参照。ただし、いずれもラスキンからの継承を含めソディの歴史的・思想史的検討は不十分であり、本章はこの点を補完するものでもある。

かぎり彼自身のコンテクストにそくして紐解きたい。そこで、少なくとも二つの点に目を向ける必要がある。ひとつは、原子エネルギーの発見と第一次世界大戦における科学動員体制の問題であり、いまひとつがおよそ第一次大戦からイギリスの金本位制への復帰（一九二五年）の時期を前後して展開されたさまざまな社会主義や貨幣改革論の動向である。

1　原子力時代の曙光

エネルギー問題と原子核変換

フレデリック・ソディは一八七七年、イングランド南部のイーストボーンに生まれた。★3 地元のカレッジとウェールズのユニバーシティ・カレッジで教育を受けた後、一八九六年、オックスフォードのマートン・カレッジに入学、二年後（一八九八年）、最優秀学位で学士号を得ると、そのままオックスフォードに残りさらに二年間、有機化学や化学史の研究に取り組んだ。その後、二二歳のときに単身カナダに渡り、翌年五月、マギル大学の化学研究室の実験助手として採用された。このマギル大学でソディはその後の研究を決定的に方向づける人物と出会うことになる。六歳年上の気鋭の物理学者アーネスト・ラザフォード（1871-1937）である。一九〇一年、マギル物理学会の公開討論会で、ソディは「原子よりも小さな物体の存在」をめぐってラザフォードと激しい論戦を繰り広げた。ラザフォードはこの討論をとおして化学者としてのソディの力量に強い印象を受け、以前から取り組んでいたトリウムの放射性研究への協力を仰ぐこととなる。

彼らの共同研究は、実質的には一八ヵ月と期間としては短いが、その分きわめて密度の高いものであった。この間、九本の共同論文を発表し、その最後の論文「放射性変化 radioactive change」（一九〇三年）において放射性元素の自己壊変という画期的な仮説を発表し、放射性変化と放射能の現象に科学的な説明を与えた。ラジウム、トリウム、ウラニウムといった元素の原子は、一定の速度で放射線を放出しながら自分自身を変換して、他の化学元素の原子に変わっていく。この自然が行なう「錬金術」の発見によって、元素は不変で原子は壊れないという従来の常識は根底から覆されることになる。と同時に、ラザフォードとソディはもう一つの決定的な事実を確認する。すなわち放射能を伴う現象において、通常の化学反応とは比べものにならない莫大なエネルギーが原子の内部から放出されるという事実である。

これらすべての考察から、原子内部に潜んでいるエネルギーは、通常の化学変化のさいに解き放たれるエネルギーに比べて、巨大なものであるにちがいないという結論が導かれる。ところで放射性元素は化学―物理的ふるまいの点では他の元素となんら変わらない。〔…〕それゆえ、この莫大なエネルギーの蓄積を、放射性元素だけが有する性質であると仮定する理由は、どこにも存在しない。★4

★3　ソディの伝記的事実については、主に Howorth 1958; Merricks 1996 を参照した。
★4　Rutherford and Soddy 1903, p.608.

放射能の有無にかかわらず、原子内部に巨大なエネルギー（原子エネルギー atomic energy）が潜んでいる。この事実からソディはただちに原子力時代の到来を予感するとともに、そこから帰結する破局的未来をも想起している。たとえば一九〇三年のテクストの結論部分にはやくも彼はこう書きつけている。「なにによってこの巨大な力を制御するのか、依然としてひとつの謎である。〔…〕しかしながら、それ〔原子エネルギー〕が存在しているという認識は、不活発な物質に向けた態度に変更を迫り、われわれが生きるこの地球を、これまで考えられないほど強力な爆発物として、地球をカオスへと逆転させるのに適した起爆装置を備えた武器庫として見るよう仕向けるにちがいない」★5。

ソディはラザフォードとの共同研究を終えた後、マギル大学を離れ、ユニバーシティ・カレッジ・ロンドンでウィリアム・ラムゼー（1852-1916）とともに化学の立場から放射性物質の研究を継続し、一九一三年にアイソトープ（同位元素）の理論の確立にこぎ着けた。ラザフォードに遅れること一三年、一九二一年のノーベル化学賞受賞はこの成果にもとづいている。一九〇四年に、化学産業協会 the Society of Chemical Industry 会長であった実業家ジョージ・ベイルビーの後押しもあってグラスゴー大学に物理化学の講師として着任した。着目すべきは、このグラスゴー時代（一九〇四―一四年）、ソディが学生や一般市民に向けた講義や講演、あるいは『放射能』（一九〇四年）や『ラジウムの解釈』（一九〇九年）といった啓蒙書をとおして、原子内部に隠された巨大なエネルギーの人為的解放とそれがもたらす人類社会の繁栄を繰り返し語ったことである。当時はまだ、原子核の存在も原子内部の構造も明らかになっておらず、ましてや原子エネルギーの技術的応用などまったく未知の領域に属していた。これは一九三〇年代後半にいたってもなお人為的な「核変換 transmutation」をつうじたエネルギー解放とその実用化について、「たわごと moonshine」としてしりぞけたラザフォードとは対

照的な態度といえる。★7

このようなソディの原子エネルギーの人為的解放への大きな期待には、なによりエネルギー問題に対する彼の強い思い入れが反映されていた。注目されるのは、ラザフォードによって「原子核」の存在が確認された年の翌年に発表された「核変換（トランスミューテーション）――未来の死活問題」（一九一二年）と題するテクストである。ここでソディは一八九八年に行われた化学界の重鎮ウィリアム・クルックス William Crookes（1832-1919）のBAAS会長就任演説を俎上に載せている。「イングランドやすべての文明国が、食べものに事欠くという致命的な危機に瀕している」と警告するこのクルックスの演説は、ちょうど一〇〇年前に出版されたマルサス『人口論』の内容を強く意識したものであった。★8「有機化学の父」ユストゥス・フォン・リービッヒ（1803-1873）の研究がすでに明らかにしていたように、植物の生育には窒素、リン酸、カリウムといった元素が必要である。地球の大気のおよそ八〇％は窒素でありほ

★5 Soddy 1903, p.720.

★6 ソディはジョージの娘ウィニフレッド・ベイルビーと一九〇八年に結婚した。このグラスゴー時代にソディは政治・社会問題に深い関心をもつようになり、妻ウィニフレッドをつうじて女性参政権運動にも関与し始めていたといわれる（Merricks 1996, pp.57-60）。

★7 もっともJenkin 2011が論じるように、三〇年代のラザフォードの消極的な態度は原子力実用化の可能性に気づいていなかったからではなく、その軍事転用を見通していたがゆえの意図的なふるまいであったという見方もある。中尾2015は、原子エネルギー解放がもたらす破局的な事態への予期はラザフォードによっても早くから指摘されており、むしろソディの方が楽観的であったと指摘している（三二一―三二三頁）。

★8 Crookes 1898, p.562.

窒素の存在が不可欠である。しかし自然界に窒素供給のメカニズムは二つしか存在しない。マメ科の植物の根に共生する根粒菌のはたらきによるか、あるいは雷のエネルギーによる大気中の窒素分子の分離によるか、である。農業では伝統的に動物の糞や植物の堆肥によって土壌に窒素が供給されていたが、人口増大に伴う食糧生産の拡大とともに、ヨーロッパ諸国の小麦生産は南米から輸入されるグアノ（鳥の糞が堆積し化石化した鳥糞石）、その後はチリのアタカマ砂漠で採取される硝石に強く依存するようになっていた。

クルックスが問題にしたのは、爆薬の原料としても重宝された、この南米産の天然の窒素肥料の枯渇である。彼は数十年のうちに到来するであろうチリ硝石の枯渇と深刻な飢餓の発生を回避するには、肥料供給体制を根本的に転換する必要があると考えていた。彼が提案する解決策は大気から多量かつ安価に窒素を固定する技術であり、「空中窒素の固定化は文明化した人種の未来の福祉と幸福」を左右する「間違いなくきわめて重要な」ものであるとして、その具体的方法の発見を化学者に向けて呼びかけたのである。[★り] じっさいこの演説はヨーロッパ内の多くの化学者を刺激し、その後一五年足らずで、カイザー・ヴィルヘルム物理科学研究所の所長であったフリッツ・ハーバー（1868-1934）と化学企業BASF社の技師カール・ボッシュ（1874-1940）の手によって大気中の窒素からアンモニアを大量に生成する方法（ハーバー・ボッシュ法）が確立され、実用化された。「空気からパンをつくる」と称されたハーバー・ボッシュ法は期待されたとおりに、人口を扶養する穀物生産量を飛躍的に増大させ、後の農業の本格的な工業化への道を舗装したのである。

しかしながらソディは、クルックスが提起したこの「小麦問題」は近代科学文明がそう遠くない未来に到来する危機の端緒にすぎないものと見ていた。というのも、ハーバーとボッシュが可能にした人工化学肥料に依存する農業は、チリ硝石の代わりに、今度はアンモニア合成において膨大な化石燃料の投入を必要としたからである。けれども「石炭はチリの硝酸塩鉱床の切迫した運命をたどらざるをえないし、利用可能なエネルギー資源が急速に消費されていることを考えると、もっとも悲観的な予測以上に早く枯渇にいたるかもしれない」[★10]。

したがって、いまやより根本的な問題はエネルギーにある。あらゆる地表の生命体を維持し、また制約する主要な物理的条件は、まぎれもなく「継続的でけっして尽きることのない新鮮なエネルギーの供給」であり、「さらに、文明が拡大し人類の運命の歯車を、外的な状況の翻弄や気まぐれから解き放つには、このエネルギーという根源的商品のなおいっそう増大する供給が可能でなければならない」[★11]。近代の資本主義文明は、石炭という遠い過去から蓄積された遺産を取り崩して束の間の繁栄を経験しているにすぎず、すでに「日々の〔太陽〕エネルギーの収入をはるかに超えて」しまっている。しかし科学はエネルギーの「創造者」たりえない。科学に可能なのは、地質学的な時間をかけて蓄積された「貯蔵庫を地球から物色する」ことだけである[★12]。そのタイトルが示唆するように、ソディが

★9 ibid., p.573.

★10 Soddy 1983［1912］, p.15. ハーバー・ボッシュ法は莫大なエネルギー消費に加え、大量の化学肥料の使用がもたらす自然の窒素循環の攪乱や大気への窒素酸化物の放出などそれ自体が深刻な環境問題を引き起こしている。ハーバー・ボッシュ法についてはヘイガー 2017 も参照。

★11 ibid., p.4.

★12 ibid., p.15.

未来に招来されるエネルギー危機に対する「科学の立場からの唯一の回避方法」と位置づけたのが、人為的な核変換、すなわち原子内部のエネルギーの解放であった。[13]もっとも科学が「これまでに解決したどの問題よりもまったく桁外れ」に困難な原子核変換をいつ成し遂げるかはわからない。しかし核変換が実現されないまま、化石化したエネルギー源が枯渇してしまえば、文明は「太陽放射の日々の供給にもっぱら依存する以前の物質的諸条件に逆戻りする」ことになる。原子核変換に賭けられているのは、「身体的・物質的なもの」[14]のみならず、「精神的、知的、美的なものも含めた〔文明人という〕種の全運命」だとソディは強調する。

先に言及したようにソディは原子エネルギーがもたらす潜在的な脅威を予期しながらも、しかしこの時期の論調は、あくまで典型的な科学主義、素朴なテクノクラート的発想に終始している。しかも彼は、原子力が、ロンドンやグラスゴーを覆う石炭燃焼に伴う「ハムエッグのような雲」を生じることのない清浄な燃料であるとさえ考えていた。[15]都市社会主義 municipal socialism がいちはやく花開いたグラスゴーの政治的環境のなかで、労働者階級の困窮や失業などの社会問題に彼自身ますます強い関心を寄せていくのであるが、少なくとも第一次大戦以前の時期には政治や経済制度に解決すべき固有の問題があると真剣に考えることはなかった。あくまで科学的知識とその応用をつうじて生活と生産に寄与することが科学者の使命であるとごく当然のように意識されていた。

世界戦争と「科学の倒錯」

ところがこうした科学と技術の進歩に対する素朴な楽観は、ちょうど第一次世界大戦に重なるアバディーン大学時代（一九一四―一九年）に崩れ去り、ソディは強い自己批判を迫られることになる。

一九〇三年の論考の最後に暗示されていた原子エネルギーがもたらす破局的な事態への懸念がいちじるしく現実味を帯びていったからである。ちょうど第一次大戦が開戦した一九一四年、グラスゴーからアバディーン大学の化学教授へとポストを移したソディは、原子力技術の実現がもたらす破局的な帰結について積極的に発言を行うとともに、政治運動にもいっそう積極的な関与をはじめる。ソディが科学への懐疑を深めていった契機はいうまでもなく第一次大戦であるが、これについてとくに二つの点が重要である。

ひとつには、第一次大戦前夜に刊行されたハーバート・ジョージ・ウェルズ（1866-1946）の小説『解放された世界』（一九一四年）に示された想像力である。『解放された世界』の扉にソディへの謝辞が記されている――「フレデリック・ソディの『ラジウムの解釈』に、この物語を献呈して感謝のしるしとする。これは長い何節かについて、あの本の第一一章に恩恵をこうむっている」――ように、この書物そのものがソディの『ラジウムの解釈』に触発されて書かれたものであった。この物語にはラジウムの放射性崩壊現象の解明が、「活気のない素材の一つの塊」という原子の従来の認識を、「厖大な量のエネルギーの貯蔵庫」あるいは「もっとも強力な力をいっぱいに内蔵する宝箱」へと一変させたと興奮して語るルーファスなる物理学者が登場するが、そこには明らかにグラスゴーで講演する

★13 ibid., p.16.
★14 ibid., pp.16-17. クルックスの講演には人種主義的な歪みが認められるが、少なくともこのテクストに関するかぎり、ソディもまた人種主義的な傾向を免れていない。
★15 Merricks 1996, p.66.

ソディ自身の姿が重ね合わされていた。

生存そのものに必要なエネルギー、自然が今なおしぶしぶとしかわたくしたちに与えてくれないエネルギーは、実際、わたくしたちの周囲に想像もつかない量で閉じ込められていたのです。〔…〕あの生存のための絶えざる戦い、あの自然のエネルギーのかつかつの供給のもとで生きんとする絶えざる戦いは、やがて人間の運命として終わりを告げることになるでしょう。人間は今日の文明の頂点から次の文明の始まりへと、きっと足を踏み出すでしょう。みなさん、わたくしは、わたくしたちの前に開かれている人間の物質的な運命の展望をうまく表現できません。しかし、砂漠の大陸は変えられ、北極と南極は荒涼たる氷原ではなくなるでしょう。全世界はもう一度エデンの園となり、人間の力は星空の彼方へ向かうでしょう〔…〕。★16

『解放された世界』のなかで描かれたのは、一九三三年の原子エネルギーを解放する技術の発見、原子力の商業的応用に伴う深刻な社会・経済的混乱、原子力産業の相次ぐ事故、そして一九五〇年代末に生じた文明を破滅へ追い込む「原子爆弾」を伴った世界戦争である。このディストピアはソディに、原子エネルギーの発見以来直観していた、その人為的解放の破局的側面について再考をうながす強い印象を与えた。もっともウェルズ自身はそれでもある意味では楽観的な見方にとどまっていた。というのも、破局の末に、瓦礫のなかから新たな世界秩序――戦争と国家から「解放された世界」――が立ち上がるというエンディングをこの物語は備えていたからである。他方でソディがこの物語から読み取るのは、近代文明はもっとも破壊的な兵器をもってしても戦争に踏み出し、戦争をいっそう巨大な規模で継続する状況へと自らを追い込んでいくという暗い局面であった。「一部の者は、科学がすでに戦争を不可能にしたのだと考えた。しかし、そうはならなかったように、科学の将来における発展そのものが、世界を打ち砕くような、そうした影響をもっていると結論づけることができる」[★17]。

じっさい、第一次大戦は食糧や兵器の供給を含め国力全体が問われる総力戦の様相を呈した。この総力戦が科学共同体にもたらした変化、すなわち「科学の体制化」の進行、これがいま一つ確認すべき点である。大戦中、自由主義国家は平時には見えにくい権力を集中、強化し、経済活動にさまざまな統制の網を広げ、銃後の国民の日常生活そのものを規制し動員していった。科学共同体も例外ではなく、戦争遂行のために組織的に動員され、その知識とテクノロジーが食糧生産から軍需物資の補給、軍事技術の開発、戦闘員の衛生管理にいたるまで系統的に活用され、科学が戦局の行方を左右する重要な要素となった。よく知られるように、なかでも化学は第一次大戦の科学技術動員でもっとも突出した力を発揮した学問分野であった。ここにかの大戦が「化学者の戦争 the chemists' war」と呼ばれる所以がある。「空気からパンをつくる」と称された空中窒素固定技術は、戦時には火薬・爆薬の原料（硝酸）製造過程に大いに活用され、しかも開発者ハーバーは催涙弾や毒ガスという化学兵器の開発と実装に積極的に加担し、科学動員体制を主導すらしたのである[★18]。

ソディが戦時期に所属したアバディーン大学の化学部にも、開戦一年後には戦争の影響がはっきり

★16　ウェルズ 1997、六二頁。
★17　Soddy 1920a, p.38.

と現れ始めていた。ソディの研究室はさまざまな戦争の業務に巻き込まれ、やがて小さな軍需工場へと変貌し、王立協会の化学部門の要請に応えてノボカインなどの麻酔薬が昼夜交代で生産された。また、軍需省 the Ministry of Munitions やイギリス海軍は、海中で利用可能なアルカリ性ボイラーの開発やラジウムの軍事利用についてソディに相談をもちかけ、さらに戦争末期には彼の研究室が化学兵器の一種であるマスタードガス（糜爛性の毒ガス）の製造に必要なエチレンをコークス炉ガスから抽出する研究にも着手していたことが知られている。[★19]

こうして科学者とその成果はことごとく戦争に動員され、「ただただ破壊のために用いられた」。ソディは戦後、次のように回想している。「頭のなかでなにかがはじけた」、「政府や政治家たち、あるいは人間というものは、まだ科学を用いる資格がないのだ」と。[★20] 総力戦のなかで「倒錯」していく科学を前に、ソディは「ユートピアの預言者」から「核アルマゲドンの預言者」へと自らの立場をしだいに変えていった。[★21] たとえば大戦中に、独立労働党 Independent Labour Party のアバディーン支部で「物理的力」（一九一五年）や「科学と国家」（一九一六年）と題する講演を行っているが、ここでは戦前の論調とは異なり、むしろ原子エネルギー解放に潜在する脅威がはるかに勝っている。

それ（人為的な核変換）は大変な科学的成果でありますが、それがなにを巻き込んでいくかはっきりするまで実現しないことをわたくしは期待します。現在、放射性物質から数億年かけてじわじわと漏出しているエネルギーを、われわれが望むように短時間で一気に解放することが可能になったと想像してみてください。一ポンドの物質から、一五〇トンの石炭の燃焼から得られるのに匹敵するエネルギーを得られます。なんと素晴らしいことでしょうか！　もしくはこうもいえます。一ポンドの物質をダイナマイト一五〇トンの仕事に転化することも可能であると。嗚呼、それがやっかいなのです！　そうした爆弾が現実に発見されたなら、今日の戦争はどのようなものになるでしょうか。★22

戦時中に行われた講演や発表された論考の一部は一九二〇年に『科学と生命』と題する著作としてまとめられた。そこで焦点化されるのは、やがて到来する原子力時代における「科学（者）の責任」という問題である。ソディにとって世界戦争は、科学が帝国主義的な政治経済体制と抜き差しならない関係を取り結ぶにいたったことを自覚する過程であった。両者はたがいに中立ではありえず、また未来における科学と技術のいかなる発展もそれ自体では戦争の火種や社会問題の原因を取り除くことにはならない。むしろ逆である。そのため科学的知識のさまざまなありうる帰結・未来について考え抜き、潜在的な危険があれば「たとえ天罰がくだろうとも真理を語る」ことがそのような時代に生き

★18　化学テクノロジーが第一次大戦において果たした包括的な役割については藤原 2015 を参照。なお、イギリスでは一九一六年に、産業のための科学研究を政府が積極的に援助・推進することを目的として、科学・産業研究庁（DSIR: Department of Scientific and Industrial Research）が設立されたが、科学者共同体が軍事研究と緊密に結びつくかたちで再編・組織化されるという現象は大戦を契機にドイツやフランスでももちろん見られた。

★19　Merricks 1996, pp.69-75.

★20　Weart 1988, p.29.

★21　Sclove 1989, p.177.

★22　Soddy 1920a, p.36.

る科学者の従うべき倫理である。[★23] 彼は経済学の主著といえる『富、虚構の富、負債』（一九二六年）にこう書きつけている。

われわれの文明のあらゆる成果は、〔…〕蒸気機関の出現によって達せられた火のエネルギーに対する支配の所産として現出した。遠く離れた星ではなく、まさにわれわれの足元に、われわれが知るよりも何百万倍も強力な無限のエネルギー源があるとしたら、人為的な核変換の発見には、どれほど甚大な社会的影響があるだろうか！

とはいえ人類社会は、そうした膨大なエネルギーを安全に付託されることから、どれほど隔たっているのか。もし、明日にでも原子核変換の発見がなされたとしたら、毒ガス戦争で用いられた新開発の化学兵器の事例において各国が行っているのとまったく同様に、これを戦争に応用する仕事に熱心にならない国は一つもないだろう。〔…〕もし原子エネルギーが既存の経済状態の下に置かれるならば、それは科学文明の不条理な帰結を、つまりゆっくりとした崩壊ではなく、即自的な壊滅を意味するだろう。[★24]

かくしてソディは原子力技術の進展にきわめて両義的な立場へと追い込まれていく。すなわち一方で、科学はその知識と応用をもとにエネルギーを継続的に供給し続ける責任を負っており、人為的な核変換の技術はその点で決定的な意味をもつ。しかしながら、それによって解放されるすさまじいエネルギーの制御に耐えうる政治や経済の側での十分な成熟がなければ、そのようなテクノロジーは、生命そのものを粉砕する破局をかならずや引き起こす。したがって、科学（者）は科学的知識とその応用が生命の繁栄へと向けられることを確実にするという、もう一つの責任を負わなければならない。ソディは戦争を引き起こす構造的要因が十分に理解され、それが取り除かれるまで原子エネルギー解放は延期されるべきと考え、戦後、放射性研究からほぼ完全に手を引いていった。

ラザフォード率いるケンブリッジ大学キャヴェンディッシュ研究所に対抗して、オックスフォードでも放射化学の研究部門の立ち上げが計画されたが、皮肉にもソディのポストが用意されたのはそこであった。けれども化学教授としてオックスフォード大学に着任したときにはすでに放射化学の研究から距離を置くことを決めていたのであり、むしろこの時期は彼が広い意味での社会主義的な政治にもっとも接近した時期といえる。ソディは科学者協会 Association of Scientific Workers の前身となった全国科学者組合 National Union of Scientific Workers に設立当時（一九一八年）からコミットしながら、中央政府の科学政策への批判を展開していく。とくにソディにとって重要であったのは、科学研究に対する科学者自身による自主管理の問題である。後述するように、ソディが一時期、労働党やギルド社会主義 Guild Socialism に関与したことは、科学の体制化や産業化の進展と深くかかわっていた。[★25]彼は科学者が科学の発展に責任を担い、その責任において管理すべきだと考えていたが（その限りで彼はけっして科学技術の可能性を否定することはない）、しかし現実にはこれは裏切られ、科学動員体制の

★23 Soddy 1935, p.7. なおソディが「序文」を寄せた論集『科学のフラストレーション』（一九三五年）は、社会から切り離された純粋科学のあり方に批判的なイギリス科学者たちの考えを練り上げたものであった。なお科学者の社会的責任の議論におけるソディの意義についてはGuston 2012を参照。

★24 Soddy 1926, p.28.

★25 この点については、Merricks 1996, chap.5 を参照。

なかで国家と産業、これに金融利害が結びついて科学研究の方向性がますます決定づけられていく。

われわれ自身が機械の犠牲となり、最後には機械によって破壊されるために、巨大な自然の力に対する支配を獲得してきたのだろうか。われわれの文明はロボットと金利生活者を繁殖させ、また国内での階級闘争と国外で兄弟殺しの戦争に屈服することに尽きるのだろうか。もしわれわれがすでに獲得してきた力の行使が、文明の未来を危険に晒すのに十分であるならば、科学が与えたそうした力を一〇〇万倍にまで膨れ上がらせることになにか意味はあるのだろうか。★26

彼はラスキンとは異なり、近代的な機械技術の進歩それ自体を批判することはなかったが、科学研究が国家や産業、金融の利害に支配されるかぎり、強欲や商業主義、「汚染された河川、煤煙まみれの都市、不適者たちの経済的没落、腐敗した者への政治権力の集中」といった害悪の責めが科学やテクノロジーの進歩に向けられるのは避けがたいことと受け止めていた。こうしてソディの知的努力は、世界戦争を導いた帝国主義的な経済の現実の分析と診断に向けられていくことになる。そこにこそ科学と技術の進歩を暴力へと捻じ曲げ、原子力の兵器化を推し進めていく力の根源が存在すると彼が確信していたからである。ゲデスの誘いで渡英していたルイス・マンフォードは一九二〇年にロンドンにあった社会学会の事務局でソディに出会ったことを回想して、次のように書いている。「ソディはラザフォードのもとで進めた放射能に関する当初の研究から離れ、この新たなエネルギー源が生じる経済・社会問題へと関心を移していた。ソディが政治・社会問題に専心するための専門的な準備のために自らの持ち場を立ち去ったという事実は、原子エネルギーの解放のありうる社会的帰結に対する、

長きにわたって延期された科学者たちの覚醒の、おそらく最初の例であった」と。★27

2 貨幣改革の時代

経済学の「地下世界」

ソディが経済問題の研究に身を投じた戦後のイギリス経済は他の戦勝国と比しても長い不況と停滞に苦しんでいた。国際金本位制の崩壊に端を発する貨幣・金融面での混乱に加え、二三年から二八年までたえず一〇〇万人を上回る失業者が存在した。こうした状況の原因は、多くの場合、世界金融の中心としてのロンドン・シティの地位低下に求められ、これを打破する手立てとして、一九世紀イギ

★26 Soddy 1926, p.23. 強調原文。

★27 Mumford 1979, p.72. また、マンフォードはソディへの追悼のなかでもこう述べている。「私は一九二〇年に社会学会でソディと出会った。ちょうど彼が、専門的な化学者としての研究から、経済学の問題、とくに人間生活にとってエネルギーを利用可能なものにする媒体としての貨幣の問題へと関心を移していた時期であった。この経済問題への没頭は間違いなく、彼の仲間の科学者だけでなく、他の多くの者にとって常軌を逸した行動であっただろう。間違いなく、それは科学の領域でのソディの特別な才能を犠牲にするものであった。けれどもそれは、科学的精神の社会的責任に対する模範となる警告を示していた。同じ注意深さや感受性をもったソディのような科学者が世界にもっといたならば、われわれの時代は核エネルギーが引き起こした広範な諸問題に対処する用意ができていたであろう(いまでさえできていない)。ソディは、彼自身の非常に孤独な例によって、一般的となるべき専門化の限界・制約の超克を示したのである」(Trenn 1979, p.273)。

リス・ヘゲモニーが制度的な拠りどころとしていた金本位制へのいちはやい復帰が目指された。一九一九年には「戦後の通貨および外国為替に関する委員会」（通称カンリフ委員会）において金本位制復帰が勧告され、一九二四年には保守党内閣で大蔵大臣を務めたウェストン・チャーチルのもとで復帰が宣言、翌年にそれは実現されることとなる。

よく知られるように、ジョン・メイナード・ケインズ（1883-1946）の『貨幣改革論』（一九二三年）は、保守党政権が推し進めたこの金本位制復帰をめぐる動向を批判するものであった。戦前の旧平価での金本位制復帰が必然的に含意するデフレーション政策（物価と賃金引下げ）は、自治領や植民地、その他の後進国への海外投資に依存するかねてからの金融化の趨勢のなかで、内外の債券や株式から得られる金融レントで生活する金利生活者＝投資家階級の利害に資するだけであり、国内産業にはむしろ打撃を与え、企業家階級と労働者階級の利害対立を激化させる、というのがケインズの見方であった（それゆえ彼は平価切下げ、物価安定を政策の指針とすべきと主張した）。じっさい、金本位復帰（一九二五年）は、ただちに炭坑業の賃下げ政策に対するストライキに端を発した大規模なプロレタリア・ゼネストを引き起こしたのである。

注目したいのは、当のケインズが『一般理論』（一九三三年）のなかで「地下世界 the underworlds」と表現したように[★28]、ソディが経済学の研究を開始した第一次大戦後には、経済学の正統派にもマルクス主義のサークルにも属さない、異端の経済思想とこれにもとづくさまざまな改革論が広範に存在していたことである。深刻な戦後不況と金融の不安定化に対し、それらは共通に徹底した金本位制批判の論陣を張っていた。プルードンに学んで相互金融制度 Mutual Banking System や協同組合銀行の構想を打ち出していたアーサー・キトソン Authur Kitson（1859-1937）[★29]、同じくプルードンの思想的影響下にあって「自由貨幣」（減価する貨幣）を構想したシルビオ・ゲゼル Silvio Gesell（1862-1930）、フェビアン協会とは自覚的に別路線を歩むギルド社会主義を理論面で率いたS・G・ホブソン Samuel George Hobson（1870-1940）やG・D・H・コール George Douglas Howard Cole（1889-1959）、さらにギルド派の一部を巻き込みながら、その運動を分裂に追い込んでいった社会信用 social credit 論を主導したC・H・ダグラス Clifford Hugh Douglas（1879-1952）、そしてギルド社会主義やダグラスの言論を下支えした文芸誌『新時代 *The New Age*』の編集を務めた気鋭のジャーナリストA・R・オラージュ Alfred Richard Orage（1873-1934）[★30]等々である。

パトリック・ゲデスや彼の仲間たちもまた、二〇世紀初頭には、とくにJ・A・ホブソンやウェブレンの著作に学んで、産業資本主義の金融化とこれに伴う帝国主義的な拡張政策の問題をより積極的に取り上げはじめていた。いまや産業資本家に代わって少数の金融業者のネットワークが旧技術秩序における「世俗的権力」の主たる担い手として君臨し、現実の生産現場の技術や知識とはますます無関係に、複雑化する信用システムをつうじてグローバルにその権力を行使する。この金融権力に対抗

★28　Keynes 1973［1936］, p.32. 邦訳（上）四六頁。

★29　キトソンは大戦末期に設置された、金本制復帰問題を議論したカンリフ委員会でも、金本位制離脱直前のマクミラン委員会 Committee on Finance and Industry でも証言に立っており、一貫して金本位制復帰反対の論陣を張った。

★30　オラージュは『新時代』の編集長を務めただけでなく、第一次大戦前後にはギルド社会主義者の一人として論文や著作を発表していた。オラージュの社会思想について日本語で読むことのできる例外的な論文として笹原1984がある。笹原はフェビアン系の週刊誌『ニュー・ステイツマン』創刊号は、フェビアンに批判的な『新時代』への対抗という側面があったと指摘している（一一三頁）。

するためゲデスは、「エネルギーのエコノミーを知る技術者や物理学者、生命のエコノミーに精通する衛生学者、都市のエコノミーに長けたプランナー」が参加する、「真の物質的なセキュリティの創造」を目的とした「市民銀行 Civic Bank」、「市民信託 Civic Trust」など「社会化された金融 socialised finance」拡大の道を模索していた。[★31]

ソディの経済にかかわる一連の研究の背景には、経済的自由主義とも集産主義的な社会主義とも異質であろうとした、これら「地下世界」——明らかにその源流のひとつはラスキンにある——の動向が存在したことはあらためて確認されてよいだろう。ここではとくに彼が直接の関係をもったギルド社会主義とそこから派生した社会信用論について若干の考察を加えておく。

ギルド社会主義

レイモンド・ウィリアムズが指摘するように、一九世紀末から第一次世界大戦の時代に向けて、労働運動の行動は、概して、フェビアン主義者の指導のもとにあった。議会をつうじた漸進的な社会改良の道を重視するフェビアン協会は第一次大戦中に労働党とますます接近することとなったが、このフェビアン流の社会主義の趨勢に対し、歴史家ヒレア・ベロック Joseph Hilaire Pierre René Belloc（1870-1953）は『奴隷国家 *The Servile State*』（一九一一年）を著し、ある面では後のハイエクの『隷属への道』（一九四四年）を想起させるような集産主義批判をいちはやく展開していた。[★32] ラスキンとモリスによって開始された美術・工芸運動を起点としつつ、一方では国家社会主義によって労働者は自由・自治ではなく、セキュリティと服従の精神を与えられるのだと説くベロックの問題意識を引き継ぎ、また後にはフランスのサンディカリズムの影響を受け独自の展開を見せたのがギルド社会主義の運動で

あった。[★33]

ギルド社会主義は、中世的なギルド組織による職人的生産形態への回帰を説いた建築家アーサー・ペンティ（1875-1937）の『ギルド制の復興』（一九〇六年）やオラージュの「クラフツマンのための政治」（一九〇七年）に端を発するものであり、労働組合とはまた別の美術・工芸家の個人主義的な文化を重んじて、彼らの自治を目指す政治運動としてはじまった。[★34] そこで重視されたのは、機械使用の制限や作業所の小規模化、地域的市場であった。ただしペンティらのローカル・ギルド派に強く現れる中世志向はしだいに薄れ、代わってその支柱を担ったのが、いずれもフェビアン協会を脱退した二

★31 Geddes 1915, pp.386-387. 邦訳三五〇―三五二頁；Geddes and Slater 1917. なおソディとゲデスのあいだには社会学会を介して一定の交流があったようであるが、両者の直接的な関係を示す記録は、ソディからゲデスへの書簡（一九一九年六月二〇日付け）が残されているのみである。ただしその内容は経済問題ではなく主に成人教育に関するものである。この書簡は Strathclyde University Archive で見ることができる（Geddes Archive T-GED 9/1447）。

★32 なおベロックは一定の財産所有が各人の自由の再建と安定に不可欠であり、財産の幅広い分散（分配主義 distributism）を擁護した（ベロック 2000）。

★33 コール 1957; ウィリアムズ 2008、一五九―一六三頁。茂市＋川端 2007 はフェビアン社会主義が知識人を運動主体とし、労働者を救済されるべき受動的存在とみなしたことへの強い反発も、ギルド社会主義が形成された一つの要因であったと指摘する。

★34 茂市＋川端 2007 によれば、二〇世紀初頭に「ギルド」なる語が持ち出された背景には、一九世紀後半から中世の諸芸術や社会制度に傾倒する「中世主義 Medievalism」の系譜があった。その端緒がラスキンの「セント・ジョージのギルド」であり、モリスを介してペンティやコールらの労働の質をめぐる議論に大きな影響を与えたのだという（四八頁）。ギルド社会主義へのラスキンの思想の継承については Cockram 2007, pp.201-204 も参照。

人の論客S・G・ホブソンやコールを中心とするナショナル・ギルド派である。

コールは一九一五年に「ナショナル・ギルド連盟National Guilds League」を結成し、それまで思想集団にとどまっていたギルド社会主義の運動としての組織化を図り、同連盟にはR・H・トーニー（1880-1962）やバートランド・ラッセル（1872-1970）など有力な論客も参加した。その思想や社会構想は、文芸誌『新時代』に寄稿されたホブソンの一連の論考をオラージュが編纂した『ナショナル・ギルド』（一九一四年）、モーリス・レキットとカール・ベックホファーの手による『ナショナル・ギルドの意味』（一九一八年）、あるいはコールの『社会理論』や『ギルド社会主義再論』（ともに一九二〇年）などに論じられている。

レキットたちによれば、「ギルドの思想の本質は、一般の労働者たちによるイニシアティブの回復、卑しい利潤目的への服従からの労働者の解放、そしてまた完全かつ責任ある産業民主主義の達成」である。[★35]すでに指摘したように、産業民主主義を目指すにあたって、ギルド社会主義は、利潤による生産の動機づけ（資本への労働の隷属）を批判するばかりでなく、国家社会主義はもちろん、官僚主義的な産業管理やこれに伴う国家活動の肥大化に対しても、きわめて批判的であった。ギルド派が求めたのは、賃金など経済的要求以上に、労働生活における自治の回復にあったからである。なかでもコールは、戦時下における国家の大規模な経済介入・産業統制を社会主義への漸進的進化として積極的に評価するフェビアン流の集産主義を強く批判し、むしろこれを事実上「国家資本主義」化を意味するものと捉えていた。

これに対してコールは、人間の個体性individualityの尊重を原則としつつ、地域・地区レベルの特定の機能を担う多様なギルド・団体の組織化をつうじて、各人の個体性を社会的に表現し統合する回路を確保しようとした。一方には財やサービスの生産者によって形成される産業ギルドや、教育や公衆衛生、芸術、医療を担う市民的ギルドがあり、他方には、消費協同組合や教育や公衆衛生、芸術などのサービスの受益者から成る消費者団体が組織される。コールは、これらの地域レベルで組織されるギルドや団体の全国的連合体をつうじた機能的民主主義の確立と国家権力の機能的分解にもとづく多元的国家像（コミューン）を打ちだした。[★36] それは、モリスから引き継いだ労働生活における個人の創意や自律性の回復という問題を、自発的なアソシエイションの緩やかな連合を媒介として、政治と経済を分離しないかたちでの民主主義の実践のなかで追求するものであった。しかしながら一九二〇年代に入ると、第一次大戦後の反動恐慌のあおりで失業者が急増し、労働運動全体が弱体化するなかで、ナショナル・ギルド連盟も挫折し、一九二五年には解体へと追い込まれていくこととなる。

社会信用論

ギルド社会主義の後退とほぼ並行して、その理念——とくに集産主義批判や賃金奴隷制の廃絶——をホブソンやコールとはまた違うかたち（すなわち貨幣・金融改革）で実現するものとしてオラージュやレキットなど一部のギルド派に見いだされたのが、クリフォード・ヒュー・ダグラスの社会信用論であった。[★37] 第一次大戦中はイギリス空軍の技術将校として活躍した——ダグラス少佐 Major Douglas

★35 Reckitt and Bechhofer 1920, p.xvi.
★36 Cole 1920. コールのギルド社会主義の制度構想については岡 1979 に詳しい。

と呼ばれる所以である——ダグラスの名は、ケインズが有効需要論・過少消費説の先駆けとしてゲゼルやJ・A・ホブソンと並んで（やや皮肉交じりに）言及したことで、あるいは近年では普遍的なベーシック・インカムの先駆的な主唱者として知られる程度である。[★38] 彼は一九一九年にギルド社会主義への関与をはじめたが、とくに『新時代』の編集長オラージュのダグラスへの強い肩入れが、ギルド社会主義運動の内部に摩擦を生じ、分裂と解体を引き起こしたといわれている。

ダグラスが一部のギルド社会主義者に注目されたのは、ホブソンやコールらの議論に通貨や金融システムにかかわる視点が弱かったからであった。ダグラスの社会信用論の核心は、「実体的信用 Real Credit」と「金融的信用 Financial Credit」との区別にある。前者は人びとのニーズに応じて財やサービスを生みだす社会に帰属する集合的な潜在能力、「創造的なエネルギー」であるのに対し、後者は必要に応じて資金を供給（ファイナンスする）能力であり、いわば実体的信用に実質的効力を与え、財やサービスの生産と分配を方向づける役割を果たす。ダグラスによれば、社会が有する実体的信用の基礎は、自然資源に加え、社会的分業と協業のなかで歴史的に獲得され蓄積されてきた知識や技術、技能、教育の所産——彼はこれを「文化的遺産 cultural heritage」と呼ぶ——であり、本来的に社会的なもの、コミュナルなものである。[★39] にもかかわらず、これら社会の潜在能力を実効化する金融的信用（ファイナンス）のコントロールが、信用（購買力）創造の権能をもつ商業銀行によって私的に独占されてしまうことで、じっさいには、富の生産と分配がその量と質ともに社会の構成員のニーズではなく、一部の金融権力の私的利害に大きく左右され、最終的には社会（消費者）の物質生活全体がこれに支配される。ダグラスやオラージュはこのコミュナルな実体的信用に対する金融的信用の私的独占と支配の機制をこそ解体しなければ、ギルド社会主義が掲げる経済民主主義や強制なき自発的協同を実現することはおよそ不可能であると考えていた。

彼らが示す解決の方向性は、金融的信用の社会化、すなわち信用創造の法的・道徳的権利をコミュナルな財産として、あくまで社会そのものに帰属させることである。★40 貨幣は共同体によって確立さ

★37 通貨改革にとどまらない社会信用運動の「思想」に注目して、これを一九世紀末から戦間期にいたるイギリス社会思想――ラスキン、種々の過少消費説、クロポトキンのアナキズム、コントやル・プレに起源する実証主義や社会学会、ベロックの分配主義、そしてギルド社会主義――の動向に位置づけた研究として、Finlay 1972 が包括的である。また、ギルド社会主義とダグラスの社会信用論との関係については、Hutchinson and Burkitt 1997 に詳しい。これによれば、ダグラス自身は個人の自由に立脚するギルド社会主義の理念に共感をもちつつも、コール等のナショナル・ギルドの戦略には批判的であった。ただし、オラージュとの共同作業として書かれたダグラスの初期のテクスト――『経済民主主義』(一九二〇年)、『信用力と民主主義』(一九二一年)、『雇用システムの崩壊』(一九二三年)、『社会信用』(一九二四年)など――にはギルド社会主義の思想が陰に陽に現れているという。

★38 なお、ダグラスのケインズ体系への影響は無視されてきたが、ダグラスが有効需要の不足を一貫して問題化してきたことが、後のケインズの議論が受け入れられる素地を準備したとする指摘もある (Pullen and Smith 1997)。

★39 ダグラスは実体的信用の社会性について次のように説明する。「ヴィクトリア時代の経済学者はあらゆる価値を、土地、労働、資本という三つの要因に帰属させることに合意していた。しかしながら、〔…〕いまや先の三つの要因をはるかに凌ぐ力をもった第四の富の生産要素が存在することが急速に認められつつある。それはソースティン・ヴェブレン氏のことばでいえば、「産業技術 industrial arts の進歩」と表現することができよう。これに対する独占的な分け前を主張できる者は誰もいないことは明白である。その多くがその名を忘却され、その大多数がすでに亡くなっている、数えきれないほど多くの男女が残した財産なのである。それが文化的遺産である以上、いかなる土地、労働、資本の資格とも関係なく、共同社会全体がその適切な相続人であることは否定しがたいことであるように思われる」(Douglas 1924, pp.55-56)。

れた一つの制度、共通善であって、私的な商品ではない。貨幣が購買力をもつのは、それが機能する共同体において貨幣として一般的に信任され受容されるかぎりである。それゆえ「共同体、そして共同体だけが信用を創造し、その供給を調整し、その創造から収益を回収する、つまり共同体全体の利害にもとづいて信用創造のメカニズムをコントロールする権利をもつ」べきだとされる。★41

信用の社会化に向けた具体的方法の一つとして提案されたのが、銀行の信用創造をそれぞれの地域コミュニティの生産者・消費者によって民主的に管理しつつ、他方で中央または地方政府が直接に発行する「政府紙幣」というかたちで、社会の全成員に無条件に「国民配当 National Dividend」を分配するというものであった。国民配当は、ますます資本集約的な傾向を強める産業システムにおいて生じる慢性的な消費者の購買力不足(過少消費)に対処する一つの方法として提案されたが、目的はこれに尽きるものではない。国民配当の導入に賭けられていたのは、「労働主義 labourism」の解体、つまり生存の権利は賃労働の義務なしにはありえないとする支配的観念を掘り崩し、人びとに賃金奴隷制からの一定の自由を確保することであった。★42 このような条件においてはじめて、無益で苦痛な断片的労働の無理やりの創出が不要となり、もっと創造的な仕事の文化、下からの自由な産業の組織化(経済民主主義)の可能性が拓かれるというのがダグラスやオラージュの考えであった。社会信用論はギルド社会主義内部(一九二〇年)でもイギリス労働党(一九二一年)でも、その可能性が調査・検討されたが、いずれにおいても提案はしりぞけられたものの、世界恐慌前後に大きな影響力をもちえた。★43

あらためてソディに話を戻そう。すでに触れたように、彼はすでにアバディーン大学時代(一九一四年以後)から全国科学者組合をつうじてナショナル・ギルド連盟や独立労働党のメンバーと深いか

かわりをもつようになっていた。そして第一次大戦後、つまりオックスフォード大学に着任後、ソ

★40 Douglas 1921, p.166. なお、ダグラスとオラージュは一九二〇年、不況に陥っていたスコットランドの炭坑業労働者に向けて中央政府と生産者銀行による融資を融合した「草案スキーム」を作成、提案している。このなかで信用の社会化の具体案として炭坑の経営者や労働者が民主的に運営する生産者銀行が提案されており、ギルド社会主義との思想的な連続性が強く見いだされる。なお、同草案の意義については栗山 2006 に詳しい考察がある。

★41 Pullen and Smith 1997, p.233.

★42 『新時代』(一九二〇年三月一一日号)の(おそらくオラージュの手による)編集後記にはこう書かれている。「仕事だけが食べものを得る正当な権原であるとすれば、恣意的に定義された「仕事」が強制的かつ普遍的となるに違いない。いいかえれば、国家は奴隷的となり、そして仕事は自然に存在しないのであれば「作られ」なければならない。〔…〕権威主義と物質主義は、じっさい、「仕事」だけが個人に生きる資格を与えるものだという教説の必然的な社会的帰結である」(*New Age* 1920, pp.298-299)。ここにはベロック『奴隷国家』の影響も強く見られる。

★43 ギルド派内部でダグラスを強く批判した一人がコールであった。彼の批判は、ダグラスが通貨改革に過度の期待を寄せ、産業における労働者の自治の問題を過小評価する点に向けられていた(Finlay 1972, p.121)。ただしプレンとスミスによれば、後にコールはダグラスの社会信用論を受け入れていったという。ダグラス案を調査するため一九二一年に労働党内に設置された委員会のメンバーには、シドニー・ウェッブ、コール、トーニー、J・A・ホブソンなどが名を連ねた。彼らはダグラス案を受け入れなかったものの、銀行による信用創造機能と相次ぐ銀行合併に伴う弊害に対する危機感や信用の社会的管理の重要性については問題意識を共有していた。プレンとスミスは、「ダグラス計画の一部に対する委員会の敵意、そして信用社会化を達成する手法についての差異は存在したが、その〔委員会〕報告書は、事実上、信用の社会化の原理的な裏書と見ることができる」と評している(Pullen and Smith 1997, p.246)。なお、ダグラスの社会信用論は一九三〇年代にカナダで大いに議論され、ダグラス自身が一九三五年にアルバータ州政府の財政再建に関する顧問に就任し、同政府の社会信用計画案の企画にも関与した。この点については Macpherson 1962 に詳しい。

ディはただちに経済学の研究を本格化させていく。ラスキンの『この最後の者にも』、マルクスの『資本論』、そしてキトソンやゲゼル、ケインズ、その他の貨幣改革論についてノートを作成し、はやくも一九二〇年にはナショナル・ギルド連盟の機関紙『ザ・ギルズマン』に経済を主題とした初の論考「科学の立場から見た経済「科学」」を寄稿している。「高利による負債の自生的な増大という人間の慣行を埋め合わす富の自生的増大など、自然界のなかにはどこにも存在しない」★44と書くように、この短い論考には、自然の物理的秩序と切り離すことのできない富の世界と人為的なシステムとしての貨幣・金融制度とのあいだに存在する矛盾という彼の根本的な問題意識がすでにはっきりとあらわれている。そしてダグラス同様に、ソディもしだいに信用創造をつうじた銀行による金融力の私的独占への批判を強め、ダグラスとはまた異なるしかたで信用の社会的なコントロールの重要性を訴えていくこととなる。

もっとも、ソディが目指した貨幣改革の方向性にはこれらさまざまな論者との類似性が認められ、またそれらから大いに刺激を受けていた一方、ソディ自身が強調するように、彼の貨幣改革論はあくまで自然科学にもとづく経済学の批判的分析から独自に練り上げられたものである。なにより同時代の他の改革論にはないソディの固有の視点とそのポテンシャルは、アーヴィング・フィッシャー（1867-1947）やフランク・ナイト（1885-1972）など一部の著名なアメリカの経済学者によって一定の注目と評価を集めた貨幣改革の中身——とくに一〇〇％準備制度——そのものにあるというより、むしろ彼らがまともに受け止めることのなかった「エルゴソフィ *Ergosophy*」、すなわちエネルギー論にもとづく富と生の関係についての哲学にあったといえる。★45 またそこにこそ、エコノミーとエコロジーの問題、あるいはラスキンのポリティカル・エコノミーの、ソディ独自の継承がもっとも明確に現れるのである。

3　富のエコノミー

経済学とマテリアリズム

ソディは戦後から世界恐慌前後の時期に立て続けに経済関連の著作やパンフレットを刊行している。主要なものを挙げれば、『デカルト派経済学』（一九二二年）、『科学の倒錯』（一九二四年）、『富、虚構の富、負債』（一九二六年）、『科学時代の破滅』（一九二七年）、『旧文明への科学の影響』（一九二八年）、『貨幣対人間』（一九三一年）、『貨幣の役割』（一九三四年）などである。

これらのテクストにおいて一貫して焦点化されているのは、「富」と「負債（貨幣）」、この二つのカテゴリーの弁別であり、また両者のあいだにある原理的な矛盾とその帰結である。そしてこの二つのカテゴリーは、明らかに、生命と富を主題とする「ポリティカル・エコノミー」と、貨幣の多寡によって測られる個々人の「富裕 rich」――すなわち自己利益を追求するホモ・エコノミクス――を対

★44　Soddy 1920b, p.3.

★45　たとえばナイトは『富、虚構の富、負債』について「時間と労力をかけて熟読するに値する」、「総じて、鮮やかな書きぶりであり、素晴らしく示唆に富み、刺激的な書物」だと評す。とくに後述するソディの信用創造批判について、「明らかに異端であるが、非常に意義深く、理論的にも正しい」と述べている。他方で、富とエネルギーをめぐる議論については、「一元論的偏見にもとづく形而上学的推論」とこれを一蹴している（Knight 1927, p.732）。

象とする「商業のエコノミー」（貨殖の術）というラスキンの区別を強く意識したものであった。生命と富の相互的な関係を解明することがラスキンのポリティカル・エコノミーの最たる目標であったが、ソディもまた「生命なくして富はない」というアフォリズムに具現されるラスキンの問題意識をはっきりと引き継ぐ。ただしそのさい一貫して強調されるのは自然の物理的秩序に関する知が果たすべき役割である。

ラスキンは、彼の時代の幻覚に対する孤独で表現力ゆたかな抵抗のなかで、生命に基礎をすえた経済学を空しくも擁護した。彼は科学の精神に対して、あるいは田園の神聖を汚し、労働者たちを野蛮な生存条件へと破滅させた科学の貨殖的な追求に対して敵意を示し、卑しむべき物質主義の襲撃から精神的で審美的な価値の源泉を擁護する偉大なる闘士であった。しかしながら、われわれがラスキンの哲学の理論と正当化を求めるならば、むしろ物質主義的な科学 materialistic science へと立ち返らねばならない。[★46]

ソディから見ると、ラスキンの失敗は、彼が正当にも「生命を基礎に据えた経済学」の構想を試みたにもかかわらず、生命現象を取り扱ってきた肝心の生物学や物理学に十分な基礎をもたなかった点にあった。それゆえゲデスがそうしたように、ソディもまたラスキンのポリティカル・エコノミーの探究を自然科学の名のもとに継続する。なにより経済学の探究に自然にかかわる知が要請されるのは、当の科学が対象とする人間のエコノミーが、精神的・社会的現象と物理的・熱力学的現象との相互作用、あるいは両者の「複合体 complex」として現れるからである。[★47]

力学も、生物学も、人文学も、いずれかだけでは人間の諸問題を解決することはできず、それぞれの役割において寄与するだけである。〔…〕従来、人文学者が解を与えてきた問題について、力学や生物学のような学問に救いを求めることは、希望のない方針と考えられるかもしれない。けれども生命は物理法則にしたがっている。人文学の方法は、工学者の方法と対極にあるけれども、人文学は力学的な奇跡を起こすことはできない。物理学は人文学を補完するものであって、それは生命が物理科学の諸原理に反してではなく、それにしたがってはたらくものだからである。

〔…〕工学者が自らの制御する力を侮るのではなく、これを理解することで勝利を収めるように、生命が自然の物理法則に背くのではなく、これと協力することを明確にすることはけっして些細なことではない。[★48]

このようにソディは一九世紀後半の「科学の制度化」をつうじて進展した自然についての知と人間や社会についての知との分裂(専門分化)を批判するが、その影響が「並外れて破壊的なもの」となるのは経済学においてであり、この時代の「望みのない混乱は、大部分、経済学を支える物理的諸原理の明確な認識の欠如に由来する」と考えていた。[★49]経済学の根本問題は、「ひとはいかにして生きて

★46 Soddy 1926, p.94.
★47 Soddy 1922, pp.5-7.
★48 Soddy 1926, p.24.

いるのか」という問いにあり、これに答えるには自然界に関する知識が不可欠である。経済学が一つの科学でありうるとすれば、人間のエコノミーがそこに根を張る自然の秩序（自然のエコノミー）のリアリティを見落とすことはありえない。そしてこれを重視した点で、彼もまたフィジオクラートの洞察を高く評価していた。「一八世紀にフィジオクラートとして知られたフランスの哲学者たち——「原・経済学者」——は、経済学を物理的なリアリティに基礎づけようと試みた。彼らはあらゆる富の起源を大地に求め、当時の科学が可能にするかぎりこれに迫ろうとした」のであると。★50もっとも、批判は一方的に経済学に向けられているわけではない。自らもそのなかで生きざるをえない社会の現実に眼を向けない自然科学者もまた厳しく批判される。「科学の探究者についていえば、彼らも大部分が、社会問題に時間を費やせないほど、その高度に専門化した高尚な研究にひたすら没頭している。彼らの活動は〔…〕呼吸が意思から切り離されているように、まったく社会の意識から隔絶している。彼らは自分たちが、現実の出来事のなかでよりも実験室においてうまく仕事を遂行できるのだと考えているのである」。★51

真の資本家としての植物

ポリティカル・エコノミーの対象である富の分析を試みるにあたって、ソディはまず、商品の交換関係でも生産関係でもなく、太陽エネルギーの流れという観点から、人間のエコノミーを自然のエコノミーの内部に位置づけることからはじめる（図5）。この単純な図が指し示しているのは、なによりもまず、人間のエコノミー、さらには地上のあらゆる生き物の生命の根源には太陽の惜しみない光と熱の放射、つまりエネルギーの贈与があるという、ある意味では素朴な事実である。「太陽のス

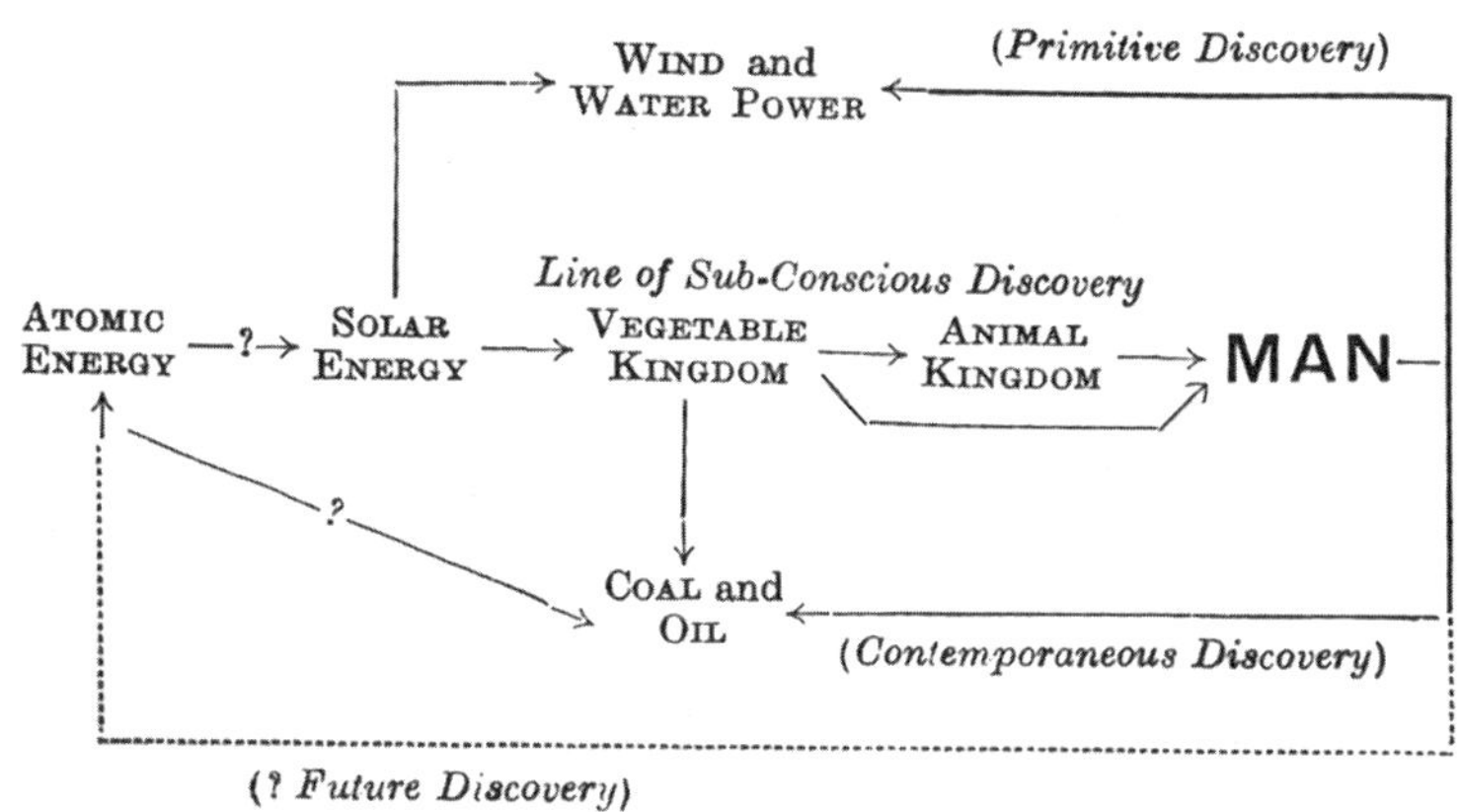

図5　自然－経済のエネルギーの流れ（Soddy 1926, p.48）

イッチを切ってしまえば」、生物・無生物を問わず、世界からあらゆる活力が奪われてしまうように、人間を含む生き物の繁栄は「ゆりかごから墓場まで」「一瞬一瞬、連続するエネルギーの流れ」を享受することに依存している。★52

このような太陽を源泉とするエネルギーの流れの一環として人間のエコノミーを捉える視点が、ソディのあらゆる議論全体を貫く基調となっている。このことの意味をいくつかの論点に腑分けして整理しよう。

まずソディは、ドイツの化学者エドゥアルト・ブフナーEduard Buchner（1860-1917）に拠りながら、酵母をはじめとする酵素がおこなう生物身体内の化学反応のメカニズムを説明することからはじめる。人間は太陽が放射するエネルギーを直接に生命の持続に用立てることができるわけではない。人間を含む動物によるエネルギーの「生命利用 life

★49　Soddy 1922, p.28.
★50　ibid., p.25.
★51　ibid., p.73.
★52　ibid., p.25.

use」（身体における代謝利用）には、独立栄養生物である植物による太陽エネルギーの変換・媒介が絶対的に必要とされる。「植物界だけが〔太陽から放射される〕もとの無生物エネルギーの流れを生命力へと変換しうる」のであり、「動物は身体の性質上、依然としてこの変換を成し遂げることはできない」ためである。[★53] 太陽は膨大なエネルギーを地球の地表に向けて放射しているが、それは植物葉緑体が担う光合成のはたらきに媒介されることで、はじめて地表の生き物にとって直接に利用可能な（吸収可能な）有機物のかたちをとる。もちろん植物の光合成による大気への酸素の供給もまた、生物の呼吸に不可欠である。いみじくもゲデスが「われわれは〔植物の〕葉によって生きる」と述べたように、ソディもまた人間の生の一般的かつ不変的な条件として植物界による太陽エネルギーの変換と媒介を重視する。

> 植物の緑色の物質は生命界にエネルギーが入り込んでくるドアである。植物界は自然エネルギーの源泉である太陽エネルギーへの唯一のカギを握っており、あらゆる生き物が、太陽エネルギーの変換者としてはたらく葉緑素を媒介にして植物界から生きる糧を引き出している。〔…〕生きている有機体の内的エネルギーは、有機体自身によってつくられはしないし、神によっても高利貸しによっても提供されることもない。それは、太陽の光の放射から、植物の身体、そして植物によって生きる動物の身体をつうじて獲得されるのである。[★54]

第二に、植物界による太陽エネルギーの変換・媒介が重要となるのは、「食べる」というエネルギーの生命利用の場面に限定されるのではない。あらゆる原材料、衣料や家屋、薬品といった多くの生活資料もまた直接植物に由来している。とりわけ重要なのは燃料である。木材や役畜を想起すればわかるように、熱源や動力源といった「エネルギーの労働・産業利用 labour use」の場面においてもまた、そのほとんどが植物――そして植物を食んで生きる動物――に由来する。もっとも図が示唆するように（また本書序章で見たように）、産業革命以後の「華々しい時代 the flamboyant era」を支え、「太陽エネルギーの収入を超えた暮らし」を可能にしたのは、化石燃料の燃焼、すなわち「巨大なエネルギーの資本貯蔵」、「何百万年も以前に地球に到達した太陽光のたくわえを解放する」ことであった。ソディはこの無生物エネルギー inanimate energy の解放――すなわち有機経済から化石経済への転換――がもつ文明論的な意味を繰り返し強調している。ただしこの化石エネルギーの資本ストックは、けっして「われわれ自身の手柄」ではなく、「計り知れないほど古い時代に生じた、われわれにとって好都合な生物学的・地質学的な出来事の連鎖」[★55]の所産であって、その起源をたどるならば遠い時代に植物が捕捉し貯蔵した太陽エネルギーにいきつく。生物進化の理論によって、「本当のアダムは動

★53 ibid., p.10.

★54 Soddy 1926, p.37.『植物の生の哲学』の著者エマヌエーレ・コッチャも、人間の「食べる」という行為を太陽エネルギーと植物の関係にかかわるものと特徴づけている。「食することはすでにして、その行動をもって太陽とそのエネルギーの中心性を認識すること、地上において太陽との間接的な関係性を探ることにほかならない。有機化合物は〈すべて〉、直接的・間接的に、太陽エネルギーの影響力の結果だ。太陽エネルギーは植物によって捉えられ、大量の有機体へ、つまり生きた物質へと変換される。植物であれば活用できるそのエネルギーを、わたしたちは直接吸収できないが、ものを食べるたびに、その無能力を補っているのである」（コッチャ 2019、一二九頁）。

★55 Soddy 1926, p.45.

物であったことが明らかとなった」ように、「エネルギーの教説によって、真の資本家 real capitalist は植物であることが明らかとなる」[★56]。

第三に、しかしながら、この化石化した資本貯蔵がもたらす巨大な無生物エネルギーは、あくまで熱や動力といったエネルギーの労働・産業利用（身体外的利用）に寄与するだけであって、エネルギーの生命利用、すなわち人間の身体の諸機能の維持に直接用立てることはできない。せいぜい食糧生産に用いられる合成窒素肥料の生産において化石燃料が間接的に利用されるだけである。この無生物エネルギー利用に課された制約は、そう遠くない未来に解放されるであろう原子エネルギーの場合にも基本的に変わりはない。繰り返すように、人間を含む動物にとって、「食べもの」のかたちで摂取されるエネルギーはつねに植物界による変換・媒介を必要とするからである。それゆえ「葉緑素のはたらきによる太陽光の採取、そして植物による直接的な食糧の化学エネルギーへのその変換、もしくは動物による中間的な変換は、根本的に不変的なものであり続ける」。このような視点からソディは、土壌と動食物の相互依存関係への繊細な配慮を要するがゆえに、機械化やオートメーション化が容易には進まない「農業が依然として生命にとっての中核的な産業」なのであって、「農家、小農、農業労働者が支配的な経済階級を構成している」こと、そして「これは現在の経済学や社会科学のなかで、もっとも見えにくい、しかしもっとも根本的な事実である」ことを強調する[★57]。

不可逆的な流れとしての富

ソディが生命と富の相互的関係の解明にエネルギー科学（熱力学）が必須であると考える理由はすでに明らかであろう。人間の生もこれを可能にする富も、いずれも太陽に由来するエネルギーの流れをその本質とするからである。「ラスキンが語ったように、経済学が一つの科学であるとすれば、富の論理的定義が経済学の基礎にとって絶対的に必要である。そして熱力学の諸法則がこれを可能にする」★58。科学としてのポリティカル・エコノミーは「有用で利用可能なエネルギーの流れと、その利用不可能な形態への転換、およびこのエネルギーの流れの統御と方向づけの産物たる物理的富を全体として取り扱う」ものでなければならない★59。以上の観点から、ソディは富をこう

★56 ibid., pp.29-30. コッチャは太陽と地球とをつなぐ植物の役割についてこう述べている。「植物は太陽を地上に住まわせているといってもよい。太陽の息吹、すなわちそのエネルギー、光、光線を、惑星を住処とする物体そのものに変え、地上のすべての有機体の生きた肉体を太陽の物質とするのである。植物があればこそ、太陽は地球の地肌、地球の最も外側の層になるのだし、また地球は太陽によって育まれる天体、太陽の光で構築された天体になる」(コッチャ 2019、一二一頁)。

★57 Soddy 1926, p.39; 1922, p.11. ただし注意すべきことに、ソディは、化石燃料や原子力といった無生物エネルギーによって内的エネルギー(食糧)の供給が可能となる未来を否定してはいない。じっさい、ハーバー・ボッシュ法以来の農の工業化のなかで多量の化石燃料の投入に依存してきたことに加え、植物工場や培養肉の開発によって、無生物エネルギーの生命利用がすでに現実のものとなりつつある。ソディ自身がこのような未来を「進歩」と基本的には肯定的に捉えていたことは否めず(Soddy 1926, pp.47-48)、少なくとも彼を現代的な意味でエコロジカルな科学者と単純に評することには慎重である必要があろう。なお植物工場や培養肉の問題を農の思想史の視点から考察する手がかりとして、藤原 2021 を参照されたい。

★58 Soddy 1926, p.102. ちなみに、ソディは、ポリティカル・エコノミーにとっての熱力学の重要性について、もしマルクスが熱力学の確立以後、十分に生きたとすれば、「彼の鋭敏かつ博学な精神」がこれを見過ごすことはなかったはずだと書いている(Soddy 1922, p.13)。またマルクスの分析の中心が富=使用価値ではなく、あくまで交換価値に限定されていたという断りまでつけている。

定義する。

「社会の富の源泉、すなわち社会を構成する人びとの生きる糧や便宜品の源泉とはなにか」という問いに、物理学は正確にこう答える。生存の糧は農業のはたらきをとおした太陽エネルギーの日々の収入に由来する。そして便宜品や奢侈品を含め、衣服や住居、燃料といった生活のさまざまな付属物は、その大部分が、過去の地質時代から保存されてきたエネルギーの貯蔵の収入から生まれている。生命はつねにエネルギーの絶え間ない流れに依存し、それゆえ、生存を支える必需品である富はストックよりもむしろフローの性質を帯びている。★60

富とは、本質的に、有用もしくは利用可能なエネルギーの産出物である。★61

ソディにとって、ラスキンが富の作用を「海にそそぐ河の流れ」になぞらえ、また人間にできることはその流れを正しく導くだけで、「これをとめることはできない」と述べたことは科学の眼からもまったく正当なものである。富の本質はエネルギーの流れにある。しかも、水が絶えず高いところから低いところ流れるように、富の流れはエントロピー増大則にしたがって、つねに、腐食、劣化、散逸、崩壊に向けた不可逆的な時間のただなかに置かれている。富はつねに流れているのであって、「きわめて限定的な範囲だけ、せき止めることができる」だけであり、「富は利子を生むのではなく、逆に劣化していく」★62。生き物としての人の死が避けられないように、食べものは腐敗し、衣服は劣化し、鉄道や建造物、道路、工場、船舶、岸壁のような人工物、あるいは書物や絵画のような芸術品も、たえざる修復（追加的な物質やエネルギーの支出と消費）なしには、やがては朽ちていく。「石炭を燃焼させつつ、なお所有することなどできず、ひとたび燃焼されてしまえば、熱力学的にいって、そこから永続的な利益を取り出すことなどけっしてできない」[★63]。したがって富は、本来、蓄積や成長や自己増殖のロジックにはまったく馴染まない。「物理的リアリティの観点から見れば、富を蓄積する国家という観念は、河川を蓄積するという観念と同じくばかげている」[★64]。

このことを強調したうえで、ソディは富をその生産と消費におけるエネルギーの様態にしたがって、二つの種類に区分する。ひとつは、その使用価値が対象物における有用な（質的に変換可能な）エネルギーの存在に依存するようなタイプ（富Ⅰ）であり、いまひとつは、逆にその生産において有用なエネルギーが支出され尽くしているようなタイプ（富Ⅱ）である。ソディは前者を「腐食性の富 perishable wealth」、後者を「耐久性の富 permanent wealth」と名づける。

〔富Ⅰにおいては〕腐食性 perishability がその〔富としての〕機能にとって本質的である。エネルギーそのものが価値をもつのではなく、あるモノから別のモノへの、ある場所から別の場所へのエ

★59　Soddy 1926, p.104.
★60　Soddy 1922, pp.12-13.
★61　Soddy 1926, p.102.
★62　Soddy 1920b, p.3.
★63　Soddy 1926, p. 30.
★64　Soddy 1928, p.14.

ネルギーの流れだけが価値を有する。エネルギーの流れへの傾向性に相応する物質の性質はその変化への傾向性である。腐る、崩壊する、火がつく、ゆっくりとした劣化に晒されるといった傾向は、このカテゴリーの富の欠くことのできない性質である。ここには、食べもの、燃料、爆薬、いくつかのタイプの肥料、あるいは同様の性質をもつ原料が含まれ、廃物と廃熱へのトータルな転換に晒されることによってのみ、それらは富にふさわしい目的を現に成し遂げるのである。これに対して第二のカテゴリーでは、腐食性ではなくむしろ耐久性が不可欠な性質となる。ここには、衣料、家屋、その設備や家具など「財産」一般に加え、道具や工場、道路、車両、船舶といった富の生産と供給に必要な補助的な生産物が含まれる★65。

食べものは腐食性の富の典型である。食べものは口のなかでかみ砕かれ、身体内部でさまざまな栄養素に分解される。このプロセスは食べものの腐食性——いわば富が内蔵するエネルギーの質的な変わりやすさ——によってこそ可能となっている。逆に「貴金属や宝石のような耐久性を備えたトウモロコシや牛肉はまったく富ではありえない★66」。対して耐久性の富の場合には、有用エネルギーが生産のプロセスにおいて支出し尽くされていることがむしろ重要である。なぜなら質的な変化への傾向性が小さければ小さいほど、それらの富はいっそう大きなモノとしての耐久性を備えるからである。熱力学的にいえば、それ以上の変換可能なエネルギーを含まないという意味で、耐久性の富はそれ自体がすでにひとつの廃物である。

重要なのは、ソディにとって「人間の生を可能にし、活力を与え」、したがって交換可能性や個々人の主観的評価といった条件とは無関係に成り立つ「絶対的富 Absolute Wealth」といいうるのは腐食性の富の方だということである。食べものや燃料に象徴される腐食性の富は、地表のあらゆる生命を育てる大気や土壌と同じく、「身体の肉体的ないし物質的必要」を充足するだけでなく、社会が耐久性の富を持続的に生産・再生産するための欠くことのできない条件だという意味でも、絶対的である。★67 それらは、腐る、散逸するというその質的変化のなかで自らの使用価値を発揮し、直接、間接に生命の再生産を支える。いいかえれば、近代文明がつくり上げてきた耐久性の世界は、腐食性の世界を前提し、これに支えられることではじめて持続的な存立が可能なのである。★68

資本主義のパラドクス

では、このような富の分析は、経済学あるいは現実の経済の分析にとっていかなる批判的含意をもちうるのか。ソディの議論でまず問われているのは、二つのエネルギーの利用形態——生命利用（身体内的利用）と労働・産業利用（身体外的利用）——の差異であり、じつのところそれは腐食性の富の生産を担う農業と、耐久性の富の生産を担う工業の差異と深くかかわっている。このことが重要な意

★65 Soddy 1926, p.116. 強調原文。
★66 ibid., p.117.
★67 ibid., p.108.
★68 藤原 2019 は、「腐食」や「腐敗」からさらに考察を先へ進めて、人間界と自然界にまたがる「分解」がもつ作用＝はたらきの複層的なダイナミズムを描きだしている。ソディの富をめぐる洞察を科学主義的な硬直したペシミズムへと葬ることなく、むしろそのポテンシャルを引き出すためには、おそらくこの分解現象の位相による補完が必要である。

味をもつのは、それが産業国家の帝国主義的な対外膨張を理解する不可欠な鍵となるからであった。ソディは『デカルト派経済学』や『科学の倒錯』など比較的初期のテクストにおいて、一九世紀末以来のイギリス経済の金融化と、国内農業の壊滅的状況を強く意識しつつ、産業資本主義国家と世界戦争とのつながりについて独自の考察を展開している。

農業は、栽培植物を媒介としたエネルギー変換を意識的に方向づけ促進するひとつの技術である。ただし、農業をつうじたエネルギーの生命利用は、太陽の光と熱を化学エネルギーへ変換する植物界、またその植物の生長を下支えする土壌微生物のはたらき、あるいは逆に害虫や病原体、洪水や干魃その他の天候不良など、人為によっては制御しきれない条件に依存し制約される。産業国家は継続的な人口増大に対応するため、この制約を厩肥や農法の改良、グアノやチリ硝石といった域外からの窒素肥料の投入、そして最後には合成化学肥料の発明（ハーバー・ボッシュ法）によって回避しようとする。だがそれにも限界がある。そこで当然に国際的な商業ネットワークをつうじて、産業国家は自国の工業製品（耐久性の富）と遠隔地の多量の食糧や原料（腐食性の富）との「交換」を進め、増大する食糧需要と飢餓の危機に対処しようとする。さらにこの交換を優位に進めるため、地層からの化石燃料の採取と燃焼を絶えず拡大させつつ工業製品の大量生産にますます力を注ぐことになる。

ソディはここにすでに、「資本主義の巨大なパラドクス great paradox of Capitalism」が存在すると見ていた[★69]。すなわち、エネルギーの労働・産業利用はますます化石燃料（無生物エネルギー）依存的となる一方、人間の生を可能にするエネルギーの生命利用は依然として太陽エネルギーの日々の収入と植物界によるその変換に依存し続けるという矛盾である。この矛盾は国際商業ネットワーク――工業製品や資本と食糧との交換――を介して不可視化されるが、しかしそれはあくまで一時的なものにすぎない。エネルギーの資本貯蔵の絶えず増大する消費・燃焼に支えられた産業国家の「華々しい時代」は短命に終わる。なぜなら、そのような振る舞いは、すでにジェヴォンズが洞察したように「化石化した植物」である石炭資本ストックの経済的・物理的限界に直面するか、もしくはそれより以前に、過剰生産された工業製品・資本の輸出先（＝食糧の供給地）としての市場を奪い合うため、産業国家の熱狂的な軍備拡大と「戦争に次ぐ戦争」、植民地・農業国収奪型の帝国主義的膨張を加速・強化せざるをえないからである[★70]。けれども、そのような資源・食糧供給地となる植民地という「外部」もまた有限である。

当初、産業国家の過剰生産物を食糧と交換するために開放されていた世界市場は、時が経つにつれて閉じられようとしている。その結果、市場をめぐる苛烈な国際競争が生じる。産業国家にとって、軍備は、機械製の製品同様、ほぼ際限なく大量につくりだすことができる。しかし、軍備や戦争は食糧を生まない。それらはたんに競合する諸国家のあいだでの分配を決定するだけであり、しかも勝者すらも事実上の敗者にしてしまうほど、食糧生産能力を破壊しがちである。〔…〕狂った獲得競争におけるその目的は物理的な意味で幻想である[★71]。

★69　Soddy 1922, p.11.
★70　ibid., pp.11-12. 生命利用（すなわち太陽エネルギー→植物）と労働・産業利用（太陽エネルギーのストックとしての石炭燃焼）というエネルギーの利用形態の差異にもとづく国際貿易についてのソディの分析は、現代の「生態学的不等価交換」にもつながる洞察を含んでいる。生態学的不等価交換については、さしあたり Hornborg 2011 を参照。

こうしてソディは、自国と植民地双方でエネルギーの生命利用（腐食性の富の持続的な再生産）の条件を破壊しながら膨張する帝国主義的経済の末路をエネルギー論的な次元から分析したのだった。厖大な化石燃料の燃焼とともに肥大するこの「狂った体制の側面」は、「ゆりかごから墓場までけっして現実に向き合うことなく、ナマの自然とまったく切り離されたどこか都市の人工的環境で一生を過ごす人びと」の富の世界に対する致命的な無理解、あるいは「周囲の農村の生産に生活を依存する都市において便利な商業的見解」から生じる幻想に他ならない。★72

ただしソディはこのような分析からさらに考察を先に進めて、自然の物質的制約からの解放という倒錯した欲望をいっそうかき立てる要因が、貨幣・金融制度のうちにあると考えていた。外部からのいっさいのエネルギー投入なしに運動する「永久機関 perpetual motion machine」の可能性が熱力学によって否定されたように、万人が金融レントで生活することもまた不可能である。彼にとって、他の相対的貧しさの存在によってはじめてその存在が可能となる金利生活者だけに妥当し、けっして万人に一般化することのできない生計術を、ポリティカル・エコノミーと称することは度し難いことであった。一九世紀のイギリスは世界経済におけるその覇権をつうじて自然の束縛からの解放というかりそめの特権を享受しえた最初の産業国家であり、そのような例外状況においてこそ商業のエコノミーが跋扈することができた。★73 だからこそラスキンが切り分けようとした商業のエコノミーとポリティカル・エコノミーとの関係が、あらためて問われなければならない。

4　負債の反エコノミー

負債としての貨幣

では富と弁別される貨幣の本質とはなにであるか。ソディはこれに、未来における富の収入に対する請求権、あるいは「債権‐債務関係のトークン（標章）」であるとこたえる。

富は流れる。それは金あるいは紙幣、債券、手形のように銀行の地下金庫に蓄蔵できるものではない。それら〔金、紙幣、債権、手形〕は、金属あるいは紙のかたちでの負債のトークンにすぎない。それらは生活にとって利用可能な未来の収入に対する借用証書IOUなのである。★74

〔…〕貨幣とは、それが正貨であるか紙であるかどうかとはまったく関係なく、その所有者が共同体一般に対する債権者であり、要求に応じて富を返済される権利を与えられていることを証明するトークンである〔…〕。★75

★71　ibid., pp.31-32.
★72　ibid., pp.29-30; 1926, p.109.
★73　Soddy 1926, p.96.
★74　Soddy 1920b, p.3.
★75　Soddy 1926, p.134.

> あなたが〈なにものか〉を獲得する以前に、〈なにものか〉のために、あなたが手に入れる現在の貨幣とは〈無〉そのものである。〔…〕事実の問題として、この定義は貨幣がいまやなんであるかについて包括的に答えているだけでなく、硬貨であるか、紙幣であるか、あるいはその他の形態であるかにかかわらず、貨幣がつねにそうであったものを完全に満足させる答えである。〔…〕貨幣の所有者や持ち手の観点からすれば、貨幣とは、共同体において彼が確立した信用であり、それは共同体において流通し、あるいはそのなかで「法貨 legal tender」となる。この信用は、彼が過去に無と引き換えに価値ある財やサービスを手放したことで確立したものであり、彼は自らの都合に合わせて、未来においてその無の等価物を取得するためにそうするのである。〔…〕信用貨幣が含意する「信用の道徳的神秘」と呼ばれてきたものは、負債という非道徳的な神秘と呼ばれるものと同一である。負債なしに信用は存在しえない。〔…〕当然のことながら、貨幣は特殊な形態の信用と負債の関係に他ならない。[★76]

要点をまとめるなら、第一に、貨幣はその所有者が所与の共同体において確立した「信用」であること、第二に、貨幣とは、その信用にもとづいて、なにがしかを共同体に要求しうることを証明する証書であること、そして第三に、信用とは負債の裏返しであり、それゆえ貨幣とは信用‐負債のある特異な社会的関係を示すものであること、である。興味深いことに、このような信用と負債の関係として貨幣を捉える見方は、経済学においてながらく支配的であった商品貨幣論（＝金属主義 metalism）とは大きく隔たっている。スミス以来の主要な経済学者によって共有された商品貨幣論は、貨幣の機能を物々交換の不都合を克服するために発明された交換の中立的な媒体・潤滑油として捉える。すなわち、物々交換における「欲望の二重の一致」という不都合を解消するため、誰もが欲しがる特定のモノ・商品、典型的には金や銀といった貴金属が一般的な交換手段、つまり貨幣として選ばれたのだとされる。これに対しソディは、貨幣をそのような交換手段として通用するモノ・商品ではなく、信用－負債という社会関係として捉えるのである。こうした貨幣観を採るうえで彼が重視したのは、ラスキン[★77]と、エディンバラ出身の弁護士であり、また在野の経済学者であったヘンリー・ダニング・マクラウド Henry Dunning Macleod（1821-1902）[★78]というまったく気質の異なる二人の人物であった。両者が共通して強調したのは、貨幣とは法的に裏づけられた譲渡可能な負債の証書だという点である。マクラウドにそくしてその含意を確認しよう。

★76　Soddy 1934, pp.24-25. 強調原文。

★77　ラスキンの貨幣の定義はこうである。「あらゆる貨幣は、適切にいえば、負債の承諾証書である。〔…〕貨幣の終局的かつ最良の定義は、要求に応じて一定量の労働を与え、あるいは支給することについての、国家によって認可、保証された証書上の約束である」（Ruskin vol.17, p.50）。明らかにこの定義は広義の信用貨幣論の系譜に属する。なおこの定義の導出にあたって、ラスキンは二者ないし三者の債権債務関係から貨幣が生成する架空のストーリーを展開している。『この最後の者にも』第三三節以下を参照。

★78　マクラウドは、ケンブリッジ大学トリニティ・カレッジ卒業（一八四三年）後、弁護士を経て、一八四五年株式会社銀行法 Joint Stock Banking Act of 1845 のもとに設立された「王立英国銀行 the Royal British Bank」の取締役となり、銀行をとりまく諸問題や貨幣・信用論について思索を重ねる機会を得た。しかし一八五六年の同銀行の破産により、彼は詐欺の共謀罪に問われ、以後、ケンブリッジ大学やエディンバラ大学などに応募するものの、結局は大学にポストを得ることはできず、在野の著述家として生涯を終えた。マクラウドの貨幣信用論についてはSkaggs 1997; 古川 2020、第四章も参照。

経済学史上、マクラウドは、「貨幣の信用理論 Credit Theory of Money」と呼ばれる系譜の先駆として、ミッチェル＝イネス Alfred Mitchell-Innes（1864-1954）、あるいはケインズやシュンペーター、J・R・コモンズ（1862-1945）などの経済学者によって見いだされた人物であり、[★79]銀行業務の本質が信用創造にあることをはじめて明確に示した、その意味で内生的貨幣供給論の草分け的存在ともいわれる。弁護士で王立英国銀行の取締役も務めた経験をもつマクラウドは、『銀行業務の理論と実際』（一八五五年）を皮切りに、『政治経済学の基礎』（一八五八年）、『経済哲学の原理』（一八七二年）、『信用の理論』（一八八八年）、『経済学の歴史』（一八九六年）など主として貨幣と信用に関する多くの著作を残している。

重要なのは、マクラウドが、まず物々交換があり、そこから貨幣が生成し、その後に信用取引が発展したという経済学の通説――シュンペーターのいう「信用の貨幣理論 Monetary Theory of Credit」[★80]――をしりぞけ、むしろ逆にさまざまなかたちの信用（取引）こそが論理的にも歴史的にも貨幣の誕生に先立つ本源的な存在であると指摘したことである。マクラウドによれば、「貨幣と信用は本質的に同一の性格のもの」であり、「貨幣はたんに信用のうちでもっとも高次の、もっとも一般的な形態」[★81]である。では貨幣は信用と同一であるということの意味はなにか。それは次のように説明されるだろう。

AとBの二人がおり、AがBになにか有用な財やサービスを与え、Bはそれと引き換えに、将来のある時点でAに返礼する約束をしたとする。その約束を記した証書をAに手渡すとしよう。この場合、Aには「信用」（債権）が生じ、反対にBには「負債」（債務）が生じたことになる。Bが自らの負っている義務を果たすならば、そのとき証書は破り捨てられ、両者のあいだの債券債務関係は消滅することになる。しかしこのとき、AがBの振り出した債務証書を、なにか別の財やサービスへの支払いのために、不特定の第三者に譲渡し、そうして証書が一定の範囲内で流通しはじめるならば（つまり不特定の第三者がBの証書を受け取り続けるならば）、この債務証書は事実上、貨幣ないし通貨として機能しているといってよい。マクラウドによれば、この目的のために選ばれる手段が金であるか銀であるか、あるいは紙であるかは問題ではない。

流通媒介物 Circulating Medium、すなわち通貨は、移転可能な負債以外のなにものでもなく、移転可能な負債を示すものは、その性質や形態が金属、紙、その他なんであれ、流通媒介物ないし通貨であるということは明らかである。

したがって、次の命題が必然的に導かれる。

★79 グレーバーをはじめ現代の人類学者や考古学者による商品貨幣論批判の先駆けとなったイネスは「貨幣の信用理論」（一九一四年）にこう書いている。「筆者は貨幣の信用理論を発表した最初の人間ではない。この栄誉は非凡な経済学者H・D・マクラウドに与えられる。もちろん、多くの論者が、信用手段が「貨幣」という言葉に含まれなければならないと主張したが、銀行業務と信用を科学的に取り扱ったほとんど唯一の経済学者と私には思われるマクラウドはただ一人、貨幣は信用と同一であることを見抜いたのである。この論考は彼の教えのより首尾一貫した論理的な展開に他ならない」（Innes 2004b［1914］, p.62）。また、ケインズはイネスの論文に対する書評において、「貨幣の理論におけるマクラウドの継承者」とイネスを位置づけている（Keynes 1914, p.419）。

★80 Schmpeter 1994［1954］pp.717-718.

★81 Macleod 1893, p.90.

負債がないところでは、通貨はありえない。[★82]

貨幣という現象の根源には信用（貸し）－負債（借り）の関係がある。[★83] 貨幣とは「他者になんらかサービスを提供したが、見返りに等価のサービスを受けられなかった者に対する負債を表象する。貨幣は、好きなときにこれらの等価のサービスを要求する権利を表すものにすぎず、その特殊な機能は、将来における使用のために、これらの権利を測定し、記録、保存し、あるいは誰か別の第三者にこれらを移転することである」。[★84] ようするに、貨幣とは取引から生じる個人や組織の債権債務関係を計算、記録し、支払を約束・保証する手段として生成するのである。[★85]

しかし、この債務証書を――将来自分の欲望するなにものかを手に入れることができる支払いの手段として――人びとが信用しつづける理由はなんであろうか。受け取りと支払いの連鎖を支える信用・信頼の根拠が提示されなければ、信用貨幣の流通を説明することはできない。これは貨幣信用理論において重要な論点となる。マクラウドが重視したのも、銀行券、小切手、為替手形、約束手形、証券といった債権がどれほどの「譲渡性 negotiability」を獲得しているか、いわば通貨としての性格をどれほど獲得しているかという点であった。つまりあらゆる貨幣は信用・負債であるが、逆にあらゆる信用・負債が貨幣であるわけではない。譲渡性の有無が鍵となる。マクラウドによれば、譲渡性の獲得の度合いはたしかに法的な問題であり、彼は債権が譲渡性を獲得していく過程を、ローマ法（シヴィル・ロー）、コモン・ローおよび衡平法の規定や判例にもとづいて子細に検討していた。けれども、法によって債務者の同意なしに債権者が自由に債権を譲渡・売却できたとしても、債務者の支払い能力如何によって不良債権となる危険性が当然に存在する。そのため債権の譲渡性・通用性の拡大にとって重要となるのは、債務者の信用の確実性とその保証である。マクラウドによれば、この困難を打破したのが、自ら負債を引き受けることのできる「強固な信用（信頼）を有する者」、すなわち銀行家の存在である。銀行家は自らの巨大な信用力でもって自ら債務者の役割を引き受け、なおかつ自らの負債に貨幣とまったく変わることのない移転の機能を付与する。それによって、銀行家が発行する信用（銀行信用）の譲渡性は拡大し、取引可能な負債として自由な移転が可能となったのである。★86

物理法則を逃れる負債

ソディの現代貨幣の認識は、およそこうしたマクラウドの議論にもとづいていた。問題はこの先である。貨幣は、未来における富の収入に対する請求権、あるいはマクラウドが強調するように他者に対するなんらかの「行為についての権利」であって、一つの社会関係（債権債務関係）の標章である。そうである以上、当然にそれ自体は「生を可能にし、生に活力を与える」ような富ではありえない。なにより貨幣はモノではなく、貨幣にとって素材はなんら本質的な意味をもたない。物理的にはそれは「無 Nothing」である。イネスの言葉を借りるなら、「一ドルを眼で見ることも、手で触れること

★82 ibid., p.89. 強調原文。

★83 イネスは端的にこう述べる。「貨幣とは信用であり、信用以外のなにものでもない。Aの貨幣は、彼に対するBの負債である。そしてBが彼の負債を支払うと、Aの貨幣は消え去る。これが貨幣の理論のすべてである」(Innes 2004a［1913］, p.42)。

★84 Macleod 1893, p.89.

★85 ibid., pp.73-75; pp.80-83; 二階堂 1993、一六一頁。

もけっしてない。われわれが触れ、眼にすることができるのは、一ドルと呼ばれる金額に相当する負債を支払うか弁済するかの約束である」[★87]。ソディは、ラスキンの「富」と「富裕（貨幣の多寡）」の区別に倣いつつ、富の本質が「自然のエネルギーに対する力」であるのに対し、貨幣の本質は「他者の生と労働に対する支配」、つまり他者の労働や能力を徴用する力として、両者を峻別するのである。

ところがマクラウドはまったく逆の方向に議論を展開していた。つまり貨幣に具現される「純粋かつ単純な交換可能性 Exchangeability」こそが「富の唯一の本質であり原理である」、というのである[★88]。マクラウドにとって、「交換されうるものはすべて富」であって、売買の対象であるかぎり、地球から引き出されるさまざまな物的な「有形物 Material Things」だけでなく、労働や知的・精神的能力のような「人的能力 Personal Qualities」であれ、銀行券や小切手、株式、為替手形、あるいは事業の営業権や特許権など種々の「抽象的権利」であれ、すべて等しく富である。ソディはこれを「富と負債のごった煮」と揶揄するが[★89]、むしろマクラウドの観点からすれば、信用取引が高度に発展した文明社会において、もっとも純粋なかたちの交換可能性を体現するのは、いかなる労働や物質性も取り除かれた抽象的権利、とりわけ債権者が債務者に対して一定の行為を要求する権利たる信用（＝将来収益に対する現在の権利）である。彼が古典派経済学を批判して、「富とは交換可能な権利以外のなにものでもない」と強調するのはそのためである[★90]。

逆に、たとえば空気のように、いかに人間の生にとって不可欠であるとしても、それが交換可能性という性質をもたなければ、それは富たりえない[★91]。ソディとは対照的にマクラウドはこう述べる。「絶対的富 Absolute Wealth、すなわちあらゆる状況、あらゆる場所、あらゆる時代において、それ自身の性質において富であるようなものは存在しない。その所有者ではない誰かがそれを欲望し要求し、

★86　Macleod 1894, pp.594-597; 二階堂 1993、一六四―一六五頁。もっとも、主権国家体制の成立以降においては、国家が民間の債務証書の譲渡や為替手形の流通性を法的に承認することにより、それらに対する信頼を補完し、維持するうえで決定的な役割を果たしてきた。じっさい、近代的中央銀行の先駆けであるイングランド銀行設立（一六九四年）には主権者、すなわち国王（ウィリアム三世）の権威が深くかかわっていた。国王は対仏戦争への援助として銀行家たちからなる協会より一二〇万ポンドの融資を受け、代わりに国王は彼らに銀行券発行の独占権を与えた。銀行家は、新たに生まれた国王の負債（借用証書）を流通させ貨幣化する権利を得たのである。負債の流通を支えるのは、それが国王から振り出された借用証書であるがゆえの信頼であった。加えて国家が国民に租税を賦課し徴収する政治的権能もまた重要な意味をもつ。すなわち貨幣は負債を計算し決済する手段であるが、さまざまな負債のなかでもっとも重要なのは税という負債であり、国家がそれによる租税の支払いを受け入れさえすれば、当の受け入れられているというそのことによってそれは通貨となるのである（Graeber 2011, pp.47-50. 邦訳七一―七五頁 ; pp.339-340. 邦訳五〇一―五〇二頁）。フェリックス・マーティンは端的に、「イングランド銀行は、特権を持つ一部の個人銀行家の商業に対する洞察力と、イングランド銀行のマネーに信用力と一般的な通用性を与える君主の公的権限を結合させて生まれたものだ」と述べる（マーティン 2014、三〇九頁）。ただし、マーティン自身が強調するように、貨幣の流通にとって国家の権威がつねに必須であるというわけではない。たとえば、二〇〇一年の経済危機に際して、アルゼンチン政府は銀行の取り付け騒ぎ拡大を防ぐため、預金引き出しを規制し、実質的に銀行を閉鎖したが、これに対抗して地方自治体や民間企業が独自に発行する通貨が次々に現れたという（前掲書、第四章）。また、地域通貨や暗号通貨を見ればわかるように、このような事態は国家や市場が深刻な危機に陥った場合にだけ起こるのでもない。国家にも市場にも還元できない貨幣の社会性については Nakayama and Kuwata 2020 で論じた。

★87　Innes 2004b［1914］, p.56.

★88　Macleod 1893, p.vii.

★89　Soddy 1926, p.74.

★90　Macleod 1893, p.63.

そのためになにかを差し出す意思があることが不可欠である」と。★[92]

このいわば富の交換可能性への純化、換言すれば富の脱物質化は、シェイバスのいうエコノミーの脱自然化の核心に触れる部分ともいえる。じっさい、マクラウドこそが、経済学を「交換可能性の現象を支配する諸法則に関する科学」、「商業を構成するあらゆる種類の財産の交換を取り扱う科学」、「そのあらゆる形態における商業の原理とメカニズムを取り扱う科学」として明確に定義づけ、ポリティカル・エコノミーからエコノミクスへの名称変更を主導したのである。★[93] ソディは、「ミルやその他の経済学者が採用した富の定義」、つまり富を売買可能な商品と規定する観点を、いっさいの躊躇なく「その論理的帰結へと推し進めた」かぎりで、マクラウドはまったく首尾一貫していると評する。★[94]

さらにこうしたマクラウドの富の概念は、ソディの見るところ、当時の経済的現実をみごとに体現していた。株式や債券を中心とする金融市場の成長とともに、富は急速にその物質的なリアリティを喪失し、「富を要求する債権者の権利、そして富を供給する債務者の義務」★[95] という道徳的・法的観点から人びとに理解されるようになっていく。なかでも「高学歴の有閑階級」は食糧や燃料、家畜といった「富の物理的観念」を、文明以前の「粗野で未熟な観念」と見なすようになる。★[96]「個々人が欲するのは富ではなく、腐らず、維持にコストもかからず、永続的な利子をもたらす負債」であって、「個人の富はますます（貨幣、国債、産業への貸付や投資といった）法的手段や契約の性格を帯びるようになっていく」。というのも、これらが本質的に、社会的に取り決められた慣習、あるいは抽象的な観念である以上、実質的な富が背負うような腐食や劣化の法則（エントロピー法則）にしたがう必然性はないからである。「富は腐るが、未来の富への法的請求権である負債は、〈自然〉を回避する

dodging手段を与えるようにみえる」[★97]。「負債のみが時代遅れにならないし、すり減りもしない」[★98]。「熱力学法則にしたがう富とは異なって、負債は加齢とともに腐食することもなく、生活のなかで消費されることもない。むしろ逆に負債は、よく知られた数学の単利あるいは複利の法則にしたがって、

★91 この点について同様の見解をもつ論者としてソディはミルに言及している。ソディが批判するのは『経済学原理』の次のような議論である。ミル曰く、空気は必需品のなかでも絶対的なものである一方、しかし空気は無償であり市場価格をもたないため、経済学の対象となる「富」とはいえない。したがって空気が富となるのは、その私的独占が可能になり、稀少性が生まれ、空気が市場価値をもつ場合であると。論理上、この事態は富の増加を意味するが、しかし人類一般にとっては大災厄となる、とミルはつけ加える（Mill 1965［1848］, II, p.8. 邦訳（1）四〇頁）。ソディは、このような議論に陥らざるをえない経済学は富の科学というよりむしろ、富の欠乏の科学であると批判する（Soddy 1926, p.64）。

★92 Macleod 1983, p.30.

★93 ibid., p.ix; p.2. マクラウドの先駆性はジェヴォンズ、マーシャル、シュンペーターなどによっても認められている。たとえばシュンペーターはマクラウドを次のように評している。「彼の功績を単に銀行制度に関する彼の著作に限るのは、きわめて不正当であった。彼は非常に独創的な思想家であった。たとえば彼は周知のように、心理学的価値理論の最も明快な先駆者の一人であった。また彼はワルラスに先んじて純粋経済学の厳密な性質を認識した」（シュムペーター 1977、（上）三三一頁）。

★94 Soddy 1926, p.78.

★95 ibid., p.97.

★96 ibid., p.86.

★97 Soddy, 1931, pp.24-25.

★98 Soddy, 1926, p.99.

年々かなりの割合で増加する」[99]。いわば「負債は成長するのである」[100]。

ようするにソディの見立てでは、個人が貨幣やその他の流動性の高い金融資産を所有しようと欲するのは、けっして物々交換の不都合を克服するためではない。そうではなく、貨幣や金融資産が選好されるのは、それらが絶えず散逸・劣化する物理的な富を所有し維持することを免責してくれるがゆえである。それらは融通の利かない、自然の物質性に根ざす富（モノ）の世界から逃れる手段をもたらし、また現在における富の消費や使用を未来の任意の時点まで先送りして、しかるべきときまで富の維持や修復を他者に転化しておくことを可能にするメカニズムに他ならない。先に見たように、太陽エネルギーと植物や土壌微生物のはたらきに直接に依存する食糧（腐食性の富）の生産の大部分を自らの外部へと転嫁、遠隔化し、代わりに化石燃料のたえまない燃焼によって工業製品（耐久性の富）や軍需品のかつてない増産に腐心する産業国家は、すでに融通の利かない自然の束縛――つまりエネルギーの生命利用――からの解放への欲望に駆り立てられた存在であった。いまやその欲望は、海外投資や資本輸出をつうじて他者をたえず借金漬けにし、そこから上がる金融レントによって生きる新興の金利生活者にもっとも純粋なかたちで具現される。

ここから、万人が労働をやめて、互いの負債の利子で生活することができる機制（≒永久機関）が成り立つかのような「雲をつかむような幻想 a will-o'-the-wisp」が生まれるのだとソディはいう[101]。しかし現実に存在するのは、他者の労働を徴用し続けることのできる少数のグローバルなレント階級と、富の生産と再生産のために土地や労働に縛りつけられた多くのグローバルな債務者である。貨幣が「一方において富裕ないし権利を意味するのと同じだけ、他方においては貧困ないしは負債を意味する」[102]とラスキンが剔抉したように、「他者の労働への道徳的・法的請求権（貨幣）」が富たりうるのは、その要求に応じていつでも労働生産物を供給する義務を負った「恒久的な負債者の継続的存在を前提する」かぎりである。しかも、こうした道徳的な「富」の観念にもとづく科学（経済学）において、つねに問題とされるのは、「債権者」ではなく「債務者（貧者）のモラル」なのである。[★103]

そしてもちろんソディはこのレント階級の利害――「いかなる可能な返済方法もない国際的な相互債務の蓄積」――に絶えざる戦争を引き起こす契機を見いだしていた。それは政府が負債（国債）を負うのは主として戦費調達のためだからというだけでない。「強大な国家は、自らよりも弱い国家を借金漬けにし、さらにかれらに元金を返済することを認めるのではなく、利子によって永久的な富の貢租を彼らから奪い取ることを好む」からであり、それゆえ「戦争はこれが是正されるまで放棄することはできない」[★104]。債権者による債務者への過剰な支配の機制に終止符が打たれないことには、「もう一つの別の戦争が、最後の戦争よりもいっそう大規模で破滅的なかたちで到来するのは時間の問題となる」[★105]。したがって必要とされるのは、「社会の債権者の権利に妥当な限界を課し、無知な人びとのあいだで富であるかのように装う負債のデーモンを抑え込むこと」[★106]、それによって「経済システム

★99 ibid., p.70.
★100 ibid., p.99.
★101 Soddy 1924, p.13.
★102 Ruskin vol.17, p.45.
★103 Soddy 1927, p.10.
★104 Soddy 1924, p.15.
★105 Soddy 1926, p.303.
★106 Soddy 1922, p.32.

を物理的リアリティに合致したものとする」改革であった[107]。

貨幣改革

このような富と貨幣（負債）の非対称性への問題意識は、ソディ自身もそのテクストを読んでいたシルビオ・ゲゼルと明らかにつうじている。ゲゼルが『自然的経済秩序』（第四版一九二〇年）において問題としたのは、労働力を含む商品に対して貨幣がもつ優位性（基礎利子）であった。商品は腐敗、損耗、疲弊、腐朽、錆といった自然の破壊的作用に絶えずさらされる[108]。つまり商品は時間とともに「減価する」性質をもつ。対して貨幣はこれを退蔵しても、食べもののように腐ったり傷んだりすることも、衣服のようにカビや衣魚の食害にさらされることも、鉄のように錆びることも、新聞のように翌日には紙屑になってしまうこともない。つまりモノである商品は、さまざまの率で減価していくのに対して、貨幣はそうではない。商品の所有者は、時間の経過とともに減価する商品の保管や維持に費用やさらなる労力を負担しなければならず、商品の使用価値が滅却する前に値を下げてでも市場に供給する必要に迫られる。逆に持越費用のかからない貨幣の所有者は、有利な市況をにらんで自らの利益の多い交換の機会を待つことができる。こうした「一方は待つことができず、他方は待つことができない」[109]という両者の異同に、ゲゼルは貨幣（所有者）の商品（所有者）に対する優位性を見いだすのであり、またここに貨幣欲求（貨幣愛）の根拠が示される。貨幣所有者はこのような貨幣の特権を利用して、貸付においては、貨幣のもつ価値貯蔵の機能を一時的に放棄する不都合の見返りとして借り手から利子を徴収することができる。不確実性が支配する世界では、人びとは貨幣保有への強い動機をもち、それが消費や投資に影響して経済活動の停滞や失業をつくりだすことになる。

こうした貨幣と商品とのあいだにある非対称性を取り除くには、貨幣もまた商品と同じように時間の経過とともにその価値を減じていけばよい。ゲゼルの構想した「自由貨幣」（減価する貨幣）が企図したのはこれである。つまり貨幣の保有にマイナスの利子率を課すのである。「貨幣も商品と同様に腐敗し、消滅し、破損し、錆びるというその不快な物理的性質をもつ場合にだけ、貨幣は交換を迅速かつ確実に、そして低廉に媒介できる」[★110]。世界恐慌期にいくつかの地域で試みられたスタンプ貨幣はそのための一つの方法である。この流通紙幣には一定時間を経過する毎に一定金額のスタンプを貼付しなければならず、スタンプの数で元の額面価値が減少していく。この仕組みでは貨幣の所有者はその保有が長引くほど大きな損失を招くため、商品の購買を急がなければならなくなるだろう。ゲゼルは貨幣を他の商品と同等の地位に引き下げることで、人びとの貨幣保有の動機を失わせ、貨幣を純粋な交換手段（流通媒介物）へと一元化しようとしたといえる[★111]。

ソディ自身認めるように、彼がこうしたゲゼルの議論に強い刺激を受けたことは間違いない。両者は過剰な貨幣欲求やそれによって引き起こされる危機を、物理的な富の保有と貨幣保有との非対称性

★107　Soddy 1924, p.iii.

★108　ゲゼル 2007、三〇九頁。

★109　前掲書、三一四頁。

★110　前掲書、四一六頁。

★111　ゲゼルの自由貨幣についてはゲゼル自身の著作の他、廣田 2009、森野 2014、相田 2014 など日本でもすでにすぐれた先行研究がある。なお、世界恐慌以後のドイツやアメリカではゲゼルの自由貨幣に由来するさまざまな地域的実験がなされた。これについては Patalano 2017 も参照。

に求める視点を共有している。けれどもついにソディはゲゼルの改革構想を受け入れることはなかった。というのも、それには二つの欠陥があった。ひとつには、いくら流通貨幣（銀行券や硬貨）を減価させたとしても、すぐれた流動性をもつ他の金融資産が貨幣に取って代わるだけに終わるかもしれない。これはケインズが『一般理論』のなかで自由貨幣構想について指摘した点でもある。「貨幣は流動性プレミアムをもつ唯一のものではない」と。[112]少なくとも、ゲゼルの構想を活かすのであれば、流動性の高い金融資産一般に減価の原理が適用されなければならない。ソディが負債課税 debt tax をつうじて金融資産一般に減価率を課すことを提案するのはそのためである。[113]いまひとつに、関連するより深刻な問題は、ゲゼルの構想では現存する貨幣の圧倒的大部分を占める要求払預金（銀行信用）の問題が見落とされていたことである。「ゲゼル学派は貨幣をトークンと考えることからほとんど抜け出せず、擬制的な信用 fictitious credit とその当然の帰結について無自覚であるようにみえる」。[114]物質的な富の生産や維持に拘束された債務者に対する債権者の支配の機制について、ソディが最たる問題と考えていたのは、この後者の問題、あのマクラウドが銀行機能の本質として解明した「信用創造」のメカニズムであった。そしてこの点で社会信用派の問題意識との重なりの方がいっそう大きいといえる。

先に確認したように、信用・負債は事実上、紙幣や硬貨のような流通貨幣と同一の機能を果たしうるが、マクラウドが強調するように、このことは資本主義における産業の発展に必要な資本を豊富に供給するメカニズム、すなわち信用創造の道を拓くものであった。彼が銀行業務につき明らかにしたのは、与信（貸付）が受信（預金）に先行すること、つまり銀行の与信行動こそが貨幣創出の起点になっているという点である。銀行の真の機能は、資金の仲介機能にあるのではない。銀行は「けっして貸したいと思う人と借りたいと思う人との媒介者」ではない。「「銀行業者」の本質的業務は、貨幣として流通する信用を創り出し発行することである」。この意味で銀行は「信用の製造所 a Manufactory of Credit」以外のなにものでもない。[★115] では、銀行はなににもとづいて信用を創造するのか。それは、現在の富ではなく、未来における富の収益に対する期待である。ソディはマクラウドの『信用の理論』から次の文章を引いている。

> いかにして負債は創られるのか。たんに二つの精神の一致によって、である。人間の意志 the Human Will のたんなる決断によって、である。二人の人間が負債を作り出すことに合意したとき、負債はどこからやってくるのか。負債は地球上の物質から引き出されるのか。そうではない！ 負債はただただ人間の意思の決断によって、絶対的な無 the Absolute Nothing から作り出された価値ある生産物であり、そして負債が消滅する場合には、人間の意志のたんなる決断によって無へと消し去られる価値ある生産物なのである。
>
> それゆえ、われわれはいまや、地球と人間の精神に加えて、富の第三の源泉が存在することを知る。すなわち人間の意志である。[★116]

★112 Keynes 1973［1936］, p.357. 邦訳（下）一五〇頁。
★113 Soddy 1934, pp.180-188; Seccareccia 1997, p.133. ゲゼルとソディの貨幣論の比較については、泉 2004 も参照。
★114 Soddy 1931, p.76.
★115 Macleod 1894, p.607; p.584; p.594.

マクラウド曰く、いかに従来の経済学者や唯物論哲学者を混乱させようが、信用・負債という富は、地球上の物質といかなる関係ももたないし、不滅の原子に分解されることもない。それは債権者と債務者の意思、決断によって生まれるのであって、信用の創造はただ債務者の支払能力の評価に依存する。その限りにおいて、銀行の信用創造の権能に物的限界はない。マクラウド自身が繰り返し強調するように、そしてソディが当惑したように、「物理法則によって支配された世界では、無からなにかを得ることは不可能であるという自明の公理に対して、現代貨幣〔信用〕は明らかに並外れた例外」であった。[117]

現実に、この無から創り出される「流通する負債」——マクラウドのいう「無体所有権」——が事実上の富の主要な形態なのであって、商業取引の九九%がこれによって行なわれ、正貨と同様に価格その他に巨大な影響力をもつ。[118] 加えて、信用は、将来収益に対する現在の権利であり、将来収益を目標として創造されるものである以上、それは「資本」と同一の機能を発揮する。[119] シュンペーターがはっきりと認めたように、銀行による信用〔購買力〕創造は、資本主義における経済発展の核心となる「企業家」による「新結合」遂行において不可欠な金融的源泉となっている。だからこそマクラウドは、信用を創造または消滅させる権能を有する銀行業者はいまや「商業の統治者、監督機関」であり、「国家の命運をほとんどすべて握っている」とまでいうのである。[120]

ソディが問題とするのはこのような現実そのものである。彼によれば、「責任ある統治を曇らせることのできた貨幣権力」は、「ただの超富裕層の権力」などではなく、「社会の利害、あるいは貨幣が社会において果たすべき真の役割にわずかでも関心を払うことなく」、「貨幣を創造しまた破壊するよう設計された新たな技法」（＝信用創造）から生じている。[121] 商業銀行が創造する信用、すなわち購買力は、未来における富の収入に対する普遍的な、つまり特定の個人ではなく社会全体の富に対する請

★116 Macleod 1893, p.62. 強調原文。ここでいわれているのは貨幣の貸与の独特な性質である。マクラウドは貸与 loan には二つの種類があるという。一方は、モノの貸与のように、使用権だけが一定期間、借手に与えられ、所有権は貸手に残る場合である（使用貸借）。他方は、所有権もが借手に与えられ、貸与物と等価のものを要求する権利を貸手が得る場合である（消費貸借）。貨幣の貸付は後者に属する。重要なのは、前者の場合には新たな財産の創造はないが、貨幣の貸付の場合には新たな財産の創出、すなわち信用・負債の新たな創出が果たされ、それらの売買も可能となるという点である。シュンペーターの次のことばはこのことを指している。「私は馬に対する請求権の上に乗って駆けることはできないが、しかし私は、事情によっては、貨幣に対する請求権によって貨幣それ自身によるのとまったく同じことをすることができる」（シュムペーター 1977、（上）二五六頁）。

★117 Soddy 1931, p.31.

★118 Macleod 1893, p.61.

★119 シュンペーターはマクラウドのこの洞察をこう評している。「彼が購買力創造の事実こそわれわれの経済生活の組織の本質的要素であると認識したことは、たとえ彼がこの認識によってそれ以上多くのことを達成しなかったとしても、マクラウドの功績としてつねに認められなければならないであろう」（シュムペーター 1977、（上）三三〇頁）。シュンペーターによるマクラウドの継承、発展については奥山 2008 を参照。

★120 Macleod 1883, p.157. マクラウドは信用創造が現実の経済に及ぼす影響の大きさを正しく標定していたからこそ、その危険性についても自覚的であった。「近代において、正しく用いられるなら信用はこれらの驚くべき効果をもつが、それが誤用されるときには、それに応じた規模の破局をもたらす。誤った信用の理論、信用の濫用は諸国民を土台から揺るがす貨幣上の大惨事を引き起こしてきたし、その悲惨な帰結はただ地震や火山のそれとのみ比較しうるようなものであった」（p.158）。

★121 Soddy 1934, pp.ix-x.

求権、先取特権である以上、富の源泉となる労働や産業技術、科学の編成を大きく左右するだけでなく、富が根ざす自然の生物 - 物理的基盤の見境のない収奪と撹乱を加速する危険性をつねに孕んでいる。信用・債権の膨張は、それが通用する社会一般の観点から見れば、その所有者に富を供給する義務・負債の膨張なのであって、「取り消し不可能な生物 - 物理的な負債 biophysical debt」となりうる。★122 未来における富の収入は、労働や科学的発見、産業技術の応用によってのみ可能になるのではない。それは太陽エネルギーの日々の収入、そしてこれをさまざまな有用性へと変換する植物界のはたらき、さらにはこれを可能とする土壌生態系に支えられ、またその意味で自然の諸法則によりきびしく制約されている。繰り返すように、富の世界はエントロピー法則に支配され、たえざる散逸、劣化、崩壊、分解に向けた流れを本質としている。そうである以上、社会全体の負債の総量――ソディはこれを「虚構の富 virtual wealth」と呼ぶ――が複利法則で膨れ上がるとしても、それを真に返済しうる自然と人間のエネルギーに由来する未来の富の収入は、原理上、この負債に対応した量ではありえない。自然の物質性に拘束される富は、自然の苛烈な破壊や損耗なくして、「幾何級数的な比率での成長」を成し遂げることはできないからである。

負債の自発的増大といった不条理な人間の慣行を、富の自然な減少という自然法則と恒久的に対立させることはできない。これは負債の増大を統べるのが単利か複利かに関係なく妥当する。〔…〕重大かつ悲惨なのは、金融業者のトラストや結合の手に貨幣が集中することで、この不条理な法則がいまや、日々、ますます完全に作動するようになってきていることである★123

深刻な問題を引き起こすのは、信用の創造と破壊の権能が私的に独占され、富の生産と再生産を規制する自然法則に対するいかなる顧慮もなしに、もっぱら金融権力の私的利害にもとづいて行われる事態である。ソディはなによりこれを、民主的な経済統治の失敗、民主主義の致命的な機能不全として受け止めていた。「民主主義は専制政治との闘いのなかで、政府のあらゆる大権のなかで、通貨の発行と規制が、本質的なものであることを認めることができなかった」[124]。「銀行は貨幣の発行に関して主権の大権 the Prerogative of the Crown を横領し、交換手段から有利子負債へと貨幣の目的を腐敗させ」[125]、他方で政治は「民衆の理解や合意なしに、統治のもっとも大切な機能を放棄」してしまったのだと。貨幣は事実上、少数者の独占物となり、この独占をつうじて実質的な経済統治の権力が発揮されるのである。

こうした主張からもわかるように、ソディはダグラスやオラージュとその大枠において問題意識を共有していたといえる[126]。社会的分業と協業のシステムが広がった社会における富の生産は、本質的にコミュナルなものであり、したがって社会における富の収入に対する普遍的な請求権である信用もまた、一方では富の生産と再生産の諸条件にしたがって、他方ではそのような富の幅広い分配という目的にそくして、社会的にコントロールされなければならない。彼はこうして、一〇〇パーセント準

★122 Renner et al. 2021; Mayumi 2020, chap.4.
★123 Soddy 1922, p.30.
★124 Soddy 1924, p.44.
★125 Soddy 1926, p.296.
★126 Pullen and Smith 1997, pp.264-265.

備制度による商業銀行の信用創造能力の解体をつうじた信用の社会化を、自らの貨幣改革の主軸に据えるのである。そこでは貨幣の創造と供給の権能は共同社会、すなわち国家に一元的に帰属する。また少なくとも国内の制度として金本位制は放棄され、貨幣流通の基準は金のような単一の財ではなく、国家の統計局が作成する生活資料の一般物価指数にもとづいて、貨幣の購買力の安定、物価水準の安定を目標にして行なわれるのだと。

5 穏やかな経済

ソディが同時代の経済的混乱の収束の糸口を貨幣改革の問題へと狭く焦点化しすぎたことは否定できない。とくに世界恐慌以後のテクストはその傾向が顕著であり、金融恐慌の状況下で議論の多くが貨幣改革上の技術論へと狭く限定されていかざるをえなかった面はたしかにあるだろう。しかし、彼の貨幣改革の背後にあるねらいは一貫していたにしても、その手段については具体性や実行可能性の面でも、あるいは望ましさの点でも疑うべき点は多い。とくに改革の主眼である国家への貨幣発行権の独占に関しては、なにゆえ国家がそれほど高い政治・経済的な調整能力を発揮しうると期待できるのか、また帝国主義的な拡張政策をとる国家による権力の独占はいかにして正当化されるのかといった疑問が湧く。そもそも国家は社会そのものではないはずである。コールたちのギルド社会主義のような政治経済的な制度構想を欠くソディのテクストでは、これらの問題は不問に付されている。なにより貨幣改革への専心のなかで、当初の議論の起点にあった肝心の生命と富をめぐる分析の意味はいっそう見えにくくなっていった[127]。そこで本章を閉じる前にソディが貨幣改革をつうじて到達しようとしたエコノミーのヴィジョンについてもう少しだけ踏み込んでみたい。

先に論じたように、ソディはエネルギーの流れという観点から、富を二つの種類に区別していた。腐食や劣化がその使用価値において本質となる「腐食性の富」と、生産においてエネルギーの変換を終えており、物質的な耐久性がその使用価値において重要となる「耐久性の富」である。そのうえで、食糧、肥料、燃料といった腐食性の富は、その「絶対的消費 Absolute Consumption」によって生き物としての人間の生にエネルギーと活力を与える「絶対的富」であることを、彼は繰り返し強調している。耐久性の富も、たしかに、家屋や衣服など人間がその生活を組み立てるうえで必要不可欠な必需品・消費財を数多く含んでいる。とはいえ耐久性の富についてソディが主として念頭に置いていたのは、生産において使用される物的な生産設備、「生産の諸機関 organs of production」たる「資本」である。物的資本（産業技術）の増大は、ポテンシャルとしては、富の生産のために支出される社会的な必要労働時間の節約を可能にすることで、自由時間の増大をもたらし、そのような仕方で人間の生の繁栄に寄与する。

しかし、未来の富の収入を目的に創造される信用・負債によって駆動するようなシステムにおいて、資本は、生命の繁栄そのものを目的とした絶対的消費や自由時間の増大のためではなくむしろ、さら

★127　たとえばソディは太陽エネルギーの生命エネルギーへの変換を持続的に管理する農業の安定が人間の経済の一般的条件であり、農業生産物の国内自給の重要性を示唆していたが、このような論点は十分に掘り下げられることはなかった（Soddy 1926, pp.66-68; p.127）。

なる生産力の増大、すなわち「生産的消費」へとたえず振り向けられる。マルクスが論じたように、生産力の上昇が自己目的化すれば、資本の蓄積と増殖は、ますます多くの生きた人間と自然のエネルギーを飲み込み、そのぶんいっそう多くの廃物を社会に蓄積させていくことになる。「一定の限界を超えたどのような生産要素の蓄積も、余暇の追加にはならず、むしろ余暇を犠牲にする」にすぎない。[★128]ソディが好んで引用したラスキンの比喩になぞらえるなら、「資本以外になにものも生産しないような資本は、ただ根が根を生ずるようなもので、球根が球根を生んでも、けっしてチューリップの花は咲かず、種が種を生んでも、けっしてパンにはならない」[★129]。別言すれば、資本（根）はそれが生命の拡充（花）を可能にする絶対的富（とりわけ食糧）の生産に寄与してこそ意味をもち、またそのような富の生産は、それが「最後の者」にいたるまで広く分配され、そして人びとに賢明に消費されるにいたってはじめて完成するのである。だからこそラスキンは、資本の正当な役割は、二つの種類の生産に資することでなければならないと説いていた。すなわち「口のための生産」（食べもの）とこれを育む「地のための生産」である。

資本の性質はこのようなものであるから、活動的な国家にはつねに二種の真の生産が存在することになる。一つは種子の生産であり、一つは食物の生産である。つまり一つは地 the Ground のための生産であり、一つは口 the Mouth のための生産である。強欲な人びとは、そのいずれもがただ穀物倉を満たすためだけの生産だと考えている。しかし、穀物倉の役目はたんに中間的でかつ保存的なものでしかなく、分配にいたってはじめて完成されるものである。それでなければ、穀物は白かびがはえ、鼠や蛆虫のエサにすぎないことになってしまう[★130]。

おそらくソディにとってラスキンのヴィジョンが決定的な意味をもつのはこの点であった。そこには次のような――さまざまなタイプの過少消費説の論者に広く共有された――認識がかかわっている。[131]すでに人びとの生命を活かすだけの生産力は豊富に存在している。富が絶対的に欠乏し不足する「稀少性の時代」はすでに過去のものであり、ポテンシャルとしては万人の穏やかな生が保証される「豊富さの時代 the Age of Plenty」へと移行している。いまや稀少性は自然がつくりだすのではなく、「統治の諸原理に対する無知」、とりわけ信用の社会的コントロールの失敗によって人為的につくりだされている。そこでは膨大な人間と自然のエネルギーの浪費を伴う絶えざる無益な労働と成長が強いられる一方、「適切な生存の手段にも事欠く、増大する失業者の大群が、消費するよりもはるかに多くを生産することのできる世界を徘徊する」という倒錯した事態が現出する。[132]そして「大衆の多くがますます疲弊し不安のなかに置かれるようになり、いまや失業とそれに伴う窮乏や退廃への没落という怪物からけっして自由になれないでいる」。[133]そのような時代においてこそ、ラスキンのポリ

★128 Soddy 1926, p.88.
★129 Ruskin vol.17, p.98.
★130 ibid., p.101.
★131 フィンレーは、「ほぼすべての過少消費主義者が、いつともなくラスキンに敬意をはらうようになったのは、根本的にはこの主張〔生命なくして富はない〕のためであった」と指摘する（Finlay 1972, p.42）。
★132 Soddy 1926, p.30. cf. Hattersley 1929.
★133 ibid., p.19.

ティカル・エコノミーの原理が真にその正統性を獲得し、社会的行為の絶対的基準を提供するのだとソディはいう。

生命なくして富はないというラスキンの言明、そして一国の富はそれが消費するものによって測られるべきであるという言明は、かつてに比べればはるかに正統なものである。というのも、科学がこれほど豊富に供給する富は、それを消費することで生命をより豊かにするためでなければ、生命の破壊のために用いること以外に、その使用を考えることはまったく不可能であるからである。絶対的消費――すなわちけっして将来の生産のためではない消費――は、ラスキンが述べたように、生産の目的、極致、完成であって、貨殖術にあらわれるような、避けがたい浪費として最小にまで削られるべきものではない。まさしく「エコノミー」という語は、正確にいえば、生命の必需品のしみったれた消費などではなく、それらの効率的かつ潤沢な供給をこそ意味するはずである★[○134]

明らかなように、ここでいわれているのは、生の充溢と繁栄を可能にする「絶対的消費」の「生産」に対する優位、である。太陽から地球に向けて休みなく贈与される豊饒なエネルギーも、あるいは過去の植物が捕捉したその巨大なエネルギー貯蔵（化石燃料）も、いまや、さらなる生産力の増大、新たな資本の獲得と蓄積へと無条件に差し向けられるべきではない。さもなければそれは、過剰生産による恐慌か、さらなる対外膨張のための戦争か、いずれにしても「生命の破壊」の契機を招き寄せるだけである。しかも原子エネルギーの解放が現実化しつつある時代において、後者は端的な破局となる。むしろ重要なのは、太陽と地球を貫くエネルギーの健全な流れを確保すること、つまり潤沢な富の収入を、未来ではなく、いまここですみやかに分配し消費することである。もしくは富の持続的な再生産の生物・物理的諸条件――ラスキンのことばに倣えば清浄な大気、水、大地――の維持や修復へと向けなおさなければならない。

もし文明が救われるべきとすれば、いまなお解決されておらず、早急に解決されるべき問題は、いまや科学的知識によって豊富に生産されうる富を、未来に向けたさらなる生産力の増大ではなく、消費、ならびに社会を構成する個々人の経済的必要の充足のために分配するという問題である。★135

ソディはこれを「経済的充足性 economic sufficiency」と呼び、「穏やかな生と近隣との良好な関係のなかで生きることを望む人びとのための政治的経済学 politic economics」の根本原理に据えた。★136 この「政治的経済学」において目指されるのは、ラスキンのいうオイコノミアの再建、つまり生産力のさらなる強化を目的とした蓄積の経済ではなく、賢明なる富の消費と使用をつうじた生の維持と繁栄を直接の目的としたエコノミーの再建であり、そのための科学として新たに経済学を再定義することであった。ソディがラスキンの継承者と見なされるべきは、このような意味においてである。

★134 ibid., pp.96-97. 強調原文。
★135 Soddy 1931, p.15.
★136 Soddy 1926, p.65; 1931, p.12.

終章

人間以上のエコノミーに向けて

本書はこれまで、エコノミーの概念史研究の成果に拠りつつ、人間のエコノミーを自然のエコノミーとの連関において捉える思想や言説はどのようなものとしてありえたのか、これを一九世紀中葉から両戦間期のイギリスにおける化石（資本主義）経済の勃興と発展というコンテクストに限定して検討してきた。石炭消費を加速度的に増長させていくイギリス帝国の資源的限界と経済的覇権の終焉という陰鬱な未来を描いたジェヴォンズ。化石経済の成長のもとで急速に汚染されていく大気、水、大地の「物理的暗がり」とこの現象をつくりだすイギリス社会の「道徳的暗がり」を凝視し、そこに「太陽―植物―人間」という秩序・エコノミーの破断を予見したラスキン。ラスキンが目指した生命と富の科学としてのポリティカル・エコノミーの理論的・実践的なポテンシャルを、物理学、化学、生物学、地理学等の知を動員して追究したゲデスとソディ。両者はともに、ラスキンが少なからぬ影響を及ぼした一九世紀末から二〇世紀初頭のさまざまな社会改良と社会主義の諸思想ともかかわりながら、精神的・心理的なものと生物-物理的なものとの複合的現象として人間のエコノミーを捉えなおし、その学問的認識の刷新を目指したといえる。あくまで社会科学の歴史の傍流に置かれるエピソードにすぎないとしても、たしかにそれは当人たちにとってはエコノミーという語彙と概念をめぐる一つの闘争であった。

本書の検討のひとまずの着地点と今後の展望を、序章で論じたエコノミーの概念史と人新世をめぐる現在の論争とにあらためて関連づけつつ確認しておくことにしたい。

＊

パウル・クルッツェンをはじめ地球システム科学者たちによって近・現代に与えられた人新世という地質年代の名称は、今日、自然破壊や環境汚染、気候変動といったかたちで現れている生態学的な危機の深度と不可逆性を示す、象徴的な警句と考えられている。しかし他方で、この術語、概念はいまだ科学共同体において公式に承認されたものではない。なにより人新世は、人類活動が地球の生態環境を後戻り不可能なほどに破壊し変質させていった歴史を物語るコンセプトであるだけに、この歴史的プロセス――いかにして人類はそこにたどりついたのか――をどのようなものとして叙述するかをめぐって、複数のディシプリンを巻き込んだ対立や論争が存在する。とくに人新世の歴史を、たとえば人口や国民総生産、またはppmで示される二酸化炭素やメタンの大気中濃度といった指数曲線の集積に還元する計量化された歴史叙述に対する人文社会科学からの批判が、その争点の中心にあるといえる。

科学技術史や環境史を専門とするクリストフ・ボヌイユとジャン゠バティスト・フレソズは、おもに自然科学由来の人新世の支配的言説が暗黙裡に前提している「覚醒の物語」を批判の俎上に載せている。ここでいう「覚醒の物語」とは、歴史的に「人類」は無意識のうちに自然の大規模な破壊をもたらし、これによって地球システムを変質させてしまったが、しかし二〇世紀末に地球システム科学者たちがついにこのような破壊のメカニズムを解明し、人類をその無知から覚醒させた、というような物語である。彼らは、この「盲目的な過去を聡明な現在に対立させる」物語が歴史を無視したつくり話にすぎず、人新世の複雑で錯綜した歴史的経過を過度に単純化させて、脱政治化するものであると批判する。★1

ボヌイユとフレソズが「覚醒の物語」を神話だというのは、身体と環境との相互作用や人間活動が地球環境に与えるさまざまな破壊的影響について、けっして人類は無自覚でも盲目でもなかったのであり、またそうした事態への批判や抵抗がさまざまに行われてきた歴史を踏まえてのことである。それは、一八世紀以来問題視された産業による「環境 circumfusa ／ environment」（水、空気、土壌）の汚染、森林伐採や植生破壊がもつ気候へのダメージ、都市と農村とのあいだの物質循環の資本主義的撹乱、石炭をはじめとする鉱物資源の枯渇などに対する、諸科学からの警鐘や批判の歴史であり、あるいは機械化と都市化に伴う工業汚染や健康被害、植民地でのプランテーション経営や合理的な森林管理の押し付けがもたらすモラル・エコノミーの破壊が引き起こした民衆レベルでの反発や抵抗の歴史である★2。

ようするに、人新世という時代は「人類」の自然破壊や汚染に対する無知や盲目によって招き寄せられたのではけっしてなく、さまざまなかたちで問題化され、また長らくこれらの問題は社会のなかに反発や対立を生じてきたにもかかわらず（逆説的にも）事態は進行したのであって、それゆえそうした反発や抵抗を周縁化し無効化してきた、現在にまで続く「脱抑制 modern inhibition」の機制をこそ問題としなければならない、と彼らはいうのである。そのうえで、そうした周縁化や無効化を引き起こした文化的条件のひとつとしてボヌイユとフレソズが注目するのが、一八五〇年から一九六〇年代に加速度的に進行したとされる自然科学と人文社会科学との「大いなる分断」であり、とくに経済の脱物質化（＝脱自然化）であった。

これと深く関連する、歴史的視点からの人新世概念に対する批判のもうひとつのポイントとして、化石経済の勃興と拡大の背後にある社会政治史的な視点の欠落という問題がある。とくにその批判は、人新世への突入を人間の自然本性――とりわけ「火の使用」――の必然的な帰結として自然化してしまうことに向けられる。地球システム科学は現在の危機的状況が「人為」によるものであることを示すが、その「人為」の意味があまりに薄っぺらいというわけである。とくにマルクス主義や世界システム論の系譜に属する論者は、完新世から人新世への移行をもたらした原因は、Anthroposという漠然としたヒトという種の能力に回収することはできず、資本主義の地球規模での爆発的な発展とこの根底にある人間による人間の支配と抑圧の構造にあることを強調してきた[★3]。

産業革命は一八世紀末のイギリス帝国においてはじめて可能となったのであり、この出来事そのものが、新世界の広大な土地の生産力と動物や奴隷身体の大規模な搾取など、大航海時代にはじまるアフリカおよびアメリカの植民地支配と人種差別、掠奪経済の前史抜きにはとうてい理解不可能なものである。西洋諸国がそのすぐれた航海術と軍事力によって「未開の地」を切り開き、その土地とそのうえで生きる人びとの身体から搾り上げたエネルギーを商品生産に転化することがその起源にある。近代的な化石燃料技術から今日の（アフリカでのウラン採掘労働に支えられた）原子炉にいたるまで、産業テクノロジーの存立そのものが、物価や賃金の巨大な格差と連動するグローバルな分業体制に根ざしている。かつてマレイ・ブクチンがディープ・エコロジストたちを批判して述べたように、ヒトという種による地球環境の破壊は、階級、人種、ジェンダーなど社会的に媒介されている。人新世を

★1　Bonneuil and Fressoz 2016, p.xiii. 邦訳一一頁。
★2　ibid., chap.8, 11.
★3　たとえば、Malm 2014; Malm and Hornborg 2014; Moore 2016; 野坂 2020 を参照。

「資本新世 Capitalocene」あるいは「植民新世 Plantationocene」と呼ぶかどうかは措くとしても、西洋による「新世界」の植民地支配に由来する支配構造や資本主義の不均等発展の歴史をふまえることなく、計量化された歴史だけをもって人新世を物語ることはたしかに危うい。

＊

本書は人新世にまつわるこれら目下の論争に対する経済・環境思想史からの（きわめて限定されたかたちであるが）応答であり、また一つのありうる注釈でもある。

序章で確認したように、いくつかのエコノミーの概念史研究が示唆しているのも、諸科学の分化とともに進んだ経済学における経済秩序と自然的秩序の存在論的・認識論的な切断であった。産業革命の帰趨を十分に見届けることのなかった近代初期、あるいは古典派の経済学者にとって、生産とはなにより自然物と人間を含む動物身体が交わる生物‐物理的なプロセスであり、自然（資源や土地）の有限性は自明であり、資本によって自然を無限に代替できるという考えは容易には成り立ちえなかった。マルサスの絶対的稀少性を否認したリカードウでさえ、利潤率の低下が遠い未来に現出させるであろう停止状態の可能性までは否定することができなかった。ミルにとっても、収穫逓減法則による資本や富の蓄積が困難となる停止状態の到来は避けがたい「必然」であり、しかしそれは文明人が必然性に迫られるもっと以前に、大土地所有の解体や分配の改善、アソシエイションの実践などをつうじて自ら進んで到達すべき理想状態でもあった。[★4] 停止状態の観念は、経済がいかにして繁栄しまた

衰退するかの歴史的な理解が、自然の有限性への認識と濃淡の差はあれ結びついていたことを示している。[★5]

しかし、ジェヴォンズやラスキンにいたるまで、一九世紀の経済学者が異なるしかたであれ意識せざるをえなかった土地の稀少性や停止状態の観念は時の経過とともに大きく後景に退き、雲散霧消していった。第1章で述べたように、限界革命期の経済学はおもに同時代の物理学（解析力学）とのアナロジーや数学的形式を取り込み、経済理論を精密科学、市場の力学として確立させていく一方、肝心の経済と自然の物質的連関を捉える概念や語彙をむしろ失っていった。シェイバスのいうように、一九世紀末の方法論争に加わった多くの経済学者にとって、「物質はもはやフィジオクラートや古典派経済学者にとってそうであったように、なにかを制約したり決定したりすることはない。土地の稀少性や停止状態が視野に入ることもない」[★6]。富はそのマテリアルな属性や実体をはぎ取られ、効用という人間主体の主観的・心理的な作用へと一元化されていった。エコノミーは、純粋に、人間の精神や作為のはたらきによって構成される自立した固有の実体と観念されるようになっていった。

本書で取り上げた人物はいずれもこのような脱自然化の趨勢に対する、歴史上ありえた批判と対抗の思想と実践の担い手として登場している。それはなにより当人たちにとって、産業革命を現実化し

★4　ミルの停止状態論の解釈をめぐってはすでに多くの研究蓄積がある。さしあたり、前原 2010; 小沢 2013 を参照。

★5　Jonsson 2017. もっともフレドリック・ヨンソンが指摘するように、古典派やジェヴォンズ、ラスキンにおいて停止状態をもたらす原因（人口圧、土壌肥沃度の低下、投資利潤の低落、植民地の不足、石炭供給の枯渇など）も、停止状態の評価も一様ではない。

★6　Schabas 2005, p.16.

たイギリス経済は、土地（自然）の生産力からの解放を実現したのではまったくなく、むしろ化石燃料技術を備えることで、域内／域外の安価な労働力とともに、大地からの多量の鉱物資源とエネルギーの暴力的な捕獲と採取にますます深く依存するようになったのであり、それに応じて、いっそう深刻な資源枯渇の懸念に苛まれ、またグローバルな規模で土壌や森林を劣化させ、自然界の物質循環を攪乱し、さらに有毒な煤煙、スモッグ、炭塵、汚水、汚泥など処理困難な膨大な廃物をその内部に蓄積させていったからである。

そのような文脈のなかで、ラスキンは古代ギリシャのオイコノミア（家政）にたどらせて「エコノミー」という語の意味を問いなおし、大気、水、土壌の清浄さに根本的に依存する生と富の正しい理解に人びとを導く学問として、またこの知識にもとづく富の賢明な消費・使用の技術として、ポリティカル・エコノミーの再定義を試みた。ゲデスやソディに関していえば、このような事態にあって同時代の経済問題の本質的な理解を妨げているのは、なにより諸科学の分裂や分断であることを強く意識していたことも本論で論じたとおりである。両者がちょうど「大いなる分断」を加速させた科学の制度化（専門分化）の時代に生きたこと、あるいはより限定すれば、一八七〇年代の古典派の退潮から限界革命と世界恐慌を経て、新古典派経済学の制度化へといたるまでの、経済学のヴィジョンの危機の時代を生きたことの意味はけっして小さくないだろう。

また同時に、抽象的な「人間（技術）／自然」という硬直的な構図に乗らないためにも、彼らにおいて化石経済が生じている諸問題が、たんに漠然とした資源・エネルギーの利用可能性や技術－工学的問題としてではなく、たとえ不十分だとしても、モラルを含む政治経済的な問題として、あるいは構造的不平等（人間による人間の支配や抑圧）の問題として把握されていたこともあらためて強調しておかなければならない。

ジェヴォンズにとって石炭問題は、たんに有限な可採石炭埋蔵量という地質学的な問題に尽きるのではなかった。「ジェヴォンズのパラドクス」として知られるように、蒸気機関の改良による熱効率の絶えざる改善が、エネルギー価格を下落させることでより多くの新資本を引きつけ、エネルギー集約的な技術や財の競争力を高め、他方では石炭の生産力によって人口成長と全般的な富裕化を支えつつ、石炭需要を累積的に拡大させていく（それゆえ生活全般の石炭層への依存を深めていく）市場メカニズムから生じる経済的問題であった。

ラスキンの『ヴェネツィアの石』から『一九世紀の嵐雲』においてさまざまなかたちで主題化されたのは、商業と産業の拡大のために絞り尽くされる種々の自然のエネルギーと、その帰結として生じる大気と水の汚染と劣化、そして「工場の煙を養うための燃料として送られ」る「群衆(マルチテュード)」の肉体的・精神的活力 energy の衰弱であった。そこでは膨大に蓄積される害物(イルス)の背後で生じる自然の破壊と汚染がつねに労働の劣化や生の質の退行とパラレルに捉えられていた。またラスキンにとって、これらの問題も貧困や欠乏も、自然の稀少性一般から直接に帰結するものではなかった。大気、水、土を含めて自然が惜しみなく与える豊饒な富を不必要に浪費し劣化させ、稀少性や欠乏に満ちた世界につくり変えているのは、労働を適切に配置し適用することを怠り、不必要で下劣な消費財や贅沢品や軍需の生産のために労働力と資源をひたすらに消耗させていく商業のエコノミーの体系であり、そのもとで醸成される醜い消費文化であった。

生物学者としてエディンバラのスラム改良に心血を注いだゲデスにとって、同時代の人口－貧困問題は、自然と社会とに投影された「競争」の観念と、もっぱら量の観点から規定される「進歩」の観念によって駆動する「社会的マシン」(旧技術経済)の必然的な帰結であった。このマシンは大量の機械と蒸気と石炭を飲み込みながら大量の安価な生活資料とこれにより扶養される過剰な人口をつくりだす一方、際限なく成長する「みすぼらしい街路や家々」、「バラック」、「機械の不快な響き」など「忌まわしいものの群れ」をたえず生産し、人びとの生そのものを徹底的に退行させ、塵埃や灰塵へと打ち捨てていく機制に他ならない。

さらにソディにとって根本的な問題は、太陽エネルギーの日々の収入と土壌や植物のはたらきに依存する「農業」と化石燃料(無生物エネルギー)の燃焼を原動力とする「工業」のグローバルな空間的・階層的分割であり、またこの分割によって産業国家(のとりわけ富裕な階級)にはびこる富の物質的リアリティ(腐食性)への無理解や蔑視であり、万人が金融レントで生きる「永久機関」という普遍化不可能な幻想を支える近代的な信用(負債)創造の機制であり、そしてこれらのいびつな機制からたえず生じる、さらなる植民地獲得をねらった帝国主義的戦争の可能性であった。

いずれにせよ、蒸気機関の熱効率の改良であれ、空中窒素固定技術の発見であれ、原子エネルギーの解放であれ、彼らが捉えた問題はテクノロジーの進歩によってだけでは、いっそう悪化することはあれ、解決されうるものではなかった。ギルド組織の復興、アソシエイションをつうじた消費と生産の再組織化、民衆自身の手による地域調査と社会調査にもとづく流域単位での都市―リージョンの自治、国際分業体制や銀行・信用システムの改革、過剰生産を引き起こす蓄積のための蓄積(生産的消費)からの解放、そして賢明な富の消費と使用をつうじた生の維持と繁栄を直接の目的としたエコノミー(オイコノミア)の再建。――求められるのはこうした政治経済的条件やこれらと相互に補完しあう人びとの知と技術、モラルの変容であって、そのようにして自然のエコノミーと人間のエコノミーとのあいだに新たな関係を編み直すことであった。

もちろん本書では彼らの思想と実践を基本的な構えとしては肯定的に読んできたとはいえ、それらがまたさまざまに問題含みであることを否定するものではない。ラスキンが理想化した汚れのない家父長的な農村的オイコスの陰には、けっして洗練される望みのない「汚い」「機械的」労働を強制される人びと(道徳的な逸脱者や罪人)が残されている。このことは、ラスキンが大気と水と土については多くを語っても、(産業技術のメタファーとしての)「火」にどう向き合い、これをどう社会に位置づけるべきかについて語らないこととおそらく相即的である。人間の諸機能の洗練化や「美」や「知」への欲望も、あるいは個々人の協同と社会性(これらの原理にもとづく社会の組織化)に向けた「進化」もすべて、「自然と生命の諸事実」によって論じ尽くし正当化しようとするゲデスの論法は、一九世紀末の科学主義を典型的に体現するようにも見え、彼自身が受け入れることがなかったとはいえ、ゴルトンの優生思想に接近する危うさをもち合わせている。自らも巻き込まれた戦時の科学動員体制の苦々しい経験から原子力技術の軍事兵器化を正しく恐れたソディはしかし、(ヒロシマ、ナガサキへの原爆投下の後でさえ)ついに原子力解放そのものを批判的に見る視点はもちえなかったように思える。彼自身が放射性元素研究の影響から子どもをもつことがかなわなかったにもかかわらず、である。むしろソディの経済をめぐるテクストは、原子力解放が人類(文明人)をエネルギーの苦境から救い、やがて食や農をも全面的に工業化して飢餓の脅威を一掃し、真に福音となりうる「科学的ユートピア」への道を模索するものと読むことさえ不可能ではない。

しかし、彼らの思想がもつこのような危うさや陥穽は、たしかに歴史上の重要な一局面と対峙したその思索と実践の忘却を正当化するものではないはずである。むしろその危うさは「エコノミーとエコロジー」の理論・実践両面での統合という喫緊の課題の困難を証拠立てているのであり、人種主義の軛から抜け出せず、常温核融合や水素エネルギー経済、生命技術、植物工場、ジオエンジニアリング（意図的気候改変技術）★7といった先端科学技術に自然制約からの解放の夢を託し続ける現代世界にとって他人事というのでは済まされない。良くも悪くも彼らはそうたやすく過去の人とはなってはくれないのである。

＊

ではあらためてエコノミーの脱自然化のプロセスはどのようにして進行したのか、あるいはエコノミーの概念や経済学の定義をめぐる論争はいかなる経緯をたどったのか。

序章で確認したように、シェイバスやクリステンセンはともに、脱自然化された経済の観念の起点を、あるいは物理学的知識に支えられた生産理論からの後退をJ・S・ミルに見いだすが、仮にそうであるとしても、それはやはり一つの起点にすぎないであろう。ボヌイユとフレソズもいうように、ミルは「生き物とその有限性に思想を繋ぎ止めていた最後の古典派経済学者」と位置づけることもまた可能であるからである★8。

その場合、少なくともイギリスの思想的文脈において、『石炭問題』の著者であるとともに、限界革命の主要な担い手であったジェヴォンズの存在はやはり大きい。第1章で述べたように、同時代の先端科学であったプロト・エネルギー論や生理・心理学に強く刺激されたジェヴォンズは、経済学を

「快楽および苦痛の微積分学」として明確に定義し、また経済問題を一定の土地、資源、人口を所与とした効用の極大化として定式化した。キース・トライブは、快苦計算をおこなう「普遍的な意思決定主体を仮定する純粋に形式的な」経済行為の抽象理論（いわば、「行為の代数学 algebra of action」）の誕生をここに見いだしている。[★9]古典派においてきわめて重要な意味をもっていた土地や人口が分析のカテゴリーから排除されることで、成長の動態的な分析を軸とした歴史的な思考の枠組みも解体されていった。いまや限界革命が成し遂げた偉業は、経済学が精密科学となったモメントとしてのみ単純に理解することはできない。むしろ一九世紀末を、経済学が物理学に対する羨望にのみ込まれ、その理論の有効性の歴史的限定を忘却するにいたった転換点と見ることもできよう。[★10]

けれども同時に、トライブは、ジェヴォンズの普遍主義的な「行為の代数学」が経済学の根幹に位置するものとして広く定着するにはさらに一〇〇年もの時間を要したことにも注意を促している。彼によれば、ジェヴォンズの形式主義は、その後、フィリップ・ウィックスティード（1844-1927）にもっとも強く引き継がれ（ウィックスティードはすでにジェヴォンズの経済原理があらゆる人間行動の理解に適用可能な汎用性をもつことに自覚的であった）、彼を介してライオネル・ロビンズ（1898-1984）の

★7 ジオエンジニアリングについては、桑田 2018 を参照。
★8 Bonneuil and Fressoz 2016, p.264. 邦訳三一七頁。
★9 Tribe 2015, p.80. なおトライブは、エネルギー物理学、機械・電気工学、生理学的心理学など、同時代の科学を反映したジェヴォンズの経済学の構想が、メンガーやワルラスの議論と表面的には類似しながらも、彼らとまったく異質な起源をもつと指摘する。この点はさらなる検討を要する。
★10 Jonsson 2017, p.208; Schabas 2005, p.150.

この著作のなかでロビンズは、経済学の「究極的な本質が何かについて、経済学者はまったく合意に達していない」ことを確認したうえで、経済学を「代替的用途を持つ稀少な手段と、目的との間にある関係としての人間行動を研究する科学」[12]として明確に定義づけた。この定義が、経済学が現代的なディシプリンとして飛躍し制度化されるうえできわめて重たい意味をもったことは間違いない。

だが、世界恐慌という資本主義の危機の只中で提起されたロビンズの定義もまた、ただちに経済学における広い合意事項となったわけではなかった。そもそも一九三〇年代においても経済学はなお歴史学や倫理学をはじめとする人文学との関係を維持していたのであり、現代の姿にあったわけではない。そうしたなかで、むしろそれは経済学の本質と意義をめぐるさらなる論争の火付け役となったともいえる。バックハウスとメダマは、それが経済理論を純粋に形式的・機械的なものに還元するものだという批判や反発は、ウィリアム・ベヴァリッジやマルクス経済学者のモーリス・ドッブ、シカゴ学派のフランク・ナイトにいたるまで英米のさまざまな立場からなされたことを明らかにしている。彼らによれば、ロビンズの定義が経済学の教科書を中心に（漠然と）受け入れられていったのは一九六〇年代以降のことであり、しかしその場合でさえ、無条件な支持を得るには程遠かったのだという。[13]

それでもロビンズの定義が重要な意味をもつのはむしろ、それが当人の意図を離れ、その後の経済的言語の他の社会領域への進出、つまりは「経済学帝国主義」の重要な契機となったことであろう。もっともその責めは彼の定義自身のなかにある。ロビンズの定義のもとでは、本来的（内在的）に「経済的」と呼びうる領域も財も目的も存在せず、なんらかの目的を達成するために限られた手段を選択するという行為の形式があるだけである。それゆえ稀少性に影響をうける側面があるかぎり、「どんな人間行動も経済学の一般法則の範囲に入ってくる」ことになる。[★14] ロビンズの定義が「経済理論を制約条件つき最大化理論や合理的選択理論に絞り込むだけでなく、経済学者が他の社会科学に進出する「帝国主義」を正当化するものと見なされるような基盤を築いた」といわれる所以である。[★15] ロビンズの定義が定着途上にあった一九五〇年代以後、後にノーベル経済学賞を受賞したゲイリー・ベッカー（1930-2014）は、人種差別や犯罪、教育（人的資本）や結婚といった、以前には経済学と無縁と考えられていた領域に、「極大化行動、市場均衡、安定した選好という諸前提の組み合わせ」から構成される「経済的アプローチ」[★16]を応用していった。またこれとほぼ同時期に生まれたのがアンソニー・ダウンズの『民主主義の経済理論』（一九五七年）やブキャナンとタロックの『合意の計算』（一九六二年）であり、政治学への合理的選択理論の適用拡大が続いたのである。[★17]

★11　Tribe 2015, pp.81-86; Howson 2004 も参照。

★12　ロビンズ 2016、一七頁。

★13　Backhouse and Medama 2009. 日本を含むロビンズの定義の受容や論争については、ロビンズ 2016 の訳者解説も参照。

★14　ロビンズ 2016、一八頁。

★15　Backhouse and Medama 2009, p.805.

★16　Becker 1976, p.5.

★17　シカゴ学派のベッカーやセオドア・シュルツの試みを含む二〇世紀後半の経済外的領域や政治学における「ホモ・エコノミクス」の拡張使用については、重田 2022、第三部で詳しく検討されている。

ふたたびトライブのことばを借りるなら、エコノミーという概念は「安っぽくなった」[★18]ことと引き換えに、およそそれが馴染まないと思われるようなあらゆる社会領域にも適用可能な、途轍もない柔軟性をもつ原理となったといえる。

＊

しかし先にも述べたように、戦後に進展した経済学の制度化のなかでも、右のような流れに対抗する思想が潰えたというわけではない。ロビンズの定義は、一九世紀の方法論争においても問われた理論と実証分析の関係の他、効用の個人間比較の正否、経済学における倫理（価値判断）の役割など多くの争点を生じたが、加速度的に深刻化する生態学的危機のなかで、本書の主題であったエコノミーという語や概念の意味がこの時期にあらためて大きく問われたのである。

ロビンズの定義の一般化をいちはやく批判の俎上に載せ、エコノミーという語の意味の思想史と人類学的検討をふまえて、これに実体的な（サブスタンティブ）意味を対置したのは、ハンガリー出身の経済史家カール・ポランニー（1886-1964）であった。ロビンズの名に紐づけられた形式的意味はあらゆる人間が「最小の支出をもって最大の結果を得ることを規範」として行為する「心理を本体とする属性」であるのに対し、実体的意味は「ちょうど植物や動物のように、生存のために環境的条件の世話に依存するといった、自然を本体する属性」を指す。後者が立脚するのは、「人間は他のあらゆる生き物と同様、自分を維持する自然環境なしには瞬時たりとも存続できないという基本的事実」であり、「人間に物質的欲求充足の手段をあたえるかぎりでの、人間と自然環境および社会環境とのあいだの相互作用」である。[19]これによってポランニーが捉えようとするのは、人と物を使用することに関する権利と義務、物の分配にまつわるルール、仕事のリズム、時間、重さ、空間を測る尺度といったことがらにもとづいて、価値あるものの生産にたずさわり、それらを手から手へと渡していく人びとの具体的な営みである。[20]この人間と人間、人間と自然とのあいだの相互作用は、生物的、物理的、技術的な性格とともに、道徳的、政治的、宗教的な性格を兼ねそなえている。経済が社会関係の網の目に埋め込まれているということはこのような意味である。

ポランニーによれば、実体的意味での経済は形式的意味（稀少性の状況下における選択）とあくまで偶然的な関係をもつにすぎない。前者は浪費や無駄の回避や、稀少な手段の使用における経済化といった抽象的な用語に回収することはできない。彼が、経験的にありうる（ありえた）人間経済の制度化、社会的組織化のパターンとして、「市場交換」に加え、「互酬 reciprocity」と「再分配 redistribution」、あるいは「家政 household」を見いだしたことはあまりに有名である。しかし、「経済的利得動機」が人間行動の公理として絶対視されることで、「経済という語」が、「人間の暮らしとそれを確保するのに役立つ技術との図式を喚起する」のではなく、市場システムにのみ現れるような「一連の特殊な動機、特異な態度、そして高度に特殊な目的」を意味するものと理解されていく。こ

★18　Tribe 2016, p.2.
★19　Polanyi 1977, pp.19-21. 邦訳五八―六二頁。
★20　ibid., pp.xxx-xxxi.

のような意味の混同は、「人間経済一般をその市場形態と同等視する」というさらなる認識論的誤謬を生む[★21]。市場社会以外に経済はありえない、とするこのイデオロギー、この精神こそがポランニーが最たる批判の標的としたものであった。

ポランニーは実体的意味が形式的意味に従属するかたちで一つに融合したのは、あくまで商品交換が一般化した一九世紀以来の市場社会においてであることを強調する。市場社会の決定的な特異性は、共有地の「囲い込み」に象徴される政治権力の暴力的動員をとおして、本来商品として生産されたものではない要素、とりわけ「人間」と「自然」をそれぞれ「労働力」と「土地」としてあたかも販売のために生産された商品（客体）であるかのように取り扱う擬制・フィクションのうえに成立するからである。「人間をまるで単なる原材料のかたまりであるかのように組織し、そして彼らを、いまや自由に売買されるようになった母なる大地の表土とともに、もっぱら利益のために売買契約を結んだ私的な諸個人の指揮のもとにある産業上の構成単位にしてしまう[★22]」。すなわち「経済メカニズムのなかに埋め込まれたひとつの全社会――市場社会」の誕生である。しかしそれゆえにこの市場社会は自らが拠って立つ存立条件そのものを掘り崩し破壊する契機を孕むことになった、というのが彼の診断である。このようなシステムのもとでは、「人間は死に絶え、自然はこの盲いた挽き臼のなすがまま、塵芥になるまで破壊される」――ポランニーはこれを「破壊に向かってぐるぐる回る続けるバベルの塔」に喩えたのであった[★23]。

本書のなかでもたびたび触れた、「生物経済学 bioeconomics」の先駆けとなったニコラス・ジョージェスク＝レーゲン（1906-1994）もまた、ポランニーと近い問題意識から経済の実体的意味を独自の視点で解明しようとした一人である。一九〇六年、ルーマニアに生まれたジョージェスク＝レーゲンは、ブカレスト大学とフランスのソルボンヌ大学で、さらにロンドンのカール・ピアソンのもとで数理統計学の研究からキャリアを開始した。その後、留学先のハーバード大学で教鞭をふるっていたシュンペーターやそのもとに集まる気鋭の経済学者たち（レオンチェフ、ランゲ、マハループ、モルゲンシュテルン、カルドア、スウィージー、サミュエルソンなど）との出会いと交流のなかで、「消費者行動の純粋理論」（一九三六年）などの論考を発表し、短期間のうちにすぐれた数理経済学者へと転身していった。しかし世界恐慌のあおりで経済危機に陥った祖国ルーマニアに帰国、アカデミズムでのキャリアを長く中断した時期（およそ一九四〇年代）に、彼は数理経済学から早々に離れることとなる。二度にわたる戦時のなかで大国の利害に翻弄され荒廃していくヨーロッパ最大の石油生産地プロイェシュティ油田地帯の実態、加えて農地の絶えざる土壌劣化と困窮に苦しむ小農たちの厳しい経済状態と直面するなかで、これらの問題の学問的理解には数理経済学の「分析道具一式」ではおよそ歯が立たないことを自覚していったからである。★24 代わりにロシアのアレクサンドル・チャヤーノフの小農経済の研究や、中欧と東欧におけるナロードニキ思想の普及において重要な役割を果たしたドイツ歴史学派の知的遺産に問題を考える手がかりを求めていった。その最初期の成果が「経済理論とア

★21　ibid., p.xlvi, p.6. 邦訳一三—一四頁、三六頁。
★22　ibid., p.9. 邦訳四二—四三頁。
★23　Polanyi 2014, p.50. 邦訳七六頁。なお中山 2020 はポランニーを軸として、一九世紀後半のドイツ語圏の経済学から現在にいたる自由主義に対抗的な経済思想の系譜について論じている。
★24　経済学の正統派からの離脱についてルーマニア経済が重要な意味をもったことについては Georgescu-Roegen 1976; Georgescu-Roegen 2011［1989］を参照。

グラリアン経済学」（一九六〇年）や「小農共同体の制度的側面」（一九六五年）などの論考である。

このなかでジョージェスク＝レーゲンは、新古典派とマルクス派の経済学がともに工業化された市場社会に固有な制度的特徴を前提したものにすぎず、「資本主義的な制度を部分的あるいは全面的に欠いている社会の経済分析」には適用不可能であると説く。★25 彼が目指したのは「理論なき現実」となっている小農共同体の「内的な論理」の把握であり、この作業のなかで示されるのが、経済的利得動機の特殊性や、かつてソディが重視した農業と工業の生産過程の異質性であり、また人間の経済過程全体が生物‐物理的なプロセスに包摂された部分過程として成立しているという認識であった。

彼は「工業都市の哲学と農村の哲学の差異の根底」に、「不活性の物質がホモ・ファーベル（工作人）に課しているものとはまったく異質な制約を、生きた自然 the living Nature がホモ・アグリコラ（耕作人）に課しているという事実」★26 を見いだし、これを突き詰めて、外的自然と複雑に取り結ばれる繊細な物質的関係を軸に経済過程を再考していった。新古典派経済学の致命的な欠陥は、農業と工業の生産過程の差異を等閑に付し、ジェヴォンズやワルラスが先駆的に試みたように、経済過程を抽象的な力学モデルに引き付けて一般化した点にある。それが想定する経済とは、外部からの「流入も流出もない、生産と消費とのあいだの循環する流れ」であり、自足的で非歴史的な孤立系である。それは質的変化を伴う不可逆的な〈時間〉の観念を度外視し、結果として経済過程における自然の諸力が果たす役割をも排除する。これに代えて彼が描きだすのは、エントロピー法則によって支配された人間の経済と自然界とを貫く、質的変化を伴った不可逆的な〈時間〉の流れであり、生命過程と同じく、外部環境から投入される有用なエネルギーと物質を利用不可能な廃物・廃熱へと不可逆的に劣化、散逸させていくプロセスのなかで、かろうじて成り立つ人間の経済の様態である。★27 ベルクソンやホワイトヘッドといった科学哲学の成果をも大きく取り入れて書かれた『エントロピー法則と経済過程』は、小農経済の歴史・制度的分析にはじまるおよそ二〇年に及ぶ思索の集大成であった。

さらに日本で深刻化した熊本・新潟での水俣病をはじめとする公害問題を背景に、ポランニーとジョージェスク＝レーゲン双方の視点を手がかりにして、晩年の一〇年余りを費やして「広義の経済学」を構想したのが玉野井芳郎（1918-1985）である。玉野井もまた、従来の新古典派とマルクス派がいずれも、市場と工業の世界をもっぱら分析対象とする「狭義の経済学」にとどまり、それゆえ工業的生産から生じる多量の処理困難な汚染物質や廃棄物の出現が、人間を含む生き物の再生産を破壊する事態を原理的に取り扱うことができないと考えた。同時代の化学や生理学の成果に学んで人間の自己再生産の根底に自然との物質代謝 Stoffwechsel のプロセスがあることを突き止め、これを自らの経済学批判の体系にいちはやく取り込んだのはカール・マルクスであるが、マルクス自身は物質代謝そのものを生態学の知見にもとづいて十全に展開するにはいたらなかった。そこで玉野井は、新たに物理学者シュレーディンガーの生命論やジョージェスク＝レーゲンの生物経済学などを援用して、人間が自然との物質代謝をつうじてその生存を組み立てていくことの意味をより具体的に追究していった。広義の経済学が捉えようとするのもまた、「生命系 living system」（生きている生物体）とその外部、す

★25 Georgescu-Roegen 1966［1960］, pp.361-362.

★26 ibid., p.363.

★27 Georgescu-Roegen 1969［1965］, pp.88-89. ジョージェスク＝レーゲンの生物経済学の成立にいたる思想的文脈については桑田 2015 も参照。

なわち①太陽エネルギーによって無機物質を有機物質に変換している緑色植物群（＝生産者）、②他の生物体を栄養源とする動物群（＝消費者）、そして動物および植物の排泄物や屍体を分解して無機物質に還元する微生物群（＝分解者）によって構成される「生態系」との物質代謝のメカニズムのなかで再生産する人間の経済の姿である。★28

さらにこれを近代の市場社会の歴史的動態と関連づけてその特異性を浮き彫りにし、またそのオルタナティブを探るうえで玉野井が重視したのがポランニーの経済人類学（一般経済史）の視点であった。ポランニーの分析は市場システムが政治や社会の領域から自己完結的に自律することは不可能であること、したがって市場とその外部（非市場経済）とを「共時態的に synchronously」捉えることの重要性を玉野井にあらためて強く意識させるものであった。ただし生命系の視点をふまえた玉野井の場合には、市場社会（あるいは産業文明）の本質を、市場を媒介とした「工業」の原理の一般化として見る視点をポランニー以上に押し出している点に特徴がある。★29 狭義の経済学の理論的展開のなかでしだいに見失われた農業（植物的・動物的生命の自律的作用を主とする有機的生産）と工業（死んだ素材の分離と結合を主とする機械的生産）の本質的差異に注目しながら、人間と自然を擬制的に商品化した市場社会が、生命系としての土壌環境に根ざした農業から分離した、工業のロジックを土台にして異様なかたちで生産力を発展させた社会として彼は市場社会を理解する。それゆえ玉野井が目指したのは「生きた自然」が直接の生産者となる第一次産業（農林漁業）を土台に、「死んだ素材」の人為的加工にもとづく工業生産力を内側から抑制し制御していくような産業構造全体の再編であり、彼はこれを（ドイツ歴史学派に見いだされる国民経済とは異質な地理的空間への関心を汲み取りつつ）さまざまに異なる気候や水系、植生や風土をそなえる地域 Lolalität ごとの文脈（文化）のなかに落とし込んで具体化しようとしたのであった。

彼らの論じた問題の核心にあったのは、産業文明の複合的危機を背景とした「エコノミー」という語の意味の問いなおしに他ならず、その思索の足跡はロビンズの定義が経済学にしだいに定着していった二〇世紀後半においてなお、本書の登場人物たちが仕掛けた概念闘争が（直接的な継承関係がないにせよ）継続していたことを示唆している。

＊

概念史的省察が示すように、たとえ西洋世界に限定したとしても、「エコノミー」という語と概念によって切り取られ縁取られる現実や現象は、数百あるいは数千年のあいだにさまざまな変化を遂げ

★28　玉野井 1978。

★29　ただし、ポランニーもまた、産業革命における大規模な機械装置の誕生を「人類の分水嶺」と位置づけ、自己調整的市場システムによる経済の組織化を要請した根本的な出来事と捉えている。とくにこれは西洋が生み出した「死の光線」「きのこ雲」を強く意識した第二次大戦後のテクストにいっそう顕著であるように思われる。たとえば「時代遅れの市場志向」（一九四七年）やこれと同時期の論考では、「われわれの世代の眼に資本主義の問題と映るのは、じつのところ、産業文明というはるかに巨大な問題である」とされ、「たとえ技術的にはより非効率な社会になるにしても、生の充足を個人に取り戻す」こと、「機械文明のなかで人の生に対して意味と統合を回復させる」ことを戦後世界の根本課題として訴えていた（Polanyi 1968［1947］; 2014, chap.1,2 などを参照）。

てきたのであり、ここ一〇〇年のあいだでさえそうである。この変化と再定義のプロセスがいまや収束を迎えたのだと考えるべきもっともらしい理由などない。今日でも経済学が多様であるように、エコノミーもいまなお論争的概念であって、現在の支配的な観念がその地位をこれからも独占し続けるわけではないだろう。

そうであるなら、避けるべきは歴史的に争われてきたエコノミーという語と概念の本質的な論争性を顧みず、現在の支配的な意味を自明のもの、あるいは「真理」として性急に絶対視して、思考やヴィジョンの硬直化をきたすことである。フーコーが明らかにした知と権力（統治）の結びつきを念頭に置くなら、それは科学・学問としての経済学の健全さという意味のみならず、その政治的効果という面でもあまりに危うく、ましてや地質時代を画するといわれるほどの危機と向き合うには、はなはだ心許ない。

新古典派経済学の応用一分野として発展してきた環境経済学はたしかに自然や生態系を「自然資本」として概念化し、それらがもたらすさまざまな「便益」や「生態系サービス」の経済的価値、あるいはその汚染や破壊のコストを見積もり、内部化しようと努めてきたことは事実である。しかし、これまでの考察を踏まえるなら、経済という語の意味の徹底した形式化のなかに、あらためて「自然環境」を内部化するというのは、かなり皮肉なことでもある。それは大枠としてはベッカー流の「経済的アプローチ」の応用の延長上にある。そのような試みの当否を学問的に見定めるためにも、歴史から見たその出自や立ち位置、限界を少なくとも踏まえておくべきであるし、むしろもっと別のかたちで人間の経済のありようを捉えようとする知的営為が続いてきた事実を確認することも必要である。本書でまったくといってよいほど触れることのなかったマルクスにしてもそうである。資本主義的生産が人間と自然の関係性を持続不可能なものへ変質させていく事態を「物質代謝の亀裂」という概念によって捉えたマルクスの思想が現代のエコロジカルな危機に対してもつポテンシャルは、彼の晩年の自然科学研究の読解を含め、すでにきわめて高密度で論じられてきた。[★30] また玉野井の広義の経済学への道のりが体現していたように、合理主義的な科学の進歩観（ホイッグ史観）から距離を置き、主流傍流を問わず経済学の遺産を再訪して、二〇世紀後半以後の経済学の制度化・専門化のなかでそぎ落とされ、考察の埒外に押しやられていった、さまざまな夾雑物の意味をこれまでとは違ったしかたで眺めてみることも大切であるだろう。

ここにもうひとつ付言すれば、エコノミーという語と概念に今日の現実と向き合えるだけの厚みと奥行きを吹き込むには、そもそも経済という現象が「経済学」という一社会科学だけ独占物とは到底できないことを、そろそろ認める必要もあるのだと思う。黎明期の経済学が医学や化学や博物学といった諸科学とさまざまな接点をもっていたのとはまた違うあり方であるにせよ、あるいはゲデスやソディが思い描いたのとは異なるかたちであるとしても、あらためて経済的な知は他の科学や学問に、あるいは時代も場所も異なる社会のさまざまな経験や洞察に、もっと開かれた脱領域的な知であってもよいのではないか。それが良くも悪くも人間の生存の根幹に、さらには地球上のあらゆる生き物の生存の基盤に深くかかわってきたように、エコノミーは人間と植物と動物、さらには生物と無生物との単調な区別からおよそ自由に、万物に開かれてあらざるをえないからである。

★30　たとえば、岩佐＋佐々木 2016; 斎藤 2019 を参照。

あとがき

人間の力によっては乗り越えがたい自然の絶対的な有限性を、一時的であれ人びとの意識に強く刻んだローマクラブの報告書、『成長の限界』（第一版）は、いまからちょうど半世紀前（そして筆者が生まれる一〇年前）の、一九七二年に刊行された。可採資源量、汚染防止、農業生産性、技術進歩による恩恵、これらをいくら楽観的に推定しても、再生不可能な資源の枯渇、自然の浄化能力を超えた汚染の急増、食糧生産のための土地の消失などが引き金となり、二一〇〇年までのいずれかの時期に、それまで幾何級数的に成長してきたシステムに制御不可能な破局が訪れるのは避けがたい――少なくとも当時の現状分析について報告書にはおよそこのように書かれている。また、この報告書が世に問われたのとほぼ時を同じくして、未来の世代に対して現在世代が果たすべき責任や倫理の重要性もさかんに論じられてきた。核エネルギーへの依存からなかなか抜け出せず、処理方法も不問のまま放射性廃棄物を生みだし続け、それればかりか次世代原発の新規増設までが一定の支持を得る世界に生きるわたしたちにとって、未来への責任は現在世代が自分たちの利害にとらわれず真剣に考えるべき主題ではあるにちがいない。

けれども、そもそも「未来」の世代とはいったい誰のことであるのか。学生の頃、はじめてこれら議論に触れたとき、深く考えることもないまま、自分が亡くなった後の遠い時代――文字どおりの「未来」――のことを漠然と想定していた。しかし子どもをもつにいたって、そのような時間の想定はまったく的外れであるとようやく気づいた。子どもとともに生きていく時代、あるいは子どもがまたその子どもを育てていく時代は、すっかり件の報告書が描いていた時代と符合するのだと、だいぶ遅まきながら自覚したのである。

じつのところ、現在の科学の粋をもってしても、それを越えれば地球のシステムに非線形的な変化が引き起こされるティッピング・ポイント（臨界点）を正確に見定めることは不可能であるようだ。一昨年以来のコロナ・パンデミックに加え、かりに二〇二二年に限定しても、インドやヨーロッパ各地を襲った猛烈な熱波、アフリカ北東部を襲った大干魃、ブラジル、インドネシア、タイ、パキスタン、ナイジェリアをはじめ世界各地で甚大な被害をもたらした大洪水等々、すでにあの「未来」はいま、地球のそこかしこに確実に現実化しているのではないか。素人であればこそ、そのような感覚を覚えても不思議ではない。

しかしながら、まさしくこのような破局の切迫性に対する強い重圧が、かえって人びとから思考の冷静さを失わせ、テクノロジーによる性急な処置を受け入れる土壌となってしまうのではないか、という危惧もある。たとえば、クルッツェンその人が研究の必要性を訴えた、地球を冷却化するジオエンジニアリング（気候工学）と呼ばれる技術は、大幅な温室効果ガス排出削減策の進展に対する不信や諦念、またそれとともに高まる「気候の非常事態」という破局の予期によってこそ、その研究開発と社会実装を強力に推し進めるための正当性を得ることも十分に考えられる。しかしそうであればこそ、この技術が民主的で倫理的なコントロール下に安全に置かれると楽観することは、論理的にも実践的にもあまりに困難である。

このような場合、技術的解決に安易に縋りたくなる欲求を自制するためにも、いま起きている問題を歴史の文脈に位置づけて理解を試みることも必要ではないか。たとえそのような努力が現実に及ぼす効果が薄弱なものであるとしても、現代に向き合う構えを見きわめていくうえで欠くことのできないプロセスであるはずだ。

本書はわたしにとって二冊目の単著であり、前著『経済的思考の転回――世紀転換期の統治と科学をめぐる知の系譜』(以文社、二〇一四年)の続篇ともいえる。本書の検討対象となったラスキンとその継承者たちのイギリス経済思想の系譜については、前著でも視野に入れていたが、ハイエクを中心とする自由主義思想との対抗というテーマ設定もあって本格的に掘り下げることができなかった。これを人新世と化石経済という問題系のなかであらためて検討を試みたのが本書である。そのため、本書の大まかな構想については前著の刊行から比較的早い段階で浮かんでおり、まとめていくのにそう時間はかからないだろうと高を括っていたが、じっさいに取り組み始めてすぐに、それが幻想であることを思い知った。

前著にも通底している企図は、人新世に象徴される現代のエコロジーや環境、ポスト・ヒューマニティにまつわる問題を、新しい思想研究の一分野としてではなく、できるかぎりこれまでの思想史の文脈に内在させて、あるいはそれとの関係を十分に視野に入れて展開してみることであった。その理由は「はじめに」にも書いたが、さらにつけ加えるなら、歴史や思想の歩みに関心をもつできるだけ多くの方と問題や論点を共有したいという気持ちがあったからである。しかし、そうした課題を十全に成し遂げる力が備わっていたかといえば、当然のことながらけっしてそうではなかった。経済学史にも科学技術史にも偏った部分的な知識しかなく、なにより歴史感覚に恵まれているとはいえない筆者には、本書が対象とした人物たちの領域横断的な思考とその単純とはいえない知的文脈をつかむこと自体、とにかく苦しい作業であった。関連する文献と資料はひたすら膨らみ、執筆中はずいぶん余計な回り道をしているのではないかという気分に襲われたが、いま振り返ると、むしろもっともっと回り道が必要であったとの思いの方がはるかに大きい。はたして本書が当初自分の立てた目標に接近しえているかどうかは甚だ心許ないが、読者からのご批判を待って今後のさらなる研究の糧としたい。

本書の執筆過程では折にふれて本当に多くの方にお世話になった。中山智香子先生にお声がけいただいた科研費の二つの共同研究（「統治思想としての〈オイコノミア〉——戦間期・社会経済思想の複合的研究」、「世界システムとオイコノミア——大戦間期の貨幣論の生態的・人類学的考察」）では、経済学者だけでなく、哲学者から歴史学者、人類学者まで、国内外のさまざまなフィールドで独自の方法にもとづき知を探究する方々とご一緒する機会に恵まれた。みなさんには研究会や合評会、フィールドワークの折に自分に致命的なほど欠けている視点を突いていただき、また凝り固まった思考をほぐしていただいた。加えて中山先生には、グラスゴーにあるストラスクライド大学のパトリック・ゲデスのアーカイブを訪れた際に、アーカイブ・ワークのノウハウを実地で教えていただいたりもした。もっとも、これらの共同研究で得た経験を本書に十分に活かしきれたかといえば、かならずしもそうではない。むしろこれから、学問的方法のあり方を含め、本格的に自己批判する作業をはじめなければと思う。

英文学者の川端康雄先生には、二〇一九年に開かれたラスキン生誕二〇〇年記念シンポジウム「ラスキンと気候変動」に聴衆の一人として参加した折にはじめてお目にかかったにもかかわらず、ラスキンの貴重な資料を快く提供してくださり、また後には『ラスキン文庫たより』に寄稿する機会をいただいた。ラスキンを主人公の一人とする本書がささやかでもご恩に報いるものになっていることを祈るばかりである。

また、本書の元となったアイディアについては、経済学史学会や社会思想史学会で報告の機会をもつことができた。勤務先である福山市立大学の教員有志でつくる「思想系研究会」でも部分的に発表させていただいた。およそ完成度が高いとはいえない生煮えの報告にもかかわらず、討論者を務めていただいた先生、鋭い質問やコメントをしてくださった参加者の皆さまにはこの場を借りて感謝申し上げたい。本書の構想を聞いてもらった院生時代からの友人たちも含め、他にも多くの方が思い浮かぶが、遺漏があるといけないので、一人ひとりのお名前をすべて挙げることは控えさせていただく。

なお本書には、科学研究費助成事業（課題番号15H03163、18H00619、21K00091）、および福山市立大学の教員基盤研究費の研究成果が反映されている。また、本書の一部については、『現代思想』に寄稿した下記の三つの論考を利用したが、いずれも原型をとどめないほどに大幅な加筆・修正を行った。

・「フレデリック・ソディと〈破局〉の経済思想――原子力・気候工学・金融化」（二〇一五年九月

号、「特集＊絶滅」）
・「人新世と気候工学」（二〇一七年一二月号、「特集＊人新世」）
・「思想史のなかの気候変動――化石経済をめぐるジェヴォンズとラスキンの省察」（二〇二〇年三月号、「特集＊気候変動」）

これらに加えて『現代思想』二〇二二年二月号（「特集＊家政学の思想」）では、重田園江先生と「エコノミーとエコロジーの思想史――経済学が不可視化したものを掘りおこす」と題して対談をさせていただいた。本書の内容とも大きく重なるテーマを設定していただいたにもかかわらず、重田先生から繰り出されるお話や問いかけに応答するのが精いっぱいであったが、この経験も本書を仕上げるうえで大きな刺激となった。

なにより、これらの特集の頃からお世話になり、本書の編集を担当いただいた村上瑠梨子さんには特別に感謝を申し上げなければならない。村上さんは少しの誇張もなく本書の生みの親であり、前著の刊行からお会いするたびに、筆者の問題関心（そして、さまざまなどうでもよい愚痴）をニコニコ聞いてくださり、いつも面白がってくれた。誰かに面白がってもらえることが、なにかと思い悩み、進むべき方向を見失うことがあまりに多い筆者には、なによりの原動力であった。とにかくノロノロと不器用なしかたでしか、読んだり書き進めたりできないわたしを励まし、最後までいっさい手を抜くことなく（ダメ出しを含め）丁寧に伴走していただいた。多少ともわたしの意図が伝わる本になっているとすれば、それはすべて村上さんのおかげである。本当にありがとうございました。

最後に、これまた執筆における迷いや動揺をしばしば容赦なく家庭に持ち込んでしまうわたしに、いつも寛容でいてくれた家族に本書をささげたい。

二〇二二年一二月　尾道の自宅にて

桑田学

桑田 学（くわた・まなぶ）
1982年生まれ。東京大学大学院総合文化研究科博士課程修了。博士（学術）。東京大学大学院総合文化研究科特任研究員などを経て、現在福山市立大学都市経営学部准教授。
著書に『経済的思考の転回——世紀転換期の統治と科学をめぐる知の系譜』（以文社、2014年。経済学史学会研究奨励賞）、共著に、橋本努編『現代の経済思想』（勁草書房、2014年）、吉永明弘＋福永真弓編『未来の環境倫理学』（勁草書房、2018年）、S. Egashira, M. Taishido, D. Wade Hands and U. Mäki (eds.) *A Genealogy of Self-Interest in Economics* (Springer、2021年) 他がある。

人新世の経済思想史
生・自然・環境をめぐるポリティカル・エコノミー

2023年1月26日　第1刷印刷
2023年2月7日　第1刷発行

著者　桑田 学

発行者　清水一人
発行所　青土社
東京都千代田区神田神保町1-29　市瀬ビル　〒101-0051
電話　03-3291-9831（編集）　03-3294-7829（営業）
振替　00190-7-192955

組版　フレックスアート
印刷・製本所　双文社印刷

装幀　佐野裕哉

Printed in Japan
ISBN978-4-7917-7534-7

索引

さ行

た行

な行

は行

ま行

や行

ら行

わ行

参考文献

【ラスキン】

ラスキンからの引用はすべて *The Works of John Ruskin,* 39 Vols., E.T. Cook and Alexander Wedderburn eds., London: G. Allen, 1903-1912から行い、一部を除いて巻・頁数のみを記した。なお、以下の翻訳のあるものは参照したが、文脈に応じて適宜修正を加えてある。ラスキンの難渋な英文は訳書なしには十分に読み解けなかった。翻訳者の多大な努力に心して感謝申し上げたい。

『芸術の真実と教育――近代画家論・原理編Ⅰ』内藤史朗訳、法藏館、二〇〇三年

『構想力の芸術思想――近代画家論・原理編Ⅱ』内藤史朗訳、法藏館、二〇〇三年

『風景の思想とモラル――近代画家論・風景編』内藤史朗訳、法藏館、二〇〇二年

『ヴェネツィアの石』井上義夫編訳、みすず書房、二〇一九年

『ゴシックの本質』川端康雄訳、みすず書房、二〇一一年

『この最後の者にも　ごまとゆり』飯塚一郎＋木村正身訳、中央クラシックス、二〇〇八年

『ラスキン政治経済論集』宇井丑之介訳、史泉房、一九八一年

『一九世紀の嵐雲』高橋昭子＋竹中隆一訳、野に咲くオリーブの会、二〇〇〇年

【ゲデス】

Geddes, Patrick（1881a）'The Classification of Statistics and Its Result,' *Proceedings of the Royal Society of Edinburgh* 11: 295-322

――――（1881b）'Economics and Statistics, Viewed from the Standpoint of the Preliminary Sciences,' *Nature* 24, 29th September 1881: 523-526

――――（1882a）'On the Nature and Functions of the 'Yellow Cells' of Radiolarians and Coelenterates,' *Proceedings of the Royal Society of Edinburgh* 11: 377-396

――――（1882b）'Further Researches on Animals Containing Chlorophyll,' *Nature* 25, 26th January 1882: 303-305

———— (1882c) 'Researches on Animals Containing Chlorophyll,' *Nature* 25, 16th February 1882: 361-362

———— (1884a) 'An Analysis of the Principles of Economics,' *Proceedings of the Royal Society of Edinburgh* 12: 943-980

———— (1884b) *John Ruskin, Economist*, W. Brown, Edinburgh

———— (1885) 'Discussion: Mr. Patrick Geddes (Edinburgh Social Union),' *Industrial Conference 1885; The Remuneration of Capital and Labour,* Gassell & Company: 240-242

———— (1886) 'On the Conditions of Progress of the Capitalist and of the Labourer,' *The Claims of Labour*, Edinburg: Co-operative Printing Company Ltd, 74-111

———— (1888a) *Co-operation versus Socialism, The Cooperative Wholesale Societies Ltd. Annual for 1888*, Manchester: The Cooperative Wholesale Society Ltd, 285–308

———— (1888b) 'Biology,' *Chambers's Encyclopedia: A Dictionary of Universal Knowledge* (New Edition), Vol.2, London and Edinburgh: William & Robert Chambers, 155-162

———— (1888c) 'Darwinian Theory,' *Chambers's Encyclopedia: A Dictionary of Universal Knowledge* (New Edition), Vol.3, London and Edinburgh: William & Robert Chambers, 685-690

———— (1893) *Chapters in Modern Botany,* New York: Charles Scribner's Sons

———— (1898) 'The Influence of Geographical Conditions on Social Development', *The Geographical Journal* 12(6): 580-587

———— (1908) 'Boundaries and Frontiers: Their Origin and Their Significance,' *The Westminster Review* 169(3): 258-260

———— (1912) 'The Twofold Aspect of the Industrial Age: Paleotechnic and Neotechnic,' *The Town Planning Review* 3(3): 176-187

———— (1915) *Cities in Evolution: An Introduction to the Town Planning Movement and to the Study of Civics,* London: Williams & Norgate(西村一朗訳『進化する都市——都市計画運動と市政学への入門』鹿島出版会、二〇一五年)

———— (1920) 'Essentials of Sociology in Relation to Economics,' *Indian Journal of Economics* 3(1): 1-56; 3(3): 259-303

———— (1949) 'Geddes' Final Dundee Lecture: A Botanist Looks at the World,' *Cities in Evolution*, (New and Revised Edition), London: Williams & Norgate, 214-230

———— (1979a) [1904] 'Civics: As Applied Sociology,' *Sociological Papers 1904* (Reprinted), H. Meller ed., *The Ideal* City, Leicester University Press, 75-103

———— (1979b) [1905] 'Civics: As Concrete and Applied Sociology,' *Sociological Papers 1905* (Reprinted) H. Meller ed. *The Ideal City,* Leicester University Press, 123-174

Geddes, Patrick and Slater, Gilbert（1917）*The Making of the Future: Ideas at War,* London: Williams and Norgate
Geddes, Patrick and Thomson, John A.（1898）*The Evolution of Sex*, London : Walter Scott
————（1911）*Evolution*, London: Williams and Norgate
————（1925）*Biology,* London: Williams and Norgate
————（1931）*Life: Outlines of General Biology,* 2 Vols. London: Williams and Norgate

【ソディ】

Soddy, Frederick（1903）'Some Recent Advances in Radioactivity,' *The Contemporary Review*, 83: 708-720
————（1920a）*Science and Life: Aberdeen Addresses,* London: John Murray
————（1920b）'Economic "Science" from the Standpoint of Science,' *The Guildsman,* July, 1920, 3-4
————（1922）*Cartesian Economics: The Bearing of Physical Science upon State Stewardship,* London: Hendersons
————（1924）*The Inversion of Science and a Scheme of Scientific Reformation,* London: Hendersons
————（1926）*Wealth, Virtual Wealth and Debt: The Solution of the Economic Paradox,* London: G. Allen & Unwin
————（1927）*The Wrecking of a Scientific Age*, London: Hendersons
————（1928）*The Impact of Science upon an Old Civilisation*, London: Hendersons
————（1931）*Money Versus Man,* London: Elkin Mathews & Marrot
————（1934）*The Role of Money: What It Should Be, Contrasted with What It Has Become*, London: George Routledge and Sons
————（1935）'Foreword,' D. Hall ed., *The Frustration of Science,* New York: Arno Press, 7-9
————（1983）［1912］'Transmutation: The Vital Problem of the Future,' *Scientia* XI（Reprinted）, George B. Kauffman ed., *Frederick Soddy（1877-1956）Early Pioneer in Radiochemistry,* Springer, 3-17

【洋語文献】

Albritton, Vicky and Jonsson, Fredrik A.（2016）*Green Victorians: The Simple Life in John Ruskin's Lake District,* Chicago: The University of Chicago Press
Alexander, Edward（1969）'Ruskin and Science,' *The Modern Language Review* 64（3）: 508-521
Anon.（1877）'Economic Science and the British Association,' *Journal of the Statistical Society*

40（3）: 468-476

Anthony, Peter D.（1983）*John Ruskin's Labour: A Study of Ruskin's Social Theory,* Cambridge: Cambridge University Press

Atwood, Sara（2019）'The Assumption of the Dragon: Ruskin's Mythic Vision,' L.W. Mazzeno and R.D. Morrison eds., *Victorian Environmental Nightmares,* London: Palgrave Macmillan, 25-44

Backhouse, Roger E. and Medema Steve G.（2009）'Defining Economics: The Long Road to Acceptance of the Robbins Definition,' *Economica* 76（1）: 805-820

Bannister, Robert C.（1979）*Social Darwinism: Science and Myth in Anglo-American Social Thought,* Philadelphia: Temple University Press

Becker, Gary S.（1976）*The Economic Approach to Human Behavior*, Chicago: University of Chicago Press.

Blaug, Mark（1985）*Economic Theory in Retrospect*（Fourth Edition）, Cambridge: Cambridge University Press

Boardman, Philip（1978）*The Worlds of Patrick Geddes: Biologist, Town Planner, Re-educator, Peace-warrior*, London: Routledge & Kegan Paul

Bonneuil, Christophe（2015）'The Geological Turn: Narratives of the Anthropocene,' Clive Hamilton et al. eds., *The Anthropocene and the Global Environmental Crisis: Rethinking Modernity in a New Epoch,* London: Routledge, 17-31

Bonneuil, Christophe and Fressoz, Jean-Baptiste（2016）*The Shock of the Anthropocene: The Earth, History and Us*, Translated by David Fernbach, London: Verso（野坂しおり訳『人新世とは何か』青土社、二〇一八年〔訳書の底本はフランス語版〕）

Bowler, Peter J.（1988）*The Non-Darwinian Revolution: Reinterpreting a Historical Myth*, The Johns Hopkins University Press（松永俊男訳『ダーウィン革命の神話』朝日新聞社、一九九二年）

Chakrabarty, Dipesh（2009）'The Climate of History: Four Theses,' *Critical Inquiry* 35（2）（winter）: 197-222

Cockram, Gill G.（2007）*Ruskin and the Social Reform: Ethics and Economics in the Victorian Age*, London: Bloomsbury

Cole, George Douglas Howard（1920）*Guild Socialism Restated*, London: Leonard Parsons

Craig, David M.（2006）*John Ruskin and the Ethics of Consumption,* Charlottesville and London: University of Virginia Press

Cristensen, Paul（2001）'Early Links between Sciences of Nature and Economics: Historical Perspectives for Ecological and Social Economics,' in Culter J. Cleveland et al. eds., *The*

Economics of Nature and the Nature of Economics, Cheltenham: Edward Elgar, 15-33

———— (2009) 'History of Energy in Economic Thought,' in Culter, J. Cleaveland ed., *Concise Encyclopedia of History of Energy,* London: Elsevier, 53-64

Crookes, William (1898) 'Address of the President before the British Association for the Advancement of Science, Bristol, 1898,' *Science,* New Series, 8(200): 561-575

Crutzen, Paul J. and Stoermer, Eugene F. (2000) 'The "Anthropocene",' *Global Change Newsletter* 41: 17-18

Crutzen, Paul J. (2002) 'Geology of Mankind,' *Nature,* 415: 23

Cumming, Elizabeth (2004) 'Patrick Geddes: Cultivating the Garden of Life,' F. Fowle and B. Thomson eds., *Patrick Geddes: The French Connection,* Oxford: White Cockade Publishing, 13-26

Curtin, Frank Daniel (1940) 'Aesthetics in English Social Reform: Ruskin and His Followers,' Herbert Davis et al. eds., *Nineteenth-Century Studies,* New York: Cornell University Press, 199-245

Daggett, Cara New (2019) *The Birth of Energy: Fossil Fuels, Thermodynamics, and the Politics of Work,* Durham and London: Duke University Press

Darwin, Charles (1998) [1859] *The Origin of Species,* Hertfordshire: Wordsworth Editions Limited（八杉龍一訳『種の起原』〔上・下〕岩波文庫、一九九〇年）

Davis, Mike (2010) 'Who will Build the Ark,' *New Left Review* 61: 30-46

Day, Brian J. (2005) 'The Moral Intuition of Ruskin's "Storm-Cloud",' *Studies in English Literature 1500-1900,* 45(4): 917-921

Daly, Herman E. (1980) 'The Economic Thought of Frederick Soddy,' *History of Political Economy* 12(4): 469-488

Douglas, Clifford Hugh (1919) *Economic Democracy,* New York: Harcourt, Brace and Howe（宮沢さかえ訳「経済民主主義」〔上・中・下〕『自由経済研究』第三二、三三、三五号、二〇〇八－二〇一〇年）

———— (1921) *Credit Power and Democracy, with a Draft Scheme for the Mining Industry,* London: Cecil Palmer

———— (1924) *Social Credit,* London: Cecil Palmer

Finlay, John L. (1972) *Social Credit: The English Origins,* Montreal: McGill-Queen's University Press

Finley, Moses I. (1985) *The Ancient Economy* (Second Edition), London: Hogarth

Foster, John Bellamy (2020) *The Return of Nature: Socialism and Ecology,* New York: Monthly Review Press

Fowle, Frances and Thomson Belinda eds., (2004) *Patrick Geddes: The French Connection,* Oxford:

White Cockade Publishing

Foxwell, Herbert S.（1887）'The Economic Movement in England,' *The Quarterly Journal of Economics* 2(1): 84-103

Gaitskell, Hugh（1933）'Four Monetary Heretics,' G. D. H. Cole ed., *What Everybody Wants to Know About Money*, London: Victor Gollancz Ltd, 343-413

Garnett, Jane（2000）'Political and Domestic Economy in Victorian Social Thought: Ruskin and Xenophon,' S. Collini, R. Whatmore, and B. Young eds., *Economy, Polity, and Society: British Intellectual History 1750-1950,* Cambridge: Cambridge University Press, 205-223

Georgescu-Roegen, Nicholas（1966）［1960］'Economic Theory and Agrarian Economics,' *Oxford Economic Papers*, 12(1), reprinted in *Analytical Economics,* Cambridge: Harvard University Press, 359-397

———（1969）［1965］"The Institutional Aspects of Peasant Communities: An Analytical View,"（Reprinted）Wharton C.R. Jr.（ed.）, *Subsistence Agriculture and Economic Development,* Proceedings of an International Seminar, Honolulu, 1965, Chicago: Aldine Publishing Company, 61-99

———（1971）*The Entropy Law and the Economic Process,* Harvard University Press（高橋正立＋神里公他訳『エントロピー法則と経済過程』みすず書房、一九九三年）

———（1976）*Energy and Economic Myths: Institutional and Analytical Economic Essays,* New York: Pergamon Press

———（2011）［1989］'Quo Vadis Homo Sapiens-sapiens ?,' M. Bonaiuti ed., *From Bioeconomics to Degrowth,* London: Routledge, 158-170

Graeber, David（2011）*Debt: The First 5000 Years,* New York: Melville House（酒井隆史監訳『負債論――貨幣と暴力の５０００年』以文社、二〇一六年）

Guston, David（2012）'The Pumpkin or the Tiger? Michael Polanyi, Frederick Soddy, and Anticipating Emerging Technologies,' *Minerva* 50(3): 363-379

Hall, Peter（2014）*Cities of Tomorrow: An Intellectual History of Urban Planning and Design Since 1880*（Fourth Edition）, Oxford: Wiely-Blackwell

Harris, Jose（1999）'Ruskin and Social Reform,' in Dinah Birch ed., *Ruskin and the Dawn of the Modern*, Oxford: Oxford University Press, 7-33.

Hattersley, C. Marshall（1929）*This Age of Plenty: Its Problems and Their Solution,* London: Sir Isaac Pitman & Sons

Henderson, Willie（2000）*John Ruskin's Political Economy,* London: Routledge

Hewison, Robert.（1996）'"Paradise Lost": Ruskin and Science,' M. Wheeler ed., *Time & Tide: Ruskin and Science,* London: Pilkington Press, 29-44

Hornborg, Alf（2011）*Global Ecology and Unequal Exchange: Fetishism in a Zero-Sum World,* New York: Routledge

Howorth, Muriel（1958）*Pioneer Research on the Atom: Rutherford and Soddy in A Glorious Chapter of Science,* London: New World Publications

Howson, Susan（2004）'The Origins of Lionel Robbins's *Essay on the Nature and Significance of Economic Science, History of Political Economy* 36(3): 413-443

Hutchinson, Frances and Burkitt, Brain（1997）*The Political Economy of Social Credit and Guild Socialism,* London: Routledge

Illich, Ivan（2013）［1983］'The Social Construction of Energy,' S. Samuel ed., *Beyond Economics and Ecology: The Radical Thought of Ivan Illich,* London: Marion Boyars, 105-123

Ingram, John K.（1888）*A History of Political Economy,* Edinburgh: Adam & Charles Black

————（1962）［1878］'The Present Position and Prospects of Political Economy', R.L. Smyth ed., *Essays in Economic Method: Selected Papers Read to Section F of the British Association for the Advancement of Science 1860-1913,* London: Gerald Duckworth, 41-72

Innes, A. Mitchell（2004a）［1913］, 'What is Money,' L. Randall Wray ed., *Credit and State Theories of Money: The Contributions of A. Mitchell Innes*, Cheltenham: Edward Elger Publishing, 14-49

————（2004b）［1914］, 'The Credit Theory of Money,' L. Randall Wray ed., *Credit and State Theories of Money: The Contributions of A. Mitchell Innes,* Cheltenham: Edward Elger Publishing, 50-78

Jenkin, John G.（2011）'Atomic Energy is "Moonshine": What did Rutherford *Really* Mean?,' *Physics in Perspective,* 13(2): 128-145

Jevons, William Stanley（1866a）*The Coal Question. An Inquiry Concerning the Progress of the Nation, and the Probable Exhaustion of Our Coal-Mines*（Second Edition）, London: Macmillan and Co.

————（1866b）'Brief Account of a General Mathematical Theory of Political Economy,' *Journal of the Royal Statistical Society* 29: 282-287

————（1888）*The Theory of Political Economy*（Third Edition）, London: Macmillan and Co（小泉信三＋寺尾琢磨＋永田清訳『経済学の理論』日本経済評論社、一九八一年〔訳書の底本は第四版〕）

————（1981）'On the Probable Exhaustion of Our Coal Mines,' in R. D. Collison Black ed., *Papers and Correspondence of William Stanley Jevons* Vol. 7, London: Macmillan, 28-35

Jones, Greta（1980）*Social Darwinism and English Thought: The Interaction between Biological and Social Theory,* Sussex: The Harvester Press

Jonsson, Fredrik Albritton（2008）'The Natural Origins of Economics. By Margaret Schabas,'

Business History Review 82(3), 651-653

――――（2012）'The Industrial Revolution in the Anthropocene,' *The Journal of Modern History* 84(3): 679-696

――――（2017）'Political Economy,' Mark Bevir ed., *Historicism and the Human Sciences in Victorian Britain,* Cambridge: Cambridge University Press, 186-210

Joule, James Prescott（1884）［1847］'On Matter, Living Force, and Heat,' *The Scientific Papers of James Prescott Joule,* Vol.1, London: Taylor & Francis, 265-276

Keynes, John Maynard（1914）'What is Money? By A. Mitchell Innes,' review article *Economic Journal* 24(95), Sep: 419-421

――――（1973）［1936］*The General Theory of Employment, Interest and Money,* The Collected Writings of John Maynard Keynes, Cambridge: Cambridge University Press（間宮陽介訳『雇用、利子および貨幣の一般理論』〔上・下〕岩波書店、二〇〇八年）

Knight, Frank（1927）'Review of *Wealth, Virtual Wealth and Debt,*' *The Saturday Review of Literature,* 16th April 1927: 732

Koerner, Lisbet（1999）*Linnaeus: Nature and Nation,* Cambridge: Harvard University Press

Law, Alex（2005）'The Ghost of Patrick Geddes: Civics as Applied Sociology,' *Sociological Research Online* 10(2)

Leshem, Dotan（2013）'Oikonomia Redefined,' *Journal of the History of Economic Thought* 35(1): 43-61

Linnaeus, Carl（1977）*Miscellaneous Tracts Relating to Natural History, Husbandry and Physick,* Translated by Benjamin Stillingfleet, New York: Arno Press

MacDonald, Graham A.（2012）'The Politics of the Golden River: Ruskin on Environment and the Stationary State,' *Environment and History* 18(1): 125-150

MacDonald, Murdo（2020）*Patrick Geddes's Intellectual Origins,* Edinburgh: Edinburgh University Press

MacDuffie, Allen（2014）*Victorian Literature, Energy, and the Ecological Imagination,* Cambridge: Cambridge University Press

Macleod, Henry Dunning（1883）*The Theory and Practice of Banking*（Fourth Edition）, Vol.1, London: Longmans, Green, Reader and Dyer

――――（1893）*The Theory of Credit*（Second Edition）, Vol.1, London: Longmans, Green

――――（1894）*The Theory of Credit*（Second Edition）, Vol.2, London: Longmans, Green

Macpherson, Crawford B.（1962）*Democracy in Alberta: Social Credit and the Party System*（Second Edition）, Toronto: University of Toronto Press

Madureira Nuno Luis（2012）'The Anxiety of Abundance: William Stanley Jevons and Coal

Scarcity in the Nineteenth Century,' *Environment and History* 18(3): 395-421

Malm, Andreas and Hornborg, Alf (2014) 'The Geology of Mankind? A Critique of the Anthropocene Narrative,' *The Anthropocene Review* 1(1): 62-69

Malm, Andreas (2016) *Fossil Capital: The Rise of Steam Power and the Roots of Global Warming*, London: Verso

Malthus, Thomas Robert (1986) *An Essay on the Principle of Population*, in E.A. Wrigley and David Souden eds., *The Works of Thomas Robert Malthus*, Vol.1, London: William Pickering (永井義雄訳『人口論』中公文庫、一九七三年)

Martinez-Alier, Juan (1987) *Ecological Economics: Energy, Environment and Society*, Oxford: Blackwell (工藤秀明訳『エコロジー経済学――もうひとつの経済学の歴史(増補改訂新版)』新評論、一九九九年)

Mayumi, Kozo (2020) *Sustainable Energy and Economics in an Aging Population*, Cham: Springer.

Meller, Helen (1990) *Patrick Geddes: Social Evolutionist and City Planner*, London: Routledge.

Merricks, Linda (1996) *The World Made New: Frederick Soddy, Science, Politics, and Environment*, Oxford: Oxford University Press.

Mill, John Stuart (1965) [1848] *Principles of Political Economy: With Some of Their Applications to Social Philosophy*, *Collected Works of John Stuart Mill*, Vol. 2-3, Toronto: University of Toronto Press (末永茂喜訳『経済学原理』〔第1-5〕岩波文庫、一九五九-一九六三年)

―――― (1967) [1836] 'On the Definition of Political Economy and on the Method of Investigation Proper to It', *Collected Works of John Stuart Mill*, Vol.4, Toronto: University of Toronto Press, 309–39 (末永茂喜訳『経済学試論集』岩波文庫、一九三六年)

―――― (1969) [1874] 'Nature', *Collected Works of John Stuart Mill*, Vol.10, Toronto: University of Toronto Press 373–402 (ヘレン・テイラー編、大久保正健訳『宗教をめぐる三つのエッセイ』勁草書房、二〇一一年)

Mirowski, Philip (1988) *Against Mechanism: Protecting Economics from Science, Lanham:* Rowman & Littlefield

―――― (1989) *More Heat than Light: Economics as Social Physics, Physics as Nature's Economics*, Cambridge: Cambridge University Press

Moore, Jason W. (2015) *Capitalism in the Web of Life: Ecology and the Accumulation of Capital*, London: Verso (山下範久監訳『生命の網のなかの資本主義』東洋経済新報社、二〇二一年)

Mosselmans, Bert (1999) 'Reproduction and Scarcity: The Population Mechanism in Classicism and in the "Jevonian Revolution",' *The European Journal of the History of Economic Thought*, 6(1): 34-57

Mumford, Lewis（1979）*My Works and Days: A Personal Chronicle*, New York: Harcourt Brace Jovanovich

Myers, Creg（1989）'Nineteenth-Century Populizations of Thermodynamics and the Rhetoric of Social Prophecy,' in P. Brantlinger ed. *Energy and Entropy: Science and Culture in Victorian Britain,* Bloomington: Indiana University Press, 307-338

Nakayama, Chikako and Kuwata, Manabu（2020）'An Investigation of the Social and Credit Theory of Money, Focussing on the Contemporary Situation of Monetary Sovereignty,' *International Journal of Community Currency Research*, 24（2）: 89-100

New Age（1920）'Notes of the Week,'11th March 1920: 297-299

O'Gorman, Francis（1999）'Ruskin's Science of the 1870s: Science, Education, and the Nation,' Dinah Birch ed., *Ruskin and the Dawn of the Modern,* Oxford: Oxford University Press, 35-55

Orage, Alfred Richard ed.,（1914）*National Guilds: An Inquiry into the Wage System and the Way Out,* London: G. Bell

Otter, Chris et al.（2018）'Roundtable: The Anthropocene in British History,' *Journal of British Studies* 57: 568-596

Patalano, Rosario（2017）'The Gesell Connection during the Great Depression,' *Journal of the History of Economic Thought* 39（3）: 349-379

Pearce, Trevor（2010a）'"A Great Complication of Circumstances": Darwin and the Economy of Nature,' *Journal of the History of Biology* 43（3）: 493-528

――――（2010b）'From 'Circumstances' to 'Environment': Herbert Spencer and the Origins of the Idea of Organism-environment Interaction,' *Studies in History and Philosophy of Biological and Biomedical Sciences* 41（3）: 241-252

Polanyi, Karl（1968）［1947］'Our Obsolete Market Mentality: Civilization Must Find a New Thought Pattern,' in G. Dalton ed., *Primitive, Archaic, and Modern Economies: Essays of Karl Polanyi,* New York: Anchor Books, 59-77（玉野井芳郎＋平野健一郎編訳『経済の文明史』ちくま学芸文庫、二〇〇三年、四九－七九頁）

――――（1957）'Aristotle Discovers the Economy,' C. Arensberg, K. Polanyi, H. Pearson, eds., *Trade and Market in the Early Empires: Economy in History and Theory,* Glencoe, Illinois, The Free Press, p.64-94（玉野井芳郎＋平野健一郎編訳『経済の文明史』ちくま学芸文庫、二〇〇三年、二六一－三二八頁）

――――（1977）*The Livelihood of Man,* H. Pearson ed., New York: Academic Press（玉野井芳郎＋栗本慎一郎訳『人間の経済Ⅰ』および玉野井芳郎＋中野忠訳『人間の経済Ⅱ』岩波書店、一九八〇年）

——— （2001）［1944］*The Great Transformation: The Political and Economic Origins of Our Time,* Boston: Beacon Press（野口建彦＋栖原学訳『［新訳］大転換』東洋経済新報社、二〇〇九年）

——— （2014）*For a New West: Essays, 1919-1958,* G. Resta and M. Catanzariti eds., Cambridge: Polity Press（福田邦夫他訳『ポランニー・コレクション 経済と自由——文明の転換』ちくま学芸文庫、二〇一五年）

Prigogine, Ilya and Stengers, Isabelle（1984）*Order Out of Chaos: Man's New Dialogue with Nature,* New York: Bantam Books（伏見康治＋伏見譲＋松枝秀明訳『混沌からの秩序』みすず書房、一九八七年）

Pullen, John M. and Smith, Greg O.（1997）'Major Douglas and Social Credit: A Reappraisal,' *History of Political Economy* 29(2): 219-273

Rabinbach, Anson（1992）*The Human Motor: Energy, Fatigue, and the Origins of Modernity,* California: University of California Press

Rausing, Lisbet（2003）'Underwriting the Oeconomy: Linnaeus on Nature and Mind,' M. Schabas and N. De Marchi eds. *Oeconomies in the Age of Newton,* Durham: Duke University Press, 173-203

Reckitt, Maurice B. and Bechhofer, Carl E.（1920）*The Meaning of National Guilds*（Second Edition）, London: Cecil Palmer & Hayward

Reclus, Elisée（1995）［1895］*The Evolution of Cities*（Reprinted）, Petersham: Jura Books

Renner, A., Daly, H. and Mayumi, K.（2021）'The Dual Nature of Money: Why Monetary Systems Matter for Equitable Bioeconomy,' *Environmental Economics and Policy Studies* 23: 749-760

Reno, Seth T.（2020）*Early Anthropocene Literature in Britain, 1750-1884*, Switzerland: Palgrave Macmillan

Renwick, Chris（2010）'Patrick Geddes and the Politics of Evolution,' *Endeavour* 34(4): 151-156

——— （2012）*British Sociology's Lost Biological Roots: A History of Futures Past,* London: Palgrave Macmillan

Reynolds, Siân（2004）'Patrick Geddes's French Connections in Academic and Political Life: Networking from 1878 to the 1900s,' F. Fowle and B. Thomson eds., *Patrick Geddes: The French Connection,* Oxford: White Cockade Publishing, 69-82

Ricardo, David（1951）［1817］*On the Principles of Political Economy and Taxation,* P. Sraffa and M.H. Dobb eds., *The Works and Correspondence of David Ricardo*, Vol.1, Cambridge: Cambridge University Press（羽鳥卓也＋吉沢芳樹訳『経済学および課税の原理』（上・下）岩波文庫、一九八七年）

Rosenberg, John D.（1986）*The Darkening Glass: A Portrait of Ruskin's Genius,* New York: Columbia University Press.

Ruddiman, William F.（2003）'The Anthropogenic Greenhouse Era Began Thousands of Years Ago,' *Climatic Change* 61: 261-293

Rutherford, Ernest and Soddy, Frederick（2014）［1903］'Radioactive Change,' *The Collected Papers of Lord Rutherford of Nelson*: Vol.1, London: Routledge, 596-608

Ryley, Peter（2013）*Making Another World Possible: Anarchism, Anti-Capitalism, and Ecology in Late 19th and early 20th Century Britain,* London: Bloomsbury

Samyn, Jeanette（2020）'Intimate Ecologies: Symbioses in the Nineteenth Century,' *Victorian Literature and Culture* 48(1): 243-265

Sapp, Jan（1994）*Evolution by Association: A History of Symbiosis*, Oxford: Oxford University Press

Sclove, Richard E.（1989）'From Alchemy to Atomic War: Frederick Soddy's "Technology Assessment" of Atomic Energy, 1900-1915,' *Science, Technology & Human Values* 14(2): 163-194

Scott, John and Blomley, Ray（2013）*Envisioning Sociology: Victor Branford, Patrick Geddes, and the Quest for Social Reconstruction,* New York: The State University of New York Press

Schabas, Margaret（2005）*The Natural Origins of Economics,* Chicago: University of Chicago Press

Schumpeter, Joseph A.（1994）［1954］*History of Economic Analysis,* Oxford: Oxford University Press（東畑精一＋福岡正夫訳『経済分析の歴史』〔上・中・下〕岩波書店、二〇〇六年）

Seccareccia, Mario（1997）'Early Twentieth-Century Heterodox Monetary Thought,' A. J. Cohen et al. eds., *Money, Financial Institutions and Macroeconomics*, New York: Springer, 125-139

Shaw, Michael（2018）'Aestheticism and Decadence in Patrick Geddes's Socioeconomics,' in W. Parkins ed., *Victorian Sustainability in Literature and Culture*, London: Routledge, 165-179

Sherburne, James Clark（1972）*John Ruskin, or the Ambiguities of Abundance: A Study in Social and Economic Criticism*, Cambridge: Harvard University Press

Skaggs, Neil T.（1997）'Henry Dunning Macleod and the Credit Theory of Money,' A. J. Cohen et al. eds., *Money, Financial Institutions and Macroeconomics*, New York: Springer, 109-123

Smith, Crosbie（1998）*The Science of Energy: A Cultural History of Energy Physics in Victorian Britain,* London: Athlone

Smith, Crosbie and Wise, M. Norton（1989）*Energy and Empire: A Biographical Study of Lord Kelvin,* Cambridge: Cambridge University Press

Spencer, Herbert（1851）*Social Statics: or, the Conditions Essential to Human Happiness Specified, and*

the First of Them Developed, London: John Chapman

——— (1852) 'A Theory of Population, Deduced from the General Law of Animal Fertility,' *Westminster Review,* 57: 468-501

Steffen, Will et al., (2007) 'The Anthropocene: Are Humans Now Overwhelming the Great Forces of Nature,' *AMBIO: A Journal of the Human Environment* 36(8): 614-621

Stephen, Will et al., (2015) 'The Trajectory of the Anthropocene: The Great Acceleration,' *The Anthropocene Review* 2(1): 81-98

Studholme, Maggie (2007) 'Patrick Geddes: Founder of Environmental Sociology,' *The Sociological Review* 55(3): 441-459

Thomson, William (1852) 'XLVII. On a Universal Tendency in Nature to the Dissipation of Mechanical Energy,' *The London, Edinburgh, and Dublin Philosophical Magazine and Journal of Science* 4/25: 304-306

——— (1891) [1862] 'On the Age of the Sun's Heat,' in *Popular Lectures and Addresses* (Second Edition), Vol.1, Cambridge: Cambridge University Press, pp.356-375

Trenn, Thaddeus J. (1979) 'The Central Role of Energy in Soddy's Holistic and Critical Approach to Nuclear Science, Economics, and Social Responsibility,' *The British Journal for the History of Science,* 12(3): 261-276

Tribe, Keith (2006) 'Margaret Schabas, *The Natural Origins of Economics*,' *Economic History Review,* LIX(4): 875-876

——— (2015) *The Economy of the Word: Language, History, and Economics,* New York: Oxford University Press

Tyndall, John (1864) *Heat Considered as a Mode of Motion*, New York: D. Appleton and Company

Walker, Jeremy (2020) *More Heat than Life: The Tangled Roots of Ecology, Energy, and Economics,* Singapore: Palgrave Macmillan

Walras, Leon (1965) *Correspondence of Léon Walras and Related Papers,* Vol.1, Edited by W. Jaffé, Amsterdam, North-Holland Pub. Co

Weart, Spencer R. (1988) *Nuclear Fear: A History of Images,* Harvard: Harvard University Press

Welter, Volker M. (2002) *Biopolis: Patrick Geddes and the City of Life*, London: MIT Press

White, Michael V. (2004) 'In the Lobby of the Energy Hotel: Jevons's Formulation of the Postclassical "Economic Problem,' *History of Political Economy* 36(2): 227-271

Winch, Donald (2009a) *Wealth and Life: Essays on the Intellectual History of Political Economy in Britain, 1848-1914,* Cambridge: Cambridge University Press

——— (2009b) 'Thinking Green, Nineteenth-Century Style: John Stewart Mill and John Ruskin,' Mark Bevir and Frank Trentmann eds., *Markets in Historical Contexts: Ideas and Politics*

in the Modern World, Cambridge: Cambridge University Press, 105-128

Wise, Norton (2002) 'Time Discovered and Time Gendered in Victorian Science and Culture,' in B. Clark and L. D. Henderson eds., *From Energy to Information: Representation in Science and Technology, Art, and Literature,* Redwood city: Stanford University Press, 39-58

Worster, Donald (1994) *Nature's Economy: A History of Ecological Ideas* (Second Edition), Cambridge: Cambridge University Press（中山茂＋成定薫＋吉田忠訳『ネイチャーズ・エコノミー――エコロジー思想史』リブロポート、一九八九年）

Wrigley, Edward Anthony (1988) *Continuity, Chance and Change: The Character of the Industrial Revolution in England,* Cambridge: Cambridge University Press（近藤正臣訳『エネルギーと産業革命――連続性・偶然・変化』同文館、一九九〇年）

――――(1994) 'The Classical Economists, the Stationary State and the Industrial Revolution,' G.D. Snooks, ed., *Was the Industrial Revolution Necessary?*, London: Routledge, 27-42

―――― (2010) *Energy and the English Industrial Revolution,* Cambridge: Cambridge University Press

Xenophon (1994) *Oeconomicus: A Social and Historical Commentary*, with A New English Translation by Sarah B. Pomeroy, Oxford: Clarendon Press（越前谷悦子訳『オイコノミコス――家政について』リーベル社、二〇一〇年）

Zueblin, Charles (1899) 'The World's First Sociological Laboratory, *American Journal of Sociology* 4(5): 577-592

【邦語文献】

相田愼一（2014）『ゲゼル研究――シルビオ・ゲゼルと自然的経済秩序』ぱる出版

赤津正彦（2005）「19世紀中葉のイギリスにおける大気汚染問題――1884年「煙害禁止法案」をめぐって」『歴史と経済』第四七巻第四号、一七－三二頁

麻生博之編（2010）『エコノミー概念の倫理思想史的研究』二〇〇七年度―二〇〇九年度科学研究費補助金研究成果報告書・補足論集

天草環境会議実行委員会編（1984）『恐るべきエネルギー公害――石炭火力発電の環境問題 天草環境会議報告集』東研出版

安藤聡彦（1998）「都市のナチュラリスト・ゲデス――〈人間―環境〉系のライフヒストリー分析試論」（上・下）一九九八年度一橋大学博士論文

泉留維（2004）「フレデリック・ソディの貨幣論に関する考察」『自由経済研究』第二九号、一―三八頁

市野川容孝（2012）『ヒューマニティーズ　社会学』岩波書店

伊藤邦武（2012）『経済学の哲学――19世紀経済思想とラスキン』中公新書
井上琢智（1989）「イギリス科学促進協会F部会の歴史――新設（1833）からイギリス経済学会の創立（1890）まで」『経済学論究』第四三巻第三号、四五九―四八九頁
岩佐茂＋佐々木隆治編（2016）『マルクスとエコロジー――資本主義批判としての物質代謝論』堀之内出版
ウィリアムズ、レイモンド（2008）『文化と社会――1780-1950』若松繁信＋長谷川光昭訳、ミネルヴァ書房
上宮智之（2013）「W.S. ジェヴォンズの古典派的側面――ジェヴォンズ経済学の整合性問題」『マルサス学会年報』第二二号、二五―五一頁
ウェルズ、H・G（1997）『解放された世界』浜野輝訳、岩波文庫
江本弘（2019）『歴史の建設――アメリカ近代建築論壇とラスキン受容』東京大学出版会
エンゲルス（1990）『イギリスにおける労働者階級の状態――19世紀ロンドンとマンチェスター』（上・下）一条和生＋杉山忠平訳、岩波文庫
大森正之（2020）『持続可能な経済の探究――環境経済思想の軌跡』丸善出版
岡眞人（1979）「G・D・H・コールにおけるギルド社会主義像の成立」『一橋論叢』第八二巻第三号、二九四―三一二頁
隠岐さや香（2011）『科学アカデミーと「有用な科学」――フォントネルの夢からコンドルセのユートピアへ』名古屋大学出版会
奥山誠（2008）「ヴェルナー・ゾンバルトと信用創造理論の系譜――「動態的信用理論」の受容をめぐって」『経済学研究論集』第二八号、一―二一頁
小沢佳史（2013）「停止状態に関するJ.S. ミルの展望――アソシエーション論の変遷と理想的な停止状態の実現過程」『季刊経済理論』第四九巻第四号、七八―八七頁
重田園江（2018）『統治の抗争史――フーコー講義1878-79』勁草書房
――――（2022）『ホモ・エコノミクス――「利己的人間」の思想史』ちくま新書
カルノー、サジ（1973）『カルノー・熱機関の研究』広重徹訳、みすず書房
川端康雄（2008）「ジョン・ラスキンとセント・ジョージのギルド」デザイン史フォーラム編『近代工芸運動とデザイン史』思文閣出版、二〇―三〇頁
カンギレム、ジョルジュ（2002）『生命の認識』杉山吉弘訳、法政大学出版局
北垣徹（2001）「社会ダーウィニズムとは何だったのか――19世紀後半, フランス」坂上孝＋上野成利編『ダーウィン以後の人文・社会科学』京都大学人文科学研究所、八三―九九頁

――――（2009）「社会ダーウィニズムという思想」『現代思想』第三七巻第五号、一七五―一八九頁
――――（2011）「コンドルセからコントへ――啓蒙の転換」富永茂樹編『啓蒙の運命』名古屋大学出版会
クーン、トマス（1998）「同時発見の一例としてのエネルギー保存」『科学革命における本質的緊張――トーマス・クーン論文集』安孫子誠也＋佐野正博訳、みすず書房、八九―一二一頁
久保真（2018）「1830 年代イギリス統計運動における経済学の方法的刷新――経済学と統計学はどのような関係にあったのか」只腰親和・佐々木憲介編著『経済学方法論の多元性――歴史的視点から』蒼天社出版、一一七―二〇六頁
栗田健一（2006）「C.H. ダグラスの草案スキーム再考――中央政府と分権的生産者銀行による協調的融資の意義と問題点」『經濟學研究』第五六巻第一号、一一五―一二八頁
桑田学（2014）『経済的思考の転回――世紀転換期の統治と科学をめぐる知の系譜』以文社
――――（2015）「ジョージェスク - レーゲン〈生物経済学〉の鉱脈――アグラリアニズムからエピステモロジーへ」『千葉大学経済研究』第二九巻第四号、九五―一三四頁
――――（2018）「気候工学とカタストロフィ」吉永明弘＋福永真弓編『未来の環境倫理学』勁草書房、一二五―一四〇頁
ゲゼル、シルビオ（2007）『自由地と自由貨幣による自然的経済秩序』相田愼一訳、ぱる出版
コール、G・D・H（1957）『イギリス労働運動史 Ⅲ』林健太郎・河上民雄・嘉治元郎訳、岩波書店
コッチャ、エマヌエーレ（2019）『植物の生の哲学――混合の形而上学』嶋崎正樹訳、勁草書房
小林学（2021）「石炭と鉄――工業化社会の基礎をつくる」桃木至朗責任編集、中島秀人編集協力『ものがつなぐ世界史』ミネルヴァ書房、二二五―二五〇頁
コリーニ、ステファン＋ウィンチ、ドナルド＋バロウ、ジョン（2005）『かの高貴なる政治の科学――19 世紀知性史研究』永井義雄・坂本達哉・井上義朗訳、ミネルヴァ書房
近藤洋逸（1977）「ケルビン卿と地球の年齢――十九世紀科学思想史の一断面」『思想』第 636 号、四四―六八頁
斎藤幸平（2019）『大洪水の前に――マルクスと惑星の物質代謝』堀之内出版

阪上孝（2003）「ダーウィニズムと人文・社会科学」阪上孝編『変異するダーウィニズム——進化論と社会』京都大学学術出版会、三—四三頁
佐々木憲介（2013）『イギリス歴史学派と経済学方法論争』北海道大学出版会
佐々木雄大（2015）「〈エコノミー〉概念史概説——自己と世界の配置のために」『ニュクス』第一号、一〇—三七頁
笹原昭五（1984）「A.R. オレイジと「社会信用」」『金融経済』第 205 号、一〇一—一三七頁
————（1997）「ラスキンからホブスンへ——19 世紀後期の有効需要論」『經濟學論纂』第三七巻第五・六合併号、九九—一三四頁
塩野谷祐一（2012）『ロマン主義の経済思想——芸術・倫理・歴史』東京大学出版会
シュウェーバー、シルヴァン（1994）『『種の起源』の起源を再訪して』横山利明訳、新水社
シュムペーター（1977）『経済発展の理論——企業者利潤・資本・信用・利子および景気の回転に関する一研究』（上・下）塩野谷祐一＋中山伊知郎＋東畑精一訳、岩波文庫
杉山吉弘（2015）「エコノミー概念の系譜学序説」『札幌学院大学人文学会紀要』第九七号、二五—四一頁
スコット、ジェームズ・C（2019）『反穀物の人類史——国家誕生のディープヒストリー』立木勝訳、みすず書房
セール、ミシェル（1990）『分布』豊田彰訳、法政大学出版局
玉野井芳郎（1978）『エコノミーとエコロジー——広義の経済学への道』みすず書房
ダン、ロブ（2021）『家は生態系——あなたは 20 万種の生き物と暮らしている』今西康子訳、白揚社
角山栄（1979）「エネルギーと経済発展」社会経済史学会編『エネルギーと経済発展』西日本文化協会、三—二〇頁
寺田匡宏＋ナイルズ、ダニエル編著（2021）『人新世を問う——環境、人文、アジアの視点』京都大学学術出版会
長尾伸一（2002）「アダム・スミスの方法論と 18 世紀科学のコンテクスト」『思想』第九四二号、一〇五—一三五頁
中尾麻伊香（2015）『核の誘惑——戦後日本の科学文化と「原子力ユートピア」の出現』勁草書房
中村進（1987）「無生物エネルギー源の史的考察」『經濟學論叢』第三九巻第一号、

四九八―五四一頁
――――（2001）「経済史における石炭――E. A. リグリーの産業革命論を中心に」近畿大学大学院経済学研究科設立十周年記念論集編集委員会編『現代経済学の展望と課題』近畿大学大学院経済学研究科、一二一―一四九頁
中山智香子（2020）『経済学の堕落を撃つ――「自由」vs「正義」の経済思想史』講談社現代新書
二階堂達郎（1993）「H.D. マクラウドの信用理論と近代的信用観の形成」『大手前女子大学論集』第二七号、一五九―一七一頁
西沢保（2007）『マーシャルと歴史学派の経済思想』岩波書店
野坂しおり（2020）「人新世は誰のものか――環境危機をめぐる対話と合意の政治性」『地質学史懇話会会報』第五四号、六四―七一頁
ヒーバート、アーウィン（1994）「現代物理学とキリスト教信仰」D.C. リンドバーグ＋ R.L. ナンバーズ編『神と自然――歴史における科学とキリスト教』渡辺正雄監訳、みすず書房、四七五―五〇〇頁
廣田昭（1992）「フランス・レジョナリスムの成立――ル・プレェ学派における家族、労働、地域」遠藤輝明編『地域と国家――フランス・レジョナリスムの研究』日本経済評論社、四九―一〇一頁
廣田裕之（2009）『シルビオ・ゲゼル入門――減価する貨幣とは何か』アルテ
ピンクニー、トニー（2009）「「火」・モダニティ・エコトピア――『ユートピアだより』の「失望」をめぐって」川端康雄訳『ラスキン文庫たより』第五六号、六―一三頁
ファインマン他（1986）『ファインマン物理学　II　光・熱・波動』富山小太郎訳、岩波書店
藤田菜々子（2022）『社会をつくった経済学者たち――スウェーデン・モデルの構想から展開へ』名古屋大学出版会
藤田祐（2009）「進化社会理論とマルサス――進歩をめぐる人口圧の二面性」『ヴィクトリア朝文化研究』第七号、一八―三四頁
藤原辰史（2015）「第一次世界大戦の環境史――戦争・農業・テクノロジー」公益財団法人史学会編『災害・環境から戦争を読む』山川出版社、一五〇―一八〇頁
――――（2019）『分解の哲学――腐敗と発酵をめぐる思考』青土社
――――（2021）『農の原理の史的研究――「農学栄えて農業亡ぶ」再考』創元社
船木恵子（2001）「J.S. ミル「自然論」の思想」『研究年報経済学』第六二巻第四号、五七―七四頁

ブラント、ウルリッヒ＋ヴィッセン、マークス（2021）『地球を壊す暮らし方——帝国型生活様式と新たな搾取』中村健吾＋斎藤幸平監訳、岩波書店
古川顕（2020）『貨幣論の革新者たち——貨幣と信用の理論と歴史』ナカニシヤ出版
ヘイガー、トーマス（2017）『大気を変える錬金術——ハーバー、ボッシュと化学の世紀 新装版』渡会圭子訳、みすず書房
ベロック、ヒレア（2000）『奴隷の国家』関曠野訳、太田出版
ポパー、カール・R（1961）『歴史主義の貧困——社会科学の方法と実践』久野収・市井三郎訳、中央公論社
ポメランツ、ケネス（2015）『大分岐——中国、ヨーロッパ、そして近代世界経済の形成』川北稔監訳、名古屋大学出版会
マーティン、フェリックス（2014）『21 世紀の貨幣論』遠藤真美訳、東洋経済新報社
前原直子（2010）「J.S. ミルの利潤率低下論と「停止状態」論」『季刊経済理論』第四七巻第三号、七九—九〇頁
松永俊男（2000）『近代進化論の成り立ち——ダーウィンから現代まで』創元社
茂市順子＋川端康雄（2007）「社会をつくりなおす——「再建」の社会主義」武藤浩史他編『愛と戦いのイギリス文化史——1900-1950 年』慶應義塾大学出版会、三八—五一頁
森野榮一（2014）『自立経済と貨幣改革論の視点』ぱる出版
山下重一（2008）「ハーバート・スペンサーの『社会静学』」『國學院法學』第 46 巻第 3 号、一三—八〇頁
山本義隆（2009）『熱学思想の史的展開——熱とエントロピー　3』ちくま学芸文庫
横山千晶（2002）「ラスキンと一九世紀イギリスの気象学（その一）」『ラスキン文庫たより』第四三号、一一—一三頁
————（2018）『ジョン・ラスキンの労働者教育——「見る力」の美学』慶應義塾大学教養研究センター選書
————（2020）「一九世紀イギリスにおける気象学の発展とジョン・ラスキン」『ラスキン文庫たより』第九七号、八—一〇頁
ランドウ、ジョージ・P.（2010）『ラスキン——眼差しの哲学者』横山千晶訳、日本経済評論社
ロビンズ、ライオネル（2016）『経済学の本質と意義』小峯敦・大槻忠史訳、京都大学学術出版会